大国发展经济学系列

On the Dual-Entity of
Market Competition

市场竞争双重主体论

兼谈中观经济学的创立与发展

陈云贤 / 著

北京大学出版社
PEKING UNIVERSITY PRESS

图书在版编目(CIP)数据

市场竞争双重主体论/陈云贤著. —北京：北京大学出版社, 2020.6
大国发展经济学系列
ISBN 978-7-301-31469-2

Ⅰ. ①市… Ⅱ. ①陈… Ⅲ. ①中观经济学—研究 Ⅳ. ①F015

中国版本图书馆 CIP 数据核字(2020)第 136689 号

书　　　名	市场竞争双重主体论 SHICHANG JINGZHENG SHUANGCHONG ZHUTI LUN
著作责任者	陈云贤　著
策 划 编 辑	李　虎
责 任 编 辑	王显超　李娉婷
标 准 书 号	ISBN 978-7-301-31469-2
出 版 发 行	北京大学出版社
地　　　址	北京市海淀区成府路 205 号　100871
网　　　址	http://www.pup.cn　新浪微博：@北京大学出版社
电 子 信 箱	pup_6@163.com
电　　　话	邮购部 010-62752015　发行部 010-62750672　编辑部 010-62750667
印 刷 者	北京中科印刷有限公司
经 销 者	新华书店 730 毫米×1020 毫米　16 开本　19.25 印张　242 千字 2020 年 6 月第 1 版　2020 年 6 月第 1 次印刷
定　　　价	68.00 元

未经许可，不得以任何方式复制或抄袭本书之部分或全部内容。
版权所有，侵权必究
举报电话: 010-62752024　电子信箱: fd@pup.pku.edu.cn
图书如有印装质量问题，请与出版部联系，电话: 010-62756370

前言

笔者有幸生于一个伟大的变革时代,中国改革开放四十余年来,笔者有缘在高等院校学习研教十多年、在金融企业摸爬滚打十多年、在地方政府工作实践十多年,并有机会先后赴美国哈佛大学、耶鲁大学、马萨诸塞大学和加拿大多伦多大学学习。这些经历,以及由此而来的研究与思考,是本书的基石。

在本书中,对于堪称经济学"哥德巴赫猜想"的政府与市场关系,笔者力图从理论与实践相结合的角度,在"区域政府参与竞争""市场竞争双重主体"和"成熟市场经济是强式有为政府与强式有效市场相融合的经济"三方面取得突破,并由此形成了区域政府竞争理论、市场竞争双重主体理论和成熟市场经济"双强机制"理论。

首先是区域政府竞争理论。笔者在工作实践中认识到:区域经济发展水平受制于区域经济项目的数量、产业链条配套的程度和进出口贸易的体量;区域经济政策措施体现为区域政府对城市基础设施的投入,对人才、科技创新的扶持和财政、金融工具的支撑;区域经济管理效率则取决于区域政策体系配套、环境体系配套和管理体系配套的完善程度。依据这些实际情况,笔者创新性地提出区域政府"羊角竞争理论"(形似羊角,如图0-1所示),即区域政府的"三类九要素"竞争。

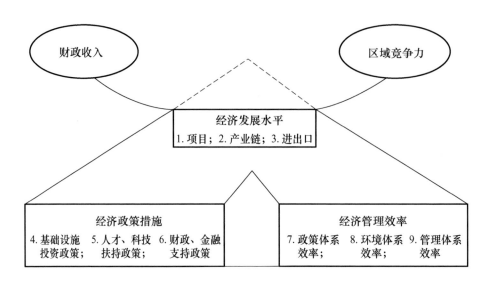

图 0-1　区域政府的"三类九要素"竞争

这一理论的主要内容是：区域政府竞争的目标函数是财政收入，指标函数是区域竞争力。支撑该目标函数和指标函数的核心是"三类九要素"中的三类：第一类是区域经济发展水平，其三要素是项目、产业链和进出口；第二类是区域经济政策措施，其三要素是基础设施投资政策，人才、科技扶持政策和财政、金融支持政策；第三类是区域经济管理效率，其三要素是政策体系效率、环境体系效率、管理体系效率。后两类是整个系统的关键支持条件。（具体论述详见第五章）

笔者认为，广义的区域政府竞争，是区域政府对可经营性资源（产业经济）、非经营性资源（民生经济）和准经营性资源（狭义城市经济）的政策配套措施的竞争，也就是"三类九要素"竞争。其实质是区域政府对产业发展、城市建设、社会民生中的目标函数——财政收入的竞争。狭义的区域政府竞争，主要是指区域政府对准经营性资源（即城市基础设施）投资、开发、建设等政策配套措施的竞争，其实质是区域财政投资性支出策略的竞争。

区域政府竞争与企业竞争之间存在九个方面的主要区别：竞争的目标函数不同、建立目标函数的方式不同、实现目标函数的路径不同、投融资机制不同、价格决定机制不同、竞争导向不同、竞争领域不同、竞争角色不同、管理模式不同。区域政府竞争力可以用投入端（财政支出结构）和产出端（区域绩效评估）的区域资源规划（District Resource Planning，DRP）模型及其评估体系来量化测定。区域政府的"三类九要素"竞争会产生城市经济（广义）的规模效应、集聚效应和邻里效应，区域经济会呈现符合"二八定律"的分布，最终促使投资者"用脚投票"选择区域政府，即投资者通过人、财、物的流动，选择能够提供更优越的公共环境和服务以促进商业发展的区域。

其次是市场竞争双重主体理论，如图0-2所示。笔者认为，现代市场横向体系包括产业经济、城市经济、国际经济（如太空经济、深海经济、极地经济、地球深探经济）等。现代市场纵向体系包括市场要素体系、市场组织体系、市场法制体系、市场监管体系、市场环境体系和市场基础设施。在现代市场体系中，企业是产业经济的市场主体，区域政府是城市经济的市场主体，在资源生成领域的投资、开发、建设中，区域政府是第一投资主体。因此，市场竞争存在双重主体：企业竞争主要存在于产业经济领域，区域政府竞争主要存在于城市经济领域。企业竞争是在资源稀缺条件下，围绕资源优化配置展开；而区域政府竞争则是在生成性资源的基础上，围绕资源优化配置进行。企业竞争与区域政府竞争都会产生经济增长的"二八定律"现象，它们共同构成了现代市场经济发展的双驱动力。（具体论述详见第九章）

现代市场经济中双重竞争主体作用的发挥，在世界各国经济发展的实践中呈现出三大定律，即二八效应集聚律、梯度变格均衡律和竞争合作协同律，它们在区域经济发展中呈现出一种客观、必然的趋势，在不同阶段

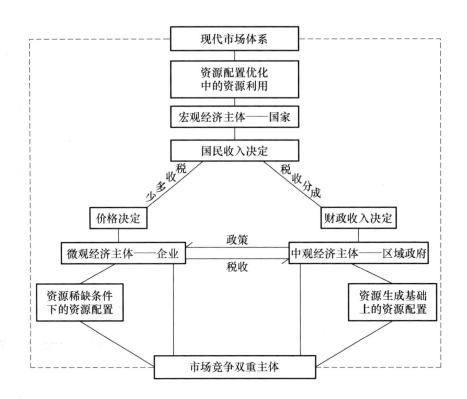

图 0-2　市场竞争双重主体理论结构

发挥出各自的主导作用。

最后是成熟市场经济"双强机制"理论。笔者借鉴世界各国经济学家的研究,把有效市场划分为三类:弱式有效市场、半强式有效市场和强式有效市场,把有为政府也划分为三类:弱式有为政府、半强式有为政府和强式有为政府。二者的组合在理论上存在九种模式如图 0-3 所示。(具体论述详见第十章)

笔者认为,成熟市场经济一定是强式有为政府与强式有效市场相融合的模式,它既是经济学领域值得积极探寻以取得突破的目标,又是世界各国在经济运行实践中迈向可持续发展的必由之路。强式有为政府标准有三:一是尊重市场规律;二是维护经济秩序、稳定经济发展;三是有效调

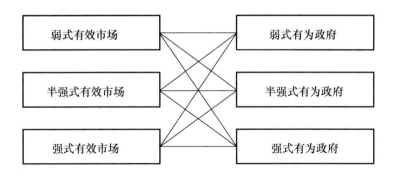

图 0-3 有效市场＋有为政府的九种组合模式

配资源、参与区域竞争。强式有效市场标准有三：一是市场充分竞争；二是法制监管有序；三是社会信用体系健全。成熟市场经济的"双强机制"运行体系，将破解政府与市场关系这一经济学的"哥德巴赫猜想"难题，有效提升与完善世界各国的产业发展、城市建设和社会民生。

以上三种理论探索都属于中观经济领域的研究，其中诸多维度都源自笔者亲身经历的中国改革开放的伟大实践，尤其是中国如何在这一过程中逐一破解实际经济进程中的相关难题，给了笔者很大的启发。仅从理论的内涵来界定，笔者尝试建构的中观经济领域的核心理论至少有六个方面源自中国改革开放的最前沿。一是资源生成理论和三类区域资源的界定。它来源于佛山市政府对产业经济、城市经济、民生经济这三类经济职能的划分和界定，且早在 2004 年就被应用于佛山区域经济发展的实践之中。二是政府超前引领理论的确立。它来源于佛山市顺德区区域改革开放取得的巨大成就，且早在 2005 年就被用于推动顺德区域经济可持续发展。三是政府双重属性理论。它既植根于对深圳市政府经济行为的剖析，又在深圳改革开放不断深化的历史进程中更新、完善。四是区域政府竞争理论，即"三类九要素"理论。它既来源于对珠三角各个城市竞争发展的比较分析，又是对珠三角各个城市在改革开放过程中的实践的概括。五是市场竞争双重主体论和成熟市场经济"双强机制"论。它既来源于对中国改革开放四十余年历程的理性思考,又被中国改革开放四十余年的巨大成效所支撑。六是经济增长新引擎理论。它以中国改革开放和可持续发展的成功实践为支点,为世界经济的可持续增长探索了新的可行路径,即提出了投资新引擎、创新新引擎和规则新引擎的重要概念。

当前,中国的区域政府竞争至少发生在两个层面:一是"三类九要素"竞争,它已实实在在地勾画出区域政府间在经济发展、政策措施和管理效率方面的实质较量;二是设立相关国有企业,作为区域政府在项目、产业链配套和进出口领域的竞争载体,这引发了区域各类型企业的竞争,并促成了"竞争中性"话题的延伸。中国改革开放的进程从要素驱动阶段发展到投资驱动阶段,正在进入创新驱动阶段,改革开放的范围已经从沿海扩展到内地,从特区辐射到全国。伴随着市场竞争双重主体的形成和政府超前引领作用的发挥,中国特色社会主义市场经济向强式有为政府与强式有效市场相融合的成熟市场经济迈出了实质性步伐。中国经济已经走到世界中心,中国方案已经摆在世人眼前,中国特色的社会主义经济学——有为政府与有效市场相融合的市场经济理论,也必将在世界经济学体系中产生颠覆性的影响。

传统经济学中的政府与市场关系,既是世界经济理论研究中的焦点,又是世界各国经济实践中的难点,事实上,它已经成为一个需要全世界共同解决的问题。但愿本书从中观经济领域入手研究的一系列活动主体、行为特征及相关理论,能丰富政府与市场关系研究,在理论上构建新型经济学体系,在实践上明辨经济运行的脉络,最终为世界各国区域政府改革、创新执政理念和执政政策以及选择合适的政策工具提供指引。

陈云贤
2019 年 6 月
于羊城

目 录

上 篇

第一章　微观、中观、宏观经济主体及其行为分析 ·················· 3

　一、微观经济主体及其行为分析 ····························· 3
　二、宏观经济主体及其行为分析 ····························· 7
　三、微观与宏观经济主体行为分析的成效与缺陷 ············· 9
　四、中观经济主体及其行为分析 ···························· 12

第二章　区域政府经济行为鸟瞰 ································ 16

　一、微观、中观、宏观经济主体及其行为图析 ··············· 16
　二、区域政府经济行为鸟瞰 ································ 20
　三、方法论及其他 ·· 29

第三章　资源生成与三类资源界定 ······························ 32

　一、亚当·斯密第三本书的内容会是什么 ··················· 32
　二、凯恩斯经济学的贡献与缺陷 ···························· 42
　三、资源稀缺与资源生成 ·································· 53

中 篇

第四章 政府双重属性 ... 71
- 一、"深圳奇迹"揭示出政府在资源生成领域大有可为 ... 71
- 二、政府双重属性 ... 74
- 三、政府参与区域竞争 ... 78
- 四、区域政府竞争的目标函数——财政收入决定理论 ... 79
- 五、区域政府财政支出与财政投资性支出函数 ... 87

第五章 区域政府竞争 ... 96
- 一、资源生成领域物品价格的确定 ... 97
- 二、区域政府竞争特点 ... 102
- 三、区域政府竞争的表现形式 ... 107
- 四、区域政府竞争力决定机制——DRP模型 ... 115
- 五、"用脚投票"选择区域政府 ... 125

第六章 竞争型经济增长 ... 128
- 一、由产业经济竞争主导的增长阶段 ... 129
- 二、由城市经济竞争主导的增长阶段 ... 135
- 三、由创新经济竞争主导的增长阶段 ... 141
- 四、由竞争与合作经济主导的增长阶段 ... 149
- 五、区域经济竞争梯度推移模型 ... 152

第七章 政府超前引领 ... 156
- 一、区域政府竞争政策 ... 156

二、竞争政策的溢出效应 ································· 164

三、创新是区域政府竞争的关键 ························· 172

四、超前引领与凯恩斯主义的本质区别 ··················· 177

五、政府超前引领理论的颠覆性创新 ····················· 182

第八章　经济增长新引擎 ······························ 186

一、金德尔伯格陷阱与内生增长理论 ····················· 186

二、城市化主导的经济增长时代的来临 ··················· 190

三、构建全球经济发展新引擎 ··························· 195

四、案例阅思 ··· 202

下　　篇

第九章　市场竞争双重主体论 ·························· 211

一、现代市场经济体系 ································· 211

二、成熟有为政府 ····································· 221

三、市场竞争双重主体 ································· 229

四、关于竞争中性原则 ································· 246

第十章　成熟市场经济"双强机制"论 ··················· 255

一、有效市场划分与有为政府类型 ······················· 255

二、潜在经济增长率与现实经济增长率 ··················· 259

三、华盛顿共识与中等收入陷阱 ························· 261

四、"有为政府＋有效市场"模式组合及评价 ··············· 265

五、强式有为政府＋强式有效市场＝成熟市场经济 ········· 267

第十一章　政府经济行为的几点共识 …… 276

一、中观经济学系列理论回顾 …… 276

二、中观经济学与中国 …… 282

三、中观经济学与世界 …… 291

参考文献 …… 294

后记 …… 296

附录 …… 297

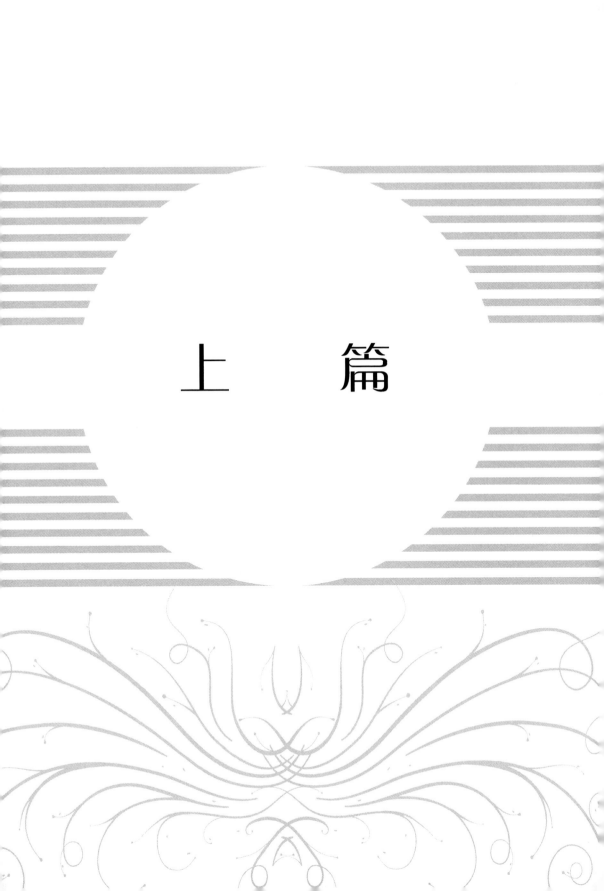

上篇

第一章

微观、中观、宏观经济主体及其行为分析

政府与市场关系堪称经济学的"哥德巴赫猜想",它是一个世界性问题——既是经济理论研究的焦点,又是各国经济发展实践中的难点。笔者认为,潜心研探一国政府在产业发展、城市建设、社会民生方面的经济行为定律,是破解这一问题的关键。由此入手,我们不仅能够揭示出世界各国政府在资源稀缺、资源生成和资源配置的不同发展阶段的经济行为特征,而且将对政府的双重经济属性、市场竞争的双重主体、成熟市场经济是强式有为政府与强式有效市场相融合经济的命题有更深刻的认识,从而促进政府超前引领,在创新中竞争,在竞争中创新,不断开拓经济增长新引擎。微观、中观、宏观经济主体及其行为分析,为这一课题开启了深化研探之路径。

一、微观经济主体及其行为分析

微观经济又称个体经济,其主体是单个经济单位(单个生产者、消费者和市场经济活动),对微观经济的研究形成了微观经济学(Microeconomics),其研究可大致分为三个层次:第一层次是单个生产者和单个消费者的经济行为,即分析单个生产者如何进行最优的生产决策以获取最大的利润,单个消费者如何进行最优的消费决策以获得最大的效用;第二层次是单个市场的均衡价格是如何决定的,结论为单个市场的均衡价格是这个市

场中所有生产者和所有消费者的最优经济行为相互作用的结果；第三层次是所有单个市场的均衡价格是如何决定的，结论为它是全部市场中全部生产者和全部消费者的最优经济行为相互作用的结果。

微观经济学研究的基本问题是如何决定产业资源配置，其基本理论是供求决定相对价格。其中心思想是自由交换往往使资源得到最充分的利用，在这种情况下的资源配置被认为是帕累托最优。所以微观经济学的主要范围包括消费者选择、厂商供给和收入分配。其中心理论是价格理论，因此微观经济学在很多场合又被称为价格理论及其应用。

微观经济学研究市场中个体的经济行为以及相应的经济变量。它从产业资源稀缺基本概念出发，认为所有个体的行为准则是设法利用有限资源取得最大收益，并由此来考察个体取得最大收益的条件。在商品与劳务市场上存在如下行为准则：首先，消费者根据各种商品或劳务的不同价格进行选择，设法用有限的收入从购买的各种商品或劳务中获得最大的效用和满足；其次，厂商是各种商品及劳务的供给者，其目的在于用最小的成本，获得最大的产量和最多的利润；最后，消费者和生产者的抉择通过市场的供求关系表现出来，作用于价格，价格的变动反过来协调供求。因此，市场机制的作用、均衡价格的产生、产业资源的最优配置、市场机制的失灵及政府干预等，就成了微观经济学的主要研究内容。

微观经济学的历史渊源可追溯到亚当·斯密的《国富论》和阿尔弗雷德·马歇尔的《经济学原理》。20世纪30年代以后，英国的罗宾逊和美国的张伯伦在马歇尔的均衡价格理论基础上，又提出了厂商均衡理论。而均衡价格理论、消费者行为理论、生产者行为理论、厂商均衡理论和福利经济理论等理论的提出，则标志着微观经济学理论体系的最终确立（如图1-1所示，图中需求关系用实线表示，供给关系用虚线表示）。

微观经济学的发展迄今为止大体经历了四个阶段：第一阶段是17世

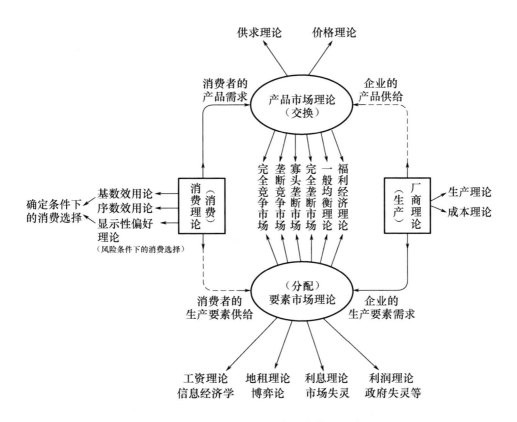

图1-1 微观经济学理论体系

纪中期到19世纪中期，这是早期微观经济学阶段，或者说微观经济学萌芽阶段；第二阶段是19世纪晚期到20世纪初叶，这是新古典经济学阶段，也是微观经济学的奠基阶段；第三阶段是20世纪30~60年代，这是微观经济学的建立阶段；第四阶段是20世纪60年代至今，这是微观经济学进一步发展、扩充和演变的阶段。

近年来微观经济学值得一提的新发展主要包括新消费理论、新厂商理论、非均衡理论、博弈论对微观经济学的改写、公共选择理论、新制度经济学和信息经济学。

第一，新消费理论。包括显示偏好、风险条件下的选择问题、"消费也是家庭生产"理论等。

第二,新厂商理论。包括企业的性质问题、最大化模型与委托—代理问题、内部组织效率与非最大化厂商理论等。

第三,非均衡理论。该理论通过对现实社会经济的研究,特别是对发展中国家经济的研究,揭示出在某一特定时期内大多数发展中国家甚至是一些发达国家的经济多呈现非均衡发展状态,这是对均衡理论的重要质疑、补充和发展。

第四,博弈论对微观经济学的改写。1944年冯·诺伊曼和摩根斯坦合作出版的《博弈论与经济行为》,标志着经济博弈论的正式创立。到1994年,纳什、泽尔腾和豪尔绍尼三位博弈论巨匠同获诺贝尔经济学奖,其间经历了整整半个世纪,博弈论得到很大的丰富和发展。它重塑了微观经济学的独占理论。从古诺、贝特朗到张伯伦,经济学家逐步认识到,现实中绝大多数市场竞争需要用寡占理论解释,应在"结构—行为—绩效"的框架中对寡占市场做重点实证研究。由此发展的沉没成本、不完全信息模型、个体理性与集体理性、佚名定理等多种分析技术,使现代经济学的市场分析跃升到一个新的境界。

第五,公共选择理论。以布坎南、塔洛克等为代表的公共选择学派,开创了将微观经济学原理用于分析公共物品的需求与供给的先河。

第六,新制度经济学(以产权理论为主体)。20世纪70年代以来,由加尔布雷思、默达尔、科斯等人建立的新制度经济学将制度、规则、产权、社会行为与人的意识纳入研究范畴,发展了微观经济学理论。例如,以科斯为代表的产权理论和企业理论推动了新古典经济学的发展。20世纪80年代以后,道格拉斯·诺斯开创了运用产权理论研究经济史的先河,将微观经济学发展到制度创新与制度变革的阶段。

第七,信息经济学。即研究非对称信息下行为个体的最优决策问题,包括不完全信息下的经济分析——核心是"信息成本"和最优信息搜寻，以及非对称信息下的经济分析。20世纪60年代以来，信息经济学的发展，如认为信息的价值基本上表现为非凸性等观点，既推翻了马歇尔的某些权威理论，又推翻了竞争市场存在基本均衡等相关定理。信息经济学认识到了传统微观经济理论存在局限性，进而积极推动了20世纪后期微观经济学的发展。

应该说，作为经济学的一脉分支，从定义、研究起点、研究内容，到研究方法、分析工具，再到发展趋势及其在内体系，微观经济学都已发展得相对成熟。

二、宏观经济主体及其行为分析

宏观经济的主体是国民经济总过程的活动单位（国家），对宏观经济的研究形成了宏观经济学（Macroeconomics），其主要考察就业水平、国民收入等经济总量，研究一国经济资源的利用问题。现代宏观经济学包括宏观经济理论、宏观经济政策和宏观经济计量模型。其中，宏观经济理论主要包括国民收入核算理论和国民收入决定理论，并且内嵌了就业理论、通货膨胀理论、经济周期理论、经济增长理论等。

国家是由领土、人民、文化和政府四个要素组成的共同体形式。政府作为国家的象征，是一种拥有治理一个社会的权力的国家机构，在经济领域，其依据国民收入决定机制来利用资源，从而形成一国总体的经济政策和经济行为，并由此产生相应的经济后果。可以说，现代宏观经济学是为国家经济政策和经济行为服务的，它力图寻找使一国国民收入稳定、可持续增长的路径与模式。其具体内容主要包括经济增长、经济周期波动、失业、通货膨胀、国家财政、国际贸易等；其具体研究指标主要是国民收入，全社会消费、储蓄、投资占国民收入的比率，货币流通量和流通速度，物价水平，利率，人口数量及其增长率，就业率和失业率，国家预算和赤字，进出口贸易和国际收支差额等，如图1-2所示。

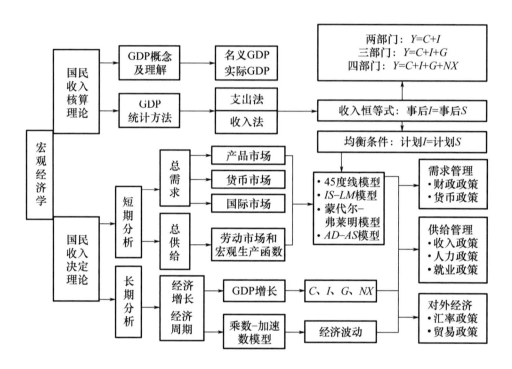

图1-2　蒙代尔-弗莱明模型宏观经济学理论体系

可以说，宏观经济学来源于法国魁奈的《经济表》和英国马尔萨斯的"马尔萨斯人口论"。1933年，挪威经济学家弗里施提出宏观经济学的概念。这一学科在1936年凯恩斯的《就业、利息和货币通论》出版后迅速发展起来，凯恩斯把国民收入和就业水平之间的关系作为研究的中心，其倡导的宏观经济理论在西方各国得到广泛运用，为国家干预经济的政策服务。

宏观经济学已成为当代经济学中一个独立的理论体系，迄今为止，大体经历了四个发展阶段：第一阶段是17世纪中期到19世纪中期，这是早期或古典宏观经济学阶段；第二阶段是 19 世纪后期到 20 世纪 30 年代，这是现代宏观经济学的奠基阶段；第三阶段是 20 世纪 30 年代到 20 世纪 60 年代，这是现代宏观经济学的建立阶段；第四阶段是 20 世纪 60 年代至今，这是宏观经济学进一步发展和演变的阶段。

现代宏观经济学的主要观点包括以下三个方面。第一，加速原理，即在相当程度上，投资变动既是国民收入变动的原因，也是其结果，并由此衍生了"加速数"和"乘数"相互作用的学说。第二，宏观经济学讨论的价格问题，是一般价格水平。在国民收入决定理论中，一般价格水平主要取决于总需求水平，而总需求水平的变动一方面影响货币的供求，另一方面也受货币供求变动的巨大影响。货币供给变动与总物价水平密切相关，因此，货币分析在宏观经济学中具有重要地位。第三，政府作用，宏观经济学认为，政府应该而且也能够运用财政政策和货币政策等手段，调节总需求，既平抑周期性经济波动，又实现没有通货膨胀的充分就业。

三、微观与宏观经济主体行为分析的成效与缺陷

经济学理论通常把经济资源的配置和利用作为研究对象，并假定一切微观、宏观的经济活动都是在资源稀缺的条件下开展，以满足人类社会无穷无尽的欲望与需求。由这一假定出发，经济学衍生出生产什么、生产多少、如何生产、为谁生产和何时生产等问题，并推演出有序的市场经济活动所必需的规则与制度、政府的合理定位与作用等，再由此引申出微观经济学和宏观经济学两大理论体系，这两大体系各有其成效与缺陷。

首先，微观经济学研究的是资源稀缺条件下的资源配置问题，它假定资源利用不成问题。微观经济的行为主体是单个经济单位（家庭、企业和单个产品市场）。运用个量分析方法，研究资源配置以及经济变量如何决定，进

而探讨生产要素和产品的供求、价格在不同市场结构（如垄断、竞争等）中的表现和作用等。微观经济行为的基本动力是追求利益最大化，微观经济主体力求以最小的成本或代价获取最大的收益或满足。微观经济行为分析的基本方法包括实证分析和规范分析、静态分析和动态分析、局部均衡和一般均衡分析等。其从理性人的假定也回到了人的实际经济行为的探讨之中。可以说，微观经济学在历史变迁的过程中不断发展，取得了很多成果。

但是，微观经济学也存在着固有缺陷。从1776年亚当·斯密的《国富论》到1890年马歇尔的《经济学原理》，再到1939年希克斯的《价值与资本》等，我们不难看出，微观经济学存在着三个最致命的基本缺陷。其一，把资源稀缺作为资源配置过程中唯一的前提假设。但是，随着人类社会的发展，新的资源不断产生为人类所开发和利用，人们日益增长的需求被不断满足。因此，我们今天再研究资源配置问题时，需要格外注意并重点研究资源生成领域。其二，把产业经济视为唯一的市场经济形态。但是，随着人类社会的变迁，城市经济、国际经济（如太空经济和深海经济与极地经济）等新领域正被不断开发，它们的行为主体和运行轨迹不同于产业经济，但也在市场经济中发挥着切实的作用。其三，把市场配置资源的机制局限于企业行为。但实际上，企业只是微观经济运行中的一个主体，其对微观经济资源只起调配作用，企业之外还存在诸多经济主体，它们共同遵循市场规则，在"看不见的手"的作用下实现资源的配置。

其次，宏观经济学研究的是资源利用及其优化的问题，它假定资源配置不成问题。宏观经济的行为主体是国家，以整体国民经济活动为考察对象，运用总量分析方法，研究一国总体经济问题和相应的经济变量如何决定，以及各种经济变量的相互关系，这是宏观经济学的主要内容。其中的关键变量是国民收入，宏观经济学研究国民收入的决定和波动，实际就是研究资源利用及其优化问题。宏观经济行为的基本动力是追求目标最优化，宏观经济主体力求在制定经济政策和推动经济措施时，兼顾经济利益和社会、政治、文化、道德、习俗等多种因素，以减少社会经济活动中的摩擦和成本，减少不确定性，增强经济政策和经济措施预期效果的确定性。宏观经济行为分析以国民收入决定理论为核心，由简单到复杂、由抽象到具体地构建了收入—支出模型、IS-LM 模型和 AD-AS 模型等，在这些主要模型中，一国国民收入的波动和调整都得以体现。可以说，宏观经济学在历史演变的过程中取得了积极的成效。

但是，宏观经济学也存在着固有缺陷。从 1936 年凯恩斯的《就业、利息和货币通论》，到以萨缪尔森为首的新古典综合派的"混合经济"，再到现代主流经济学等，我们不难看出，宏观经济学存在着三个最致命的基本缺陷。其一，对国家政府与区域政府的界定模糊不清。其实，一国经济政策是国家政府和区域政府经济政策的集合，国家主要通过税收来调节企业的初次分配，通过税收分成调节区域政府的一次分配，从而决定一国国民收入的总量。区域政府在一国经济运行中既有代表国家政府执行经济职能的宏观属性，又有在本区域产业发展、城市建设、社会民生事业中增进区域利益的微观属性。区域政府的双重属性决定了区域政府也是市场经济体系中的竞争主体之一。其二，对政府服务行为与政府经济行为的界定模糊不清。政府服务行为源自政府提供公共物品，政府经济行为源自政府参与区域竞争。传统经济学囿于政府"守夜人""小政府"的服务角色，套用政府服务行为去解释政府的经济行为，结果既没有对政府经济行为研究的创新突破，又难以解释现实经济中日益凸现的区域政府双重作用，陷入难以自拔的矛盾之中。其三，对纯公共物品与准公共物品的界定模糊不清。从资源配置的角度，纯公共物品与一国的非经营性资源相联系，由政府提供，政府负责对民生事业基本托底，维护公平公正；准公共物品则与一国的准经营性资源相联系，这类资源是完全由政府来运营还是交由市场投资主体去开发，取决于区域的财政收支状况、市场发育程度和社会民众的认知（可接受）程度。在资源配置中，准经营性资源的界定是我们研究政府与市场关系，探讨微观、中观、宏观经济主体及其行为的关键要素。

综上所述，第一，现有的微观经济学和宏观经济学都是研究在经济资源稀缺条件下的资源配置和资源利用的学说。但在现实的经济发展中，人类社会要不断满足日益增长的各种物质和文化需要，除了要将已存在的经济资源配置和利用好之外，还要考虑如何持续开发和利用新资源的问题。因此，经济学的研究对象和研究领域需要突破。第二，现有的经济学研究需要运用数学工具。在对经济问题做定性分析之后，还要做定量分析；经济规律需要统计数字来揭示和证明；人们在经济活动中的决策也要通过量化的方式来优化。但在现实经济活动中，经济主体及其行为最终是人的行为、企业的行为、政府的行为，其思想观念、投资决策、政策决策及其变革不受数学公式所摆布，这要求我们创新经济学研究的范畴、体系和方法，开拓新的经济学领域。第三，经济学是致用之学，作用于世界各国经济发展的历史进程和现实变化之中。一方面，云计算、大数据、物联网、人工智能、区块链等高科技迅猛发展；另一方面，城市经济，国际经济（如太空经济、深海经济、极地经济）等新经济也在不断发展，传统市场理论的不足和经济学体系的缺陷已越发凸显，急需突破。

四、中观经济主体及其行为分析

中观经济以区域经济发展过程中的活动单位（区域政府）为主体，因此在一定意义上它也具有区域经济、城市经济的内涵。对中观经济的研究形成了现代经济学体系中的一个重要分支——中观经济学（Mezzoeconomics），它以区域资源生成基础上的资源配置为研究对象，由此描绘出中观经济主体及其经济行为。

区域是个相对概念：对全球而言，每个国家就是一个区域；对国家而言，每个省/市就是一个区域。中观经济学研究的主体是区域政府。区域政府行为呈现准宏观（相对国家来说，强调的是"协调"）和准微观（追求区域利益最大化，存在一定的企业行为特征）的双重属性。正是区域政府的这种双重属性或双重角色，修正了传统经济学体系或传统市场理论的缺陷，书写了新的现代经济学体系和现代市场理论。现代市场理论告诉我们：不仅企业是市场竞争主体，区域政府也是市场竞争主体之一。现代经济学体系也已揭示：不仅有以企业为研究主体的微观经济学和以国家为研究主体的宏观经济学，还有以区域政府为研究主体的中观经济学。

中观经济学研究的重点是在资源生成基础上的区域资源配置或城市资源配置问题。区域政府对区域经济活动的管理主要体现在产业发展、城市建设、社会民生三大职能上。与产业发展相对应的是产业资源即可经营性资源；与城市建设相对应的是城市资源即准经营性资源（其既有公益性一面，又有商业性一面）；与社会民生相对应的是公共物品、公益资源即非经营性资源。城市资源是按公益性物品来开发还是按商品性产品来经营，取决于各区域政府的财政收支、市场需求和社会民众的认知（可接受）程度，其配置的科学与否也决定了区域政府在区域市场中的竞争力大小。

中观经济学研究的主要内容是区域政府对三类资源的界定及政策配套，有以下三个要点。第一，与可经营性资源即产业资源相配套的产业政策、贸易政策、人力政策等，配置原则应该是"规划、引导；扶持、调节；监督、管理"。与准经营性资源即城市资源相配套的财政政策、金融政策、投资政策等，配置原则应该是"遵循市场规则；维护经济秩序；参与区域竞争"。与非经营性资源即公益资源相配套的收入政策、就业政策、保障政策等，配置原则应该是"基本托底；公平公正；有效提升"。第二，区域政府对资源配置行为应"超前引领"，即让企业做企业该做的事，让区域政府做企业做不了或做不好的事，二者都不能空位、虚位。区域政府的超前引领就是遵循市场规则，依靠市场力量，发挥对产业经济的导向、调节、预警作用，对城市经济的调配、参与、维序作用，对民生经济的保障、托底、提升作用。超前引领需要区域政府运用规划、投资、消费、价格、税收、利率、汇率、法律等政策和理念、制度、组织、技术创新等手段，有效推动供给侧或需求侧的结构性改革，形成区域经济增长领先优势，促进区域经济科学、可持续发展。第三，理念创新在要素驱动阶段对区域资源配置具有实质推动作用；组织创新在投资驱动阶段对区域资源配置具有乘数效应；制度与技术创新在创新驱动阶段对区域资源配置具有关键制胜作用；全方位、全过程、全要素的不断创新则在区域发展的各阶段均能促进资源配置科学、可持续发展。

中观经济学研究的核心是区域政府竞争，包括区域政府间的项目竞争，产业链配套竞争，进出口竞争，基础设施竞争，人才、科技竞争，财政、金融竞争，环境体系竞争，政策体系竞争和管理效率竞争等。

中观经济学研究的基本假设与方法包括：研究主体为区域政府；效率型增长是区域政府的主要目标；提高全要素生产率是区域政府竞争的主要手段；优化供给侧结构性改革是区域政府的基本导向；通过规划推动区域资源的规划（DRP）从而实现区域社会经济的可持续发展，是区域政府的竞争方式。中观经济学的研究焦点是影响区域政府竞争的主要经济变量，即区域财政收入与支出决定机制；主要学说包括资源生成理论、区域政府双重属性理论、区域政府竞争理论、四阶段资源配置理论、政府超前引领理论、经济发展新引擎理论、市场竞争双重主体理论和成熟市场经济的双强机制理论等。中观经济学理论体系如图1-3所示。

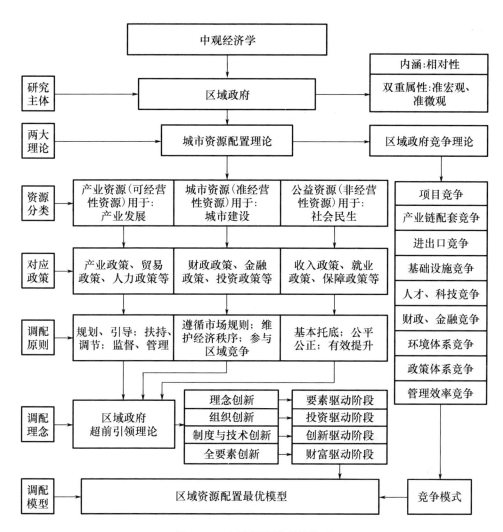

图1-3 中观经济学理论体系

第二章

区域政府经济行为鸟瞰

经济学家刘易斯曾经根据对世界经济史的考察,于 1955 年提出著名的"刘易斯悖论",揭示出世界各国普遍存在的一个矛盾现象:"政府的失败既可能是由于它们做得太少,也可能是由于它们做得太多"。然而,在"刘易斯悖论"之后,对于一国政府应该做什么、怎样做、做多少的问题,世界经济学界在理论上仍然莫衷一是,实践上也没有破题。如今,我们从一国政府在产业发展、城市建设和社会民生的不同细分领域入手,探讨政府在各个领域的经济行为定律,将有利于深化对现有经济理论的认识,实现理论创新,进而引导世界各国经济实践的改革与发展。

一、微观、中观、宏观经济主体及其行为图析

通过第一章的分析,我们已知,微观经济学研究的主要是单个经济单位(单个生产者、消费者和市场经济活动)[①]的经济行为及其后果;研究的基本问题是在资源稀缺条件下如何决定资源配置;研究焦点是价格决定机制;主要学说包括均衡价格理论、消费者选择理论、生产要素价格决定理论、完全竞争市场和不完全竞争市场理论、一般均衡论、博弈论、市场失灵理论等。中观经济学研究的主要是区域经济发展过程中的活动单位(区

---

① 以下涉及单个经济单位时,以企业为主要分析对象进行阐述。

域政府)的经济行为及其后果;研究的基本问题是在资源生成基础上如何决定资源配置;研究焦点是影响区域政府竞争的主要经济变量,即区域财政收入与支出决定机制;主要学说包括资源生成理论、区域政府双重属性理论、区域政府竞争理论、四阶段资源配置理论、政府超前引领理论、经济发展新引擎理论、市场竞争双重主体理论和成熟市场经济的双强机制理论等。宏观经济学研究的主要是国民经济总过程的活动单位(国家)的经济行为及其后果;研究的基本问题是一国的资源利用及其优化;研究焦点是国民收入决定机制;主要学说包括国民收入核算理论和国民收入决定理论,其中内嵌了就业理论、通货膨胀理论、经济周期理论、经济增长理论等。

微观、中观、宏观经济主体及其主要行为轨迹可用图 2-1 表示。

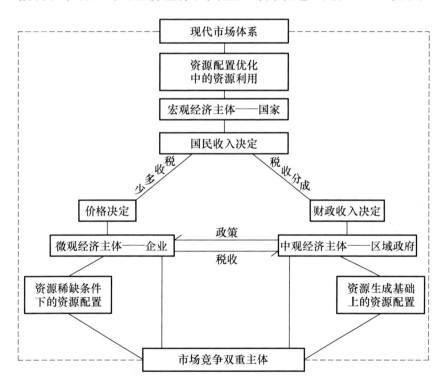

图 2-1 微观、中观、宏观经济主体及其主要行为轨迹

由图 2-1 我们可以得出以下几个结论。

首先，应完整把握"现代市场体系"。可以这么认为，从横向来看，它包括产业经济、城市经济、国际经济（如太空经济、深海经济、极地经济、地球深探经济）等；从纵向来看，它包括市场要素体系、市场组织体系、市场法制体系、市场监管体系、市场环境体系和市场基础设施六大部分。现代市场经济是一个"大而完整"的市场体系，缺乏市场细分的学说，容易视野浅短、思辨不清。

其次，应完整把握现代市场体系的双重竞争主体。现代市场发展的动力，不仅来自微观经济的企业竞争，而且还来自中观经济的区域政府竞争。它们共同构成现代市场经济发展的双动力。

最后，成熟市场经济是"强式有为政府"与"强式有效市场"相结合的经济。"有为政府"存在"弱式""半强式""强式"三种类型；"有效市场"也存在"弱式""半强式""强式"三种状况。二者的组合在理论上至少存在九种模式，而只有"强式有为政府＋强式有效市场"，才是政府与市场组合的最佳模式，或称最高级模式。它应该是世界各国经济实践和理论探索的目标，也应该是现代经济学界必须认真面对、寻求突破的课题。

要实现上述目标，应从以下几点着手。第一，确立现代市场体系理念。微观经济以企业等单个经济单位为主体，聚焦产业资源配置，属于第一层面的市场经济活动；中观经济以区域政府为主体，聚焦城市资源配置，属于第二层面的市场经济活动；宏观经济以国家为主体，聚焦产业资源、城市资源、公益资源的配置，属于第三层面的市场经济活动。现代市场体系应以第一层面和第二层面的市场经济活动为基础，勾画、健全第三层面，即国家乃至国际市场经济活动的规则和秩序。第二，厘清成熟市场经济的路径。区域政府具有双重行为——追求区域利益最大化和协调超区域利益；市场竞争具有双重主体——企业与区域政府；成熟市场经济是强式有为政府与强式有效市场相结合的经济。因此，各个区域政府除了参与市场竞争，遵循市场规则、维护市场秩序也极为重要；在市场体系中，除了鼓励充分竞争，建立法制监管有序、社会信用健全的市场环境亦相当关键，它是现代市场经济必须面对并解决的问题。第三，强化微观、中观、宏观经济活动的协调性。一国经济从要素驱动阶段到投资驱动阶段，再到创新驱动阶段和财富驱动阶段的过程中，要想充分发挥市场配置资源政府作用，关键在于国民财富的收入分配结构。

在分析国民收入体系前，先简单假设一国各个区域政府的非税收入为0，那么一国政府的财政收入则直接由地方政府上缴的税收组成。由于地方政府的税收并未全部上缴给国家政府，而是按一定的税收分成比例，将企业及个人缴纳的部分税收上缴给国家政府，其余部分用于区域政府支出。用公式表示地方政府和国家政府财政收入的关系为

$$N = \delta \times T \tag{2-1}$$

其中，N 表示国家政府的财政总收入；δ 表示国家政府与地方政府的税收分成比例，这是一个 0~1 之间的小数，该值越大，则表示有越高比例的税收被交给国家政府；T 表示所有企业和个人需要上缴的税收总额。

由式（2-1），可以发现以下两个规律。

其一，在国家政府与地方政府通过法规协调好分成比例，即 δ 保持不变的情况下，国家政府获得的财政收入将依赖于微观层面的企业及个人的所得税总额，此时只有通过刺激企业的生产和个人的消费，或者扩大税种、提高税率，国家政府才能获得更高的收入，如图 2-2 所示。

其二，在微观经济保持平稳发展，即所有企业和个人需要上缴的税收总额保持不变的情况下，国家政府获得的财政收入将仅依赖于它与地方政府的税收分成比例 δ，因此国家政府要想获得更高的财政收入，就必须提高税收分成比例 δ，如图 2-3 所示。

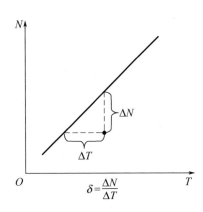 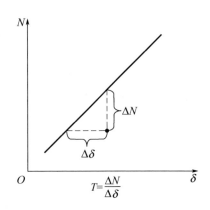

图 2-2　财政总收入 N 与上缴税收总额 T 的关系示意图　　图 2-3　财政总收入 N 与税收分成比例 δ 的关系示意图

综上所述,在一国微观、中观、宏观经济活动过程中,宏观层面的国家政府、中观层面的区域政府,以及微观层面的企业和个人是市场的重要参与者。国家通过法律规定相关的税制、税种和税率,企业及个人借道地方政府,经过地方与国家政府的税收分成,在纳税的过程中与国家政府产生直接联系。从宏观层面看,国家的财政收入既依赖于中观层面的区域政府,也依赖于微观层面的企业及个人。从中观层面看,区域政府既作为国家政府的代理,对区域经济进行调控,也代表本区域的经济利益,去争取国家的支持。从微观层面看,企业及个人缴纳的税款既是国家政府也是区域政府的财政收入来源。由此可以看出,在世界各国的整体经济活动中,微观、中观、宏观三者是紧密联系的,因此各国应当努力促进三者的协调发展。

二、区域政府经济行为鸟瞰

在简析了微观、中观、宏观经济主体及其行为之后,我们可以进一步深入探讨政府与市场关系的界定问题。可以说,它是经济学一直探讨、阐释、争论不休的一个核心议题。

（一）对政府与市场关系的理论探索

15世纪末，代表了商业资本利益的重商主义经济思想主张，政府应采用关税和非关税手段，鼓励商品出口，限制商品进口，从而把其他国家的金银输入本国，促使本国走向富强。1776年，亚当·斯密的《国富论》发表，主张发挥自由市场"看不见的手"的作用，同时也提出政府应扮演"守夜人"的角色，以保护社会每一位成员免受不公正对待或掠夺。1803年，让·巴蒂斯特·萨伊出版《政治经济学概论》，提出了影响深远的、渗透着斯密自由经济思想的"萨伊定律"，即生产为自己创造需求，生产过剩的经济危机不可能存在。

19世纪中叶，机器大工业在英、法、美等国占据了统治地位，马克思主义经济学脱颖而出，其继承和发展了亚当·斯密的劳动价值论，并指出生产无限发展与劳动群众的购买力相对缩小的矛盾、单个企业生产有组织有计划与整个社会生产无政府状态的矛盾，认为这将引发生产相对过剩的周期性经济危机，须通过革命方式把生产资料的资本主义私人占有改变为社会占有，从而建立一个社会中心，按照社会化大生产的要求，把资源按比例、有计划地配置到各个生产部门。1890年，马歇尔出版了《经济学原理》，似乎也是对马克思通过革命改变生产资料资本主义私人占有方式的回应，马歇尔认为经济自由是一个更有远见、更为谨慎和自由的选择，是大工业时代的企业和产业特征。1893年被任命为洛桑大学政治经济学教授的维尔弗雷多·帕累托，提出了很多以自己名字命名的概念，如"帕累托改进""帕累托最优"等，给予市场配置资源的过程以简明而经典的描绘，强调市场在资源配置中具有不可替代的决定性作用。

进入20世纪后，经济学家越来越多地关注市场失灵和政府在经济活动中的作用。1920年，庇古的《福利经济学》在证明市场实现生产和交换的帕累托最优的同时，也证明了市场无法实现社会财富分配的帕累托最优，认为国民收入在全体社会成员之间的公平再分配，必须依赖于政府才能实现。1929—1933年世界经济大危机期间，凯恩斯提出政府干预理论，主张在危机时期，政府应该运用财政政策和货币政策，提高边际消费倾向和资本边际效率，增加消费者的消费需求和厂商的投资需求，刺激经济增长，实现充分就业。1954年，萨缪尔森提出了公共物品的概念，认为提供公共物品是市场经济条件下政府的职能，公共物品具有非排他性和非竞争性特征，市场不可能把资源配置到公共物品的生产领域。尔后，以萨缪尔森为代表的新古典综合派提出，市场机制起主导作用的私有经济部门和政府管理的公共经济部门共同构成了"混合经济"，该派主张：市场机制的作用在于合理配置和充分利用资源，提高微观经济效率；政府管理的作用在于预防和对付经济衰退，调节宏观经济运行。汉森等人则提出，应实施逆经济风向行事的宏观经济政策，即在经济衰退时采取扩张性经济政策，在经济膨胀时采取紧缩性经济政策，以有效稳定社会总需求，抑制通货膨胀，消灭失业。以琼·罗宾逊和卡尔多为代表的新剑桥学派，在坚持凯恩斯有效需求原理的同时，主张削减庞大的政府开支，实行严格的进口管制，在缩小贫富不均方面充分发挥税收的调节作用。与此同时，以哈耶克为代表的伦敦学派、欧肯为代表的弗赖堡学派、弗里德曼为代表的货币主义、卢卡斯为代表的理性预期学派等新自由主义经济学，主张让市场机制完全、充分地发挥作用，反对政府对经济生活的干预。于20世纪70年代在美国兴起的供给学派，则重新肯定"萨伊定律"，主张政府不应当刺激需求，而应调节供给，充分发挥市场机制作用，使生产要素供需达到均衡和有效利用。

如上种种经济学史上对市场与政府关系的不同界定和论争呈现出如下特征：第一，19世纪及其之前的经济学，基本上把市场作为配置资源的唯一力量，认为政府应是维护市场自由竞争的政府，是在经济生活中无所作为的政府；第二，20世纪以来的经济学，对市场配置资源的唯一性提出了质疑，开始探讨政府在市场失灵时的相关作用和措施策略；第三，经济学理论的提升又远远滞后于经济实践的发展，现实经济运行中反馈出来的多种问题，并不完全是"市场失灵"或"政府失灵"的结果，也体现出传统经济学体系或传统市场理论的缺陷，表明现代经济学体系或现代市场理论还存在空白，这给今天的经济学界留下了探索的空间。

(二)美国的实践

在实践层面，政府与市场关系也经历了漫长的演进。在保持市场对资源配置发挥决定性作用的前提下，更好地发挥政府对经济发展的引领、调节、监管作用，这个共识的达成也不是一蹴而就的。

以美国为例。1929年3月，赫伯特·克拉克·胡佛就任第31任总统。他坚定信奉马歇尔的自由市场经济理论，坚持认为不能用立法或行政措施来解决经济不景气问题，反对联邦政府介入经济领域。而到了1933年3月，富兰克林·德拉诺·罗斯福就任第32任总统时，美国的政策有了巨大的转折。他以迅雷不及掩耳之势实施了名为"罗斯福新政"的政府干预政策，迅速遏制银行危机，有效恢复农业、工业，以工代赈，推动救济、就业、投资，产生"一箭三雕"效应，同时颁布了《社会保障法》，奠定了美国现代社会保障制度的基础。罗斯福新政的意义在于，它开启了政府大规模实施积极财政政策应对经济危机的先河，使政府与市场的关系从自由放任式市场经济制度演变为政府引导、调节、监管型市场经济制度。

1944年7月，美国邀请西方主要国家政府代表筹建联合国，召开联合国货币及金融会议，44个国家的代表与会并确立了布雷顿森林体系，开启了美国政府对世界经济干预和调控的历程。到了20世纪70年代，美国出现了高失业率、高通货膨胀率、低经济增长率并存(简称"两高一低")的经济"滞胀"现象。对此，从20世纪60年代末至20世纪70年代末，尼克松、福特、卡特政府先后采取了刺激经济增长、降低失业率、遏制通货膨胀的财政金融组合政策。到1981年，里根出任美国总统后最先推行的措施就是控制货币供给量、降低个人所得税、削减社会福利开支、减免企业税、取消或放宽企业规制等。紧接着，里根政府不断推出科技投资计划、政府采购计划、产业扶植政策等，促进了经济增长。1985年，里根政府推行"反弹道导弹防御系统之战略防御计划"，即"星球大战"计划，继肯尼迪政府1961年"登月"计划之后，拓展了美国政府对太空经济的探索与竞争。到1993年克林顿时期，美国政府充分利用风险投资政策，打造创新聚集园区，扶持创业融资市场，推动了以电子信息技术产业为代表的高新技术产业发展和以信息高速公路为内容的全美乃至全球信息基础设施建设。

到小布什和奥巴马政府时期，面对2007年、2008年出现的次贷危机及其引发的金融危机，美国采取了一系列应对措施：第一，美联储采取传统激进的货币政策和非常规、非传统货币政策并行的策略，在以市场化手段处置金融危机和稳定金融市场方面起到了核心作用；第二，在美联储的货币政策无法应对波及面广且日趋严重的金融危机之际，小布什政府及时采取政府干预手段，以财政部为主导，出台"不良资产救助计划"，由政府直接投资，援助主要金融机构及部分大型企业；第三，奥巴马就职后，除了继续执行小布什政府的援助计划外，还采取了一系列措施稳定金融、加强监管，并推行大幅快速减税和扩大赤字化开支的财政政策，刺激经济增长；第四，为处置金融危机、维持金融稳定和振兴经济，美国国会参众两院及时立法，提供了完善的法律环境；第五，小布什政府和奥巴马政府协调美国国会通过了《2008年紧急经济稳定法案》《2008年经济振兴法案》《2009年经济振兴法案》《2009年美国复苏与再投资法案》，以及1929

年大萧条以来美国最重要的金融监管改革法案之一的《多德-弗兰克华尔街改革与消费者保护法》等多部法案,以维护金融市场稳定,推动经济发展。

回望美国的政府与市场关系,其历史进程呈现出以下轨迹:第一,1933年以前,美国经济以自由放任式市场经济制度为主导;第二,1933年之后,美国经济从自由放任式市场经济制度演变为政府引导、调节、监管型市场经济制度;第三,1944年7月,布雷顿森林会议开启了美国政府对世界经济干预与调控的历程;第四,1961年肯尼迪政府的"登月"计划和1985年里根政府的"星球大战"计划,开启和拓展了美国政府对太空经济的探索和竞争历程;第五,为应对不断变化的经济危机,美国政府开始全面干预经济,积极运用货币政策、财政政策、监管政策,推出科技投资计划、政府采购计划、经济振兴计划等,并为市场提供日趋完善的法制保障,确保国家经济的可持续发展。

(三) 中国的实践

妥善处理政府与市场关系,也贯穿于中国四十余年的改革开放中。20世纪50年代,中国建立了高度集中的计划经济体制,政府是配置资源的唯一主体。1978年,中国推行了经济体制改革:从农村到城市,从安徽省凤阳县梨园公社小岗村的"包产到户",到重庆钢铁公司等企业的"扩大企业自主权"试点,再到国有企业的利改税改革、全民所有制工业企业承包经营责任制的实施。20世纪80年代开始,中国经济加快了市场化进程:一方面,企业扩大自主权,承接发达国家和新兴工业化国家及地区的产业转移,开展"三来一补"吸引外资企业投资等;另一方面,股份制企业诞生并不断发展,1990年12月1日深圳证券交易所正式开业,1990年12月19日上海证券交易所正式开业,1992年国家颁布《股份制企业试点办法》《股份有限公司规范意见》等。由此开始,现代企业制度得以建立,政府与国有企业的产权关系、政府与市场在资源配置中的作用被清晰界定。消费市场、劳动力市场、资本市场等逐渐成熟，经济发展的微观动力在农村和城市中被充分激活。

随着具有核心竞争力的企业、企业集团成为市场竞争主体，地方政府成为市场竞争主体的现象也开始出现。市场对资源配置起基础性、决定性作用，国家政府、区域政府、企业三轮驱动，使中国经济进入飞跃式发展；20世纪80年代，劳动密集型的轻纺工业迅速发展；20世纪90年代，资本密集型的原材料、能源等基础工业和交通、市政、水利等基础设施建设迅速发展；21世纪第一个十年，资本和技术密集型的装备制造业快速发展；21世纪第二个十年，战略性新兴产业起步腾飞。综观中国经济体制改革的全过程，其核心焦点在于处理好政府与市场关系，既使市场在资源配置中起决定性作用，也要更好地发挥政府作用。

从中国经济体制改革的实践进程中，我们逐渐认识到以下几方面内容。第一，市场存在双重主体，即在一国的经济发展过程中，不仅企业是市场竞争主体，区域政府成为市场竞争主体的现象也屡见不鲜。第二，政府在经济领域具有三大职能——扶植产业发展，参与城市建设，保障社会民生。第三，政府在经济领域扮演三大角色：其一是参与，政府通过掌握资本，以政府股东的方式控股，参股项目公司，参与市场竞争，调剂国计民生；其二是调控，政府通过财政、货币和法律等政策工具，调控宏观经济；其三是监管，政府通过监督管理各类企业在市场中的行为来维护市场秩序。第四，成熟市场经济是强式有为政府与强式有效市场相融合的经济。政府有为，不仅是要有效保障民生经济，以确保社会和谐稳定，提升和优化经济发展环境，而且是要引领、扶持和监管产业经济，以维护市场的公开公平公正，有效提高社会整体生产效率，还是要直接参与、调配城市经济，以推动城市建设，促进经济和社会的全面、可持续发展。市场有效，不仅是指市场基本功能的健全，而且是指市场基本秩序和市场环境基础的健全。有为政府意味着尊重市场规律、维护经济秩序、参与市场竞争；有效市场意味着市场充分竞争、法制监管有序、社会信用健全。二者的融合将是一国政府与市场关系，也是成熟的市场经济演进的方向。

（四）区域政府经济行为鸟瞰图

通过上述分析，我们看到了经济学理论中政府与市场关系探索的轨迹与存在的缺陷，看到了以美国为例的西方发达国家的政府经济行为与发展趋向，以及中国改革开放过程中的政府与市场关系演进及其特点。那么，区域政府经济行为鸟瞰图到底该如何绘制呢？

我们已经说过，区域，是个相对概念。对于全球而言，一个国家就是一个区域；对于国家而言，一个城市就是一个区域。在此，我们首先集中论述一个国家内的各个区域政府，其经济行为鸟瞰图如图 2-4 所示。

区域三类资源 ⟶ 政府角色 ⟶ 三类政策 ⟶ 政策配套原则 ⟶ 政策工具 ⟶ 实施主体 ⟶ 市场竞争 ⟶ 市场行为准则 ⟶ 不同阶段资源配置特征 ⟶ 经济增长新引擎

图 2-4　区域政府经济行为鸟瞰图

区域政府经济行为平面图可以展开，如图 2-5 所示。

可见，区域政府经济行为贯穿在区域经济活动的全方位和全过程中。尤其在现代经济社会，要厘清任何一个经济问题，都难以绕开对政府经济行为的研究。政府经济行为分析，就是从经济学的角度，来解释、剖析和规范政府的经济职能及其作用。

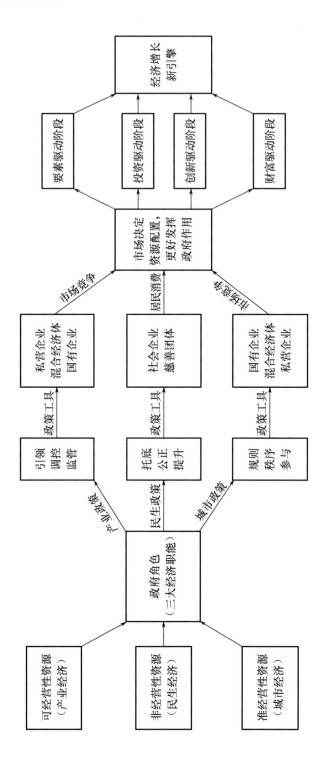

图 2-5 区域政府经济行为平面图

三、方法论及其他

在本书中，经济学的研究对象依然是经济资源配置的优化问题。但相较于传统经济学只把资源分为两类——可经营性资源和非经营性资源，本书的突破点在于对"准经营性资源"的界定以及由此产生的"资源生成"领域。通过对"准经营性资源"或"资源生成"领域的政府经济行为分析，提炼出政府经济行为具有"准宏观"和"准微观"的双重属性。政府依据其主要的经济变量状况，即区域财政收入多少和财政支出结构，去制定经济政策，选择政策工具，组建政策实施主体，展开区域市场体系中的直接竞争，如项目竞争、产业链配套竞争、进出口竞争，以及间接竞争，如环境配套、人才争夺、财政金融支撑和由此引申出的政策效率、管理效率等竞争。

在深入研究政府竞争之前，我们有必要厘清以下几个问题。首先，政府竞争涵盖了可经营性资源配置、非经营性资源配置和准经营性资源配置三大领域，准经营性资源即城市基础设施软硬件投资建设乃至智能城市开发，是政府竞争的直接着力点。其次，政府参与区域经济竞争，将改写企业是市场经济唯一竞争主体的定论。在产业经济、城市经济和民生经济三大领域中，存在双重竞争主体——企业与政府，它们各自在现代市场经济体系中发挥着不同的作用。最后，政府不仅自身参与区域之间的经济竞争，而且还通过国有企业或国有参股公司参与产业经济和城市经济项目的竞争（后文将进一步阐述竞争中性原则的研判和界定）。政府竞争行为将在政策制定和实施、组建国有企业参与经济建设两个层面发生作用。如果暂不考虑家庭因素和国际因素，一国国民经济状况取决于企业、区域政府和国家三者的经济行为。

区域政府的经济行为及区域政府间的经济活动关系成为我们研究的着眼点，这不仅包括了微观经济学和宏观经济学的研究内容，而且还涵盖"可经营性资源"开发的政策配套，即产业经济学的研究内容，"非经营性资源"开发的政策配套，即公共经济学、福利经济学的研究内容，以及"准经营性资源"开发的政策配套，即财政学、城市经济学的研究内容，它们共同构成了政府经济行为研究的几个层次：第一层次是研究政府的三大经济职能——产业发展、城市建设、社会民生；第二层次是研究政府的主要经济变量——财政收入多少与财政支出结构；第三层次是研究影响政府收支的主要因素——区域政府九大竞争作用与表现；第四层次是研究政府的经济政策、政策工具、政策协调及其效果在不同阶段的合理性与必要性；第五层次是研究政府经济活动的行为规律或称运行规律。

从另一个角度说，研究政府经济行为又包括实然和应然两方面的内容。从实然层面，首先要描述事物的本来面目，说明政府经济行为"是什么"，即通过对政府履行三大经济职能情况的描述与分析，讲清楚区域政府的收入和支出究竟怎样划分，这种划分对区域经济、社会和政府本身会产生什么影响。其次要讲清楚区域政府经济竞争实际上是怎样的过程，它对区域经济、社会和政府本身已产生或将会产生什么样的影响。再次要讲清楚区域政府的相关经济政策及政策工具是怎样发挥作用的，作用的结果如何。最后要讲清楚区域政府经济行为可能的发展趋向。这些实证分析方法又会与规范分析方法有机统一，相互补充，进一步回答政府经济行为"应当是什么"的问题。从应然层面，将根据研究确定的相应规则，来分析、判断现行政府经济行为是否合理，并在不合理的情况下，对现行的政府经济行为加以调整。

可以说，研究政府经济行为需要综合运用两种方法论：一方面，运用实证分析方法研究某一政府经济行为时，常常需要运用某一既定规则来验证分析结果；另一方面，运用规范分析方法研究某一政府经济行为时，常常需要运用实证分析方法来论证该行为与确定规则之间的相符程度。因此，在本书中，实证分析方法和规范分析方法具有同等重要的作用。为了描述和研究政府经济行为，本书根据不同需要运用了这两种方法。

第三章

资源生成与三类资源界定

本书第一章对微观、中观、宏观经济主体及其行为进行了比较分析，提炼出了作为中观经济行为主体的区域政府的经济目标及其研究对象、影响区域政府行为目标的主要经济变量及其研究内容。第二章在阐述了经济学理论上争论不休的政府与市场关系历史沿革、以美国为例的西方发达国家政府与市场关系的实践演进，以及中国经济体制改革40余年来的政府与市场关系的发展后，给出了区域政府经济行为鸟瞰图和平面图。在本章，笔者将在上述概说的基础上，针对当今国内外经济学界对政府与市场关系认识中的问题——大多囿于亚当·斯密240多年前《国富论》的定调，结合世界经济发展尤其是中国改革开放40余年来的成功经验，从亚当·斯密理论的源头揭示亚当·斯密乃至凯恩斯理论的不足，从世界经济发展的实践层面论证：资源配置既要考虑"资源稀缺"问题，也要考虑"资源生成"问题，政府在"资源生成"领域是大有可为的。

一、亚当·斯密第三本书的内容会是什么

（一）亚当·斯密简介

亚当·斯密（1723—1790），英国著名的社会哲学家和政治经济学家，古典政治经济学的代表人物。

亚当·斯密的父亲是苏格兰当地的一名海关监督，母亲则是当地一名

世袭土地主的女儿。亚当·斯密十四岁进入格拉斯哥大学,在学校期间,亚当·斯密的导师、著名的人性道德行为哲学家弗朗西斯·哈奇森教授的哲学思想深深地打动了斯密,并对亚当·斯密后来形成的道德哲学和经济思想产生了极为深刻的影响。

1740年,亚当·斯密以卓越的成绩从格拉斯哥大学毕业,尔后到牛津大学求学。在那里,亚当·斯密通过不断的自学探索,获取了大量的古典和当代哲学知识。1751年,28岁的亚当·斯密被委任为格拉斯哥大学逻辑学教授。

1752年,亚当·斯密转入道德哲学领域,从事自然神学、伦理学、法学和政治经济学的研究。1759年,亚当·斯密时年36岁,发表了他的第一部著作《道德情操论》。这部著作也为其后完成的《国富论》奠定了心理行为分析的基础。

1776年,亚当·斯密时年53岁,完成了至今还有着重要影响的名著《国富论》。该著作对市场经济行为和复杂的政治经济学体系作出了深刻分析,使亚当·斯密成为经济思想史的灯塔人物,并至今闪烁着光辉。

亚当·斯密在完成第二部巨著之后,花费十多年时间探索思研,曾试图撰写出第三本著作《政府与法律论》。但令人遗憾的是,1790年,时年67岁的亚当·斯密带着一生盛誉和一点惋惜离开了人世。

根据当地当时的风俗习惯,亚当·斯密的所有文稿,包括他生平的私人物品,伴随着他的离世都被销毁一空。这使得亚当·斯密未完成的第三部著作及其核心思想,成为后人研究的一个猜想。

《亚当·斯密传》是这样描述的:亚当·斯密在对待学问以外的事情时总是心不在焉——他可能在舞会上认不出他的舞伴;沏茶时他可能会把黄油面包放进茶壶里,然后抱怨饮料的味道太差;早晨起来他在花园里散步并用力吸入新鲜空气,在一阵沉思默想之后,才发现自己穿着睡袍已经到了离家 15 英里①以外的地方了。在任海关专员时他无数次受到持枪敬礼的礼遇,可能是试图回礼,他用手杖表演了一套精心操练的动作。他在陌生的环境发表文章或演说时,刚开始会因害羞频频口吃,一旦熟悉后便恢复辩才,侃侃而谈。②

亚当·斯密所处的 18 世纪的英国,正值工场手工业向机器大工业过渡的时期。18 世纪前期的法国和德国,尚停留在幼稚的封建的家庭手工业阶段。但英国却已经走入资本主义阶段,工场手工业已经在国内各大城市发展起来,其特点是许多工人在一个工场劳动,在一个资本家的指挥下,使用简单的工具,分工作业。此情景一直延续到 1760 年以后发生产业革命、使用机械的大工业出现为止。当时英国不仅是世界贸易的中心国,还是领先其他国家的工业国。

综上可知,首先,亚当·斯密所处的时代是英国工业革命刚刚开始的时代——工业化进程刚刚开始,城市化进程还未启动,这是开始变革的时代。其次,亚当·斯密的家庭具有较高的社会地位和较好的经济条件。在这一变革过程中,亚当·斯密没有明显地去追逐财利,而是更多地沉浸在学术、学问之中。最后,亚当·斯密一生只研撰过三本书,而且每本书都深入研究十几年。他 28 岁就已经是大学教授,36 岁完成了第一部著作《道德情操论》,研究人的社会行为与道德情操。此后他转而研究商品价格、供求、竞争、市场、企业行为,并出入于伦敦的商人圈,17 年后 53 岁的他完成第二部著作《国富论》。紧接着,他没有去享受《国富论》带来的赞誉和财富的增长,而是效仿他父亲,担任海关官员——海关在当时被认为是财富的真正源泉,并高度集中地反映了国与

---

① 1 英里≈1.61 千米。
② 伊安·罗斯,2013. 亚当·斯密传 [M]. 张亚萍,译. 杭州:浙江大学出版社.

国之间的进出口贸易情况。按时间推断，亚当·斯密在海关先后工作了约14年，亲身实践并研究国家政府的职责、职能、权力与法律规则，并在67岁左右着手撰写第三本著作《政府与法律论》。遗憾的是，这书未能面世，但可以推测，亚当·斯密的一生是学习的人生，思索的人生，揭示分析个人、企业、国家行为属性的人生，揭示市场和经济主体本质规律的人生。

(二) 亚当·斯密的第三本书《政府与法律论》内容分析

亚当·斯密的学术思想，既受到当时英国工业蓬勃发展上升的时代影响，又受到重农学派特别是魁奈、杜尔哥和后来休谟的贸易与货币经济学理论的影响，更受到他在格拉斯哥大学的导师弗朗西斯·哈奇森的哲学思想影响。哈奇森提出的"人们可以通过发现对人类有益的行为来认识从理论上来说什么是好的"的哲理，深深左右着亚当·斯密对社会中个人的(有益的)行为、对市场中企业的(有益的)行为，甚至后来对国家政府的(有益的)行为的探研。

1. 亚当·斯密的第一本书《道德情操论》

《道德情操论》共分为七部分：第一篇，论行为的合宜性；第二篇，论优点和缺点，或奖赏与惩罚的对象；第三篇，论评判自我的情感和行为的基础，以及责任感；第四篇，论效用对赞许感的意义；第五篇，论习惯和风气对道德赞许情感的影响；第六篇，论有关美德的品质；第七篇，论道德哲学体系。

在书中，亚当·斯密用人类的情感和同情心作为基本原理，来阐释正义、仁慈、克己等一切道德情操产生的根源，说明道德评价的性质、原则和各种美德的特征，并对各种道德哲学学说进行了介绍和评价，进而揭示出人类社会赖以维系、和谐发展的基础，以及人的行为应遵循的一般道德准则。

人类本性、个人行为、自我保存、利己心、内在自我、公正旁观者、自我管制、同情心、内在冲突、逐利者、看不见的手、同感、社会动物等，成了《道德情操论》的关键词。人类情感作为一只看不见的手，在调节着个人的社会行为，促成利己心与同情心的有机融合，构成了亚当·斯密人性论的基本内涵。亚当·斯密在此书中，第一次运用了他的导师弗朗西斯·哈奇森传授的"人们可以通过发现对人类有益的行为来认识从理论上来说什么是好的"的哲理。

2. 亚当·斯密的第二本书《国富论》

《国富论》共分为五部分：第一篇，论劳动生产力增进的原因，并论劳动生产物自然而然地分配给各级人民的顺序（共十一章）；第二篇，论资财的性质及其蓄积和用途（共五章）；第三篇，论不同国家中财富的不同发展（共四章）；第四篇，论政治经济学体系（共九章）；第五篇，论君主或国家的收入（共三章）。其中尤其值得注意的是和本书主题相关性较强的第五篇：第一章论君主或国家的费用——第一节论国防费；第二节论司法经费；第三节论公共工程和公共机关的费用（第一项是便利社会商业的公共工程和公共设施；第二项论青少年教育设施的费用；第三项论各种年龄人民的教育经费的开支）；第四节论维持君主尊严的费用。第二章论一般收入或公共收入的源泉。第三章论公债。

《国富论》包括的主要经济思想有：第一，分工和价值理论，包括分工理论，价值理论（使用价值和交换价值、劳动价值及两种价值规定），三种收入理论（工资、利润、地租），市场价格与自然价格理论；第二，收入与分配理论，包括工资理论，利润理论，地租理论；第三，社会资本再生产理论，包括什么是社会资本再生产，社会资本再生产理论的前提、社会再生产运动的核心问题是社会总产品的实现问题。

《国富论》的中心思想是：看起来似乎杂乱无章的自由市场实际上是

一个自行调整的机制，自动倾向于生产社会最迫切需要的商品种类和数量，它通过价格机制、供求机制和竞争机制对市场进行调节，就像一只看不见的手，在冥冥之中让每个人自觉地按照市场规则行动。用亚当·斯密的话来说："各个人都不断地努力为自己所能支配的资本找到最有利的用途。固然，他所考虑的不是社会的利益而是自身的利益，但他对自身利益的研究自然会或者毋宁说必然会引导他选定最有利于社会的用途。""在这场合，像在其他许多场合一样，他受着一只看不见的手引导，去尽力达到一个并非他本意想要达到的目的。""他们促进社会的利益，其效果往往比他们真正想要实现的还要好。"① 在这里，价格、供求、竞争机制，作为一只看不见的手，在调节着商品生产者/企业的社会行为，促成利己性与利他性的有机融合，构成了自由经济的基本内涵。亚当·斯密把《道德情操论》中的"看不见的手"的概念，运用到了《国富论》的市场经济自行调节中，提出了"看不见的手"理论，再一次展现了他的导师弗朗西斯·哈奇森传授的"人们可以通过发现对人类有益的行为来认识从理论上来说什么是好的"的哲理。

在《国富论》提出的经济自由主义前提下，亚当·斯密指出了经济自由社会里的政府职能——它主要集中在《国富论》的第五篇第一章中，涉及国防开支、司法开支、公共工程和公共机构开支（包括教育开支）等。这里概括了政府的三种职能，即保护国家、维护公正与秩序、提供公共物品。其中，提供公共物品，比如道路、桥梁、运河和海港，被认为是资本家无利可图的工程，需要由政府去保证。② 因此，政府起着一个"守夜人"的作用，这就是亚当·斯密在第五篇涉及并被后来人概括为"小政府"的角色。

---

① 亚当·斯密，2017. 国富论[M]. 孙善春，李春长，译. 北京：作家出版社.
② 同上。

《国富论》奠定了亚当·斯密作为古典经济学鼻祖的地位，他被戴上了古典经济学开创者、市场价值理论创立者等桂冠。在这一基础上，后来者弥补了亚当·斯密分工理论存在不足之处、价值理论体系存在内在矛盾、市场经济理论存在弱点等缺陷，才有了今天占据主流的新古典经济学。而亚当·斯密对市场经济中政府的职能和作用的概述，一直影响至今。传统经济学界的人们仍然在用"小政府""守夜人""提供公共物品"来规约着现代国家在市场经济中的职能。

3. 亚当·斯密的第三本书《政府与法律论》内容分析

亚当·斯密第三本书的内容会是什么呢？这又需要回到他的导师弗朗西斯·哈奇森传授的哲理中来——"人们可以通过发现对人类有益的行为来认识从理论上来说什么是好的"。《道德情操论》通过分析社会中个人的利己心与同情心，勾画出人性论的基本内涵和人的道德行为特征；《国富论》通过分析市场中企业的利己性与利他性，构建了自由经济的基本内涵和企业的商业行为特征。他的第三本未竟之作《政府与法律论》聚焦于"政府与法律"，是否也会通过分析国家利益与人类利益，从而得出国家的基本经济职能和政府（法律）的管理行为特征呢？贯穿亚当·斯密政治经济学的核心概念是"看不见的手"。对于个人道德行为，这只"看不见的手"是利己心与同情心的融合，它引导着人们的道德情操。对于企业商业行为，这只"看不见的手"是利己性与利他性的融合，它引导着企业的价格、供求和竞争机制。那么，对于政府的管理行为，亚当·斯密要揭示的这只"看不见的手"又是什么呢？将亚当·斯密的学术思想与他导师传授的哲理结合起来分析，似乎亚当·斯密是在研究"行为科学"，或者是通过研究"行为科学""行为经济学"来揭示个人人性、企业市场和国家管理的。很可惜他的三步棋却只下完两步。

但至少我们可以说，如果亚当·斯密有幸完成了第三本书，他对政府职能和管理行为的分析，绝不会仅仅停留在《国富论》第五篇第一章的几点描述上。除了保护国家、维护公正与秩序之外，政府所提供的公共物品也绝不会局限在道路、桥梁、运河、海港等四类基础设施（且它们是资本家无利可图的工程）的范畴内。然而令人遗憾的是，两百多年后的今天，各类经济学理论仍然把政府的职能和管理行为局限在当年亚当·斯密《国富论》的描述上。

我们可以理解亚当·斯密撰写《国富论》时对政府职能及行为特征探研的局限性。一则，他所处的时代才刚刚开始工业革命，生产方式刚刚开始从工场手工业转向机器大工业，城市化进程几乎还没有大的发展，人们的目光主要还是集中在产业、产业资源、产业革命上。正如亚当·斯密的《国富论》批判了重商主义只把对外贸易作为财富源泉的错误观点，批判了重农学派认为只有农业才创造财富的片面观点，指出一切物质生产部门（即产业部门）都创造财富一样，《国富论》对城市基础设施、城市资源的认识和运用微乎其微，时代的局限性使亚当·斯密把政府职能与管理行为圈定在产业经济之中。二则，既然是面对产业经济，即面对企业、商品、价格、供求与竞争，政府理所当然只是保护国家安全、公正、秩序，提供良好市场环境的"守夜人"角色，而不是其他。

现在的问题恰恰在于，在1776年完成了《国富论》之后，亚当·斯密从研究人的行为转到研究企业的行为，又转到研究国家政府的行为，而且在《国富论》完成十多年之后的1790年着手撰写《政府与法律论》。那么，亚当·斯密在完成了《国富论》后，为什么要去海关任职？难道只是为了照顾他的母亲？难道是为了多赚钱谋生？从他的人生轨迹来分析，显然这都不是主要原因。亚当·斯密36岁完成了《道德情操论》，后成为英国财政大臣儿子的私人教师，获得终身俸禄。为研撰《国富论》，他出入伦敦商业圈，于53岁完成了此一巨著。之后他选择到反映国家进出口贸易状况的经济重地——海关任职，其目的应该是探研国家与国际经济状况，以及由此产生的"国家政府行为"。这说明他的人生选择主要与学术取向有关。那为什么第三本书的研究长达14年之久？当然，这期间亚当·斯密也肩负其母校的相关事务，但我个人认为更重要的原因是，他长时间在海关工作，是在探寻如何将他导师弗朗西斯·哈奇森的哲理——"人们可以通过发现对人类有益的行为来认识从理论上来说什么是好的"进一步运用到国家政府的管理及运行规律上来。

如果说《道德情操论》的精髓与内核是个人与社会、利己心和同情心的融合形成的"看不见的手"的引导，《国富论》的精髓与内核是企业与市场、利己性和利他性的融合形成的"看不见的手"的推动，那么，一国政府的行为属性、内在本质靠什么来牵引？国家与国家之间的内在牵制力靠什么来规约？就政府属性而言，一国既有国家利益，又从属于全球利益；既有一国属性，又含国际属性；既体现局部（微观）需求，又期望整体（宏观）平衡。其内在本质、精髓和内核应该就是一国政府的国家利益与他国政府的国家利益乃至人类利益的内在矛盾运动。进一步说，一国政府为了维护或争取国家利益，除了政治、军事的手段之外，经济上还有什么手段？应如何去争取其利益？可能的途径是"维护"与"竞争"："维护"自己的利益要靠共同规则来推动；而靠"竞争"来争取自己的利益又应怎么做？在哪些领域竞争？这就是亚当·斯密写第三本书时碰到并试图解决的难题。但最终他还是未能解决或来不及回答这些问题，于是，就有了传统经济学的缺陷和亚当·斯密市场理论的不足，即市场只有一个主体——企业，市场只存在企业供求与企业竞争。这种市场理论的缺陷一直延续至今。现代经济的许多问题，不是市场的问题，而是传统市场理论的问题——人们崇拜亚当·斯密，而亚当·斯密来不及回答、解决的问题也遗留至今。

（三）亚当·斯密理论的缺陷与凯恩斯理论的崛起

亚当·斯密不愧为古典经济学的鼻祖和市场价值理论的创立者，其理论内核的合理与不足，都整整影响了几代人。后有众多经济学家，包括著名的阿尔弗雷德·马歇尔教授（1890年出版《经济学原理》），将经济学作为一门独立的学科，提出了一系列新的范畴和概念，大胆创新，推动经济学研究迈上了一个新的台阶，即形成了新古典经济学派。但依笔者所见，这仍然是在亚当·斯密原来确立的框架下的一种改革创新、一种集大成论，仍然只囿于产业、产业经济、产业资源来论商品、价格、供求、竞争，只囿于产业经济中的政府与市场（企业）关系，虽然不断深化或改换角度、创新范畴来扩展其论述，但仍然把政府与市场关系这一经济学中的"哥德巴赫猜想"局限一隅，即政府只是提供安全、公平和秩序，扮演公共物品的"守夜人""小政府"角色。

《国富论》最大的贡献是详述了产业经济中的市场属性、企业主体及其与政府的关系，在"看不见的手"的牵引下，产业经济中的市场属性与政府职能得以界定，这是亚当·斯密经济学思想长青的原因。但他无法或还没有区分出产业经济之外的其他经济类型，没有细分出市场体系的完整内涵、市场的界限（或范围）及市场的有效性，没有细致界定出政府与市场的明晰关系，等等。时代的局限性与第三本书研撰的未遂，导致亚当·斯密经济学理论存在缺陷。

而凯恩斯以其"亦学亦政"的独有经历，在第一次世界大战后的1919年完成了《〈凡尔赛合约〉的经济后果》，为应对1929—1933年的世界性经济危机和助推美国罗斯福新政，又于1936年完成了《就业、利息和货币通论》。亚当·斯密经济学理论中的缺陷或还未探研之处，成就了凯恩斯的成功。而凯恩斯在经济学上有了新发展之余，也同样陷入了其经济学理论的缺陷和矛盾之中难以自拔。

二、凯恩斯经济学的贡献与缺陷

(一) 凯恩斯的主要经历

生长于英国剑桥的约翰·梅纳德·凯恩斯(1883—1946)，擅长数学和经济学。1902—1906年(19—23岁)，他在剑桥大学学习。毕业后，即1906—1908年，他在英国印度事务部任文职官员。1908年，他回到剑桥大学工作。1913年(30岁)，凯恩斯发表了他的第一部著作《印度的货币与金融》。1913—1914年，他担任英国皇家印度财政和货币委员会成员。

1915年开始(32岁)，即第一次世界大战期间，凯恩斯加入英国战时财政部，后期主要负责英国对外财政关系。1919年5月(36岁)，凯恩斯以英国财政部首席代表和首相劳合·乔治的顾问的身份参加了巴黎和会。在此期间，他试图阻止协约国对德国设置过高的赔款额，遭到失败后辞职。1919年，凯恩斯回到剑桥大学，后发表《和约的经济后果》一书。此后，凯恩斯发表了系列文章和著作，其中主要的有：《概率论》(1921年)、《和约的修正》(1922年)、《货币改革论》(1923年)、《失业需要大力补救吗？》(1924年)、《自由放任主义的终结》(1926年)、《货币论》(1930年)等。

1929年10月，华尔街股市崩盘，世界经济大萧条开始。1930年，凯恩斯成为政府经济顾问委员会成员。1931年，凯恩斯受邀去美国芝加哥大学，同美国经济学家讨论应对危机的措施。1932—1933年，凯恩斯持续倡导通过政府干预刺激经济增长。1934年，凯恩斯再次去美国，并面见罗斯福总统，促推罗斯福新政。1936年2月，凯恩斯发表《就业、利息和货币通论》。

1939年9月，第二次世界大战爆发。1940年，凯恩斯再次进入英国财政部，成为英国政府财政大臣顾问。凯恩斯积极参与建立战后国际经济秩序，后来的国际货币基金组织、世界银行和布雷顿森林体系皆发源于此。1946 年 2 月，凯恩斯到美国参加世界银行和国际货币基金组织的首次会议。1946 年 4 月，凯恩斯与世长辞。

（二）凯恩斯的特色经济思想

凯恩斯擅长数学和经济学，且在学界、政界均有丰富经历，这使他的经济学思考与研究别具一格。

第一，在 1919 年的《和约的经济后果》一书中，凯恩斯详尽分析了第一次世界大战前欧洲状况、巴黎和会谈判、《凡尔赛和约》的条款尤其是赔款事宜，以及《凡尔赛和约》签订后的欧洲前景与补救措施。他认为，协约国对德国的巨额赔款要求将毁灭德国经济，从而导致欧洲进一步的冲突。凯恩斯提出修改《凡尔赛和约》的有关条款，解决各国之间的债务问题，进行国际贷款，改善与俄国的关系，以补救《凡尔赛和约》带来的隐患。[①] 从这本书中我们可以看到，首先，凯恩斯深刻地预见了政府行为不符合经济逻辑时可能带来的严重后果，因此力图阻止与修正。其次，凯恩斯分析政府行为，并试图运用政府的经济手段改变可能产生的后果，从而把人们（尤其在当时）对经济学的认知和接受程度提高到了一个更新的阶段、更高的水平。最后，凯恩斯从国家权力和整体经济趋势的角度，阐述了政府在其中扮演的角色、发挥的作用，从而与传统经济理论决裂，开启了政府政策直接影响国家经济的客观分析。

第二，1924 年，面对英国失业人数已达一百万的状况，凯恩斯在《失业需要大力补救吗？》一文中提出，政府每年应支出一亿英镑来促进经济增长，特别是用来投资建设住房、道路、电力能源设施等，国家的储蓄应

---

① JOHN MAYNARD KEYNES, C.B., 2016. *The Economic Consequences of the Peace*. New York: Skyhorse Publishing, Inc. p. 136.

投资于国内的公共基础设施，而不是国外。政府应该去做私人投资者还没有或还未能去做的事，并不断提高政府效率。由该文可知，首先，凯恩斯进一步明确提出，政府促进经济增长的措施包括在国内加大住房、道路、电力能源等基础设施投资建设。其次，这些公共基础设施的运营组织应属于私人投资和国家管理之间的半自治实体，而公共物品工程投资建设能有效促进经济增长。最后，对政府而言，重要的不是去做私人投资者已经做过的事，做得比他们好或差都不重要，而是应去做现代社会需要但还没有人去做的事。这一阶段，凯恩斯的经济学研究已经从发挥政府作用进一步引申到政府投资基础设施建设对经济增长的促进作用，并试图在理论上有所解释，有所突破。

第三，1936 年，凯恩斯发表《就业、利息和货币通论》。全书共分六篇二十四章。第一篇，引论，主要阐述有效需求原理。第二篇，定义与观念，主要阐述收入、储蓄、投资的定义和进一步考察的意义。第三篇，消费倾向，主要阐述边际消费倾向和乘数。第四篇，投资引诱，主要阐述资本边际效率、流动性偏好等。第五篇，货币工资与价格，主要阐述货币工资、价格、就业函数等。第六篇，通论引发的几点简短议论，主要略论经济周期、重商主义及《就业、利息和货币通论》可能导向的社会哲学等。由这部著作可知，第一，作为剑桥大学马歇尔教授学生的凯恩斯，此时观点鲜明地认为，以亚当·斯密和马歇尔为代表的古典经济学和新古典经济学理论，即借助市场供求力量能够自动调节、实现充分就业的均衡状态，不可能成立。第二，他认为一国的就业水平是由有效需求决定的。有效需求是指商品总供给价格与总需求价格达到均衡时的总需求，而总供给在短期内不会有大的变动，因此，导致就业不足的根源在于有效需求不足。第三，有效需求或总需求是消费需求与投资需求的总和。有效需求不足或总需求不足是消费需求与投资需求不足的结果。第四，为解决需求不足问题，凯恩斯主张政府干预经济，通过政府的政策，来刺激消费和增加投资，以实现充分就业。因为凯恩斯认为，消费倾向在短期内是相对稳定的，要实现充分就业就必须从增加投资需求着手。投资的变动会使收入和产出的变动产生一种乘数效应，从而促进国民收入成倍增长。第五，凯恩斯所主张的政府扩大投资，是以财政政策为主，而不是以货币政策为主。尤其是在经济萧条时期，政府应采取扩张性的财政政策——增加财政开支、减少税收和发行公债。同时凯恩斯又提出，投资政策要结合消费需求来互动，国家也要控制投资，以消除投资对经济造成的波动性影响。第六，凯恩斯提出，政府要想办法促进有效需求，要推进收入均等化以增加消费需求。

综上可知，首先，凯恩斯在《就业、利息和货币通论》中找到了一国促进经济增长的新领域。这个领域不是在重商主义所倾向的对外贸易中，不是在重农学派所偏向的农业生产中，也不是在亚当·斯密所描述的产业经济中，而是在亚当·斯密《国富论》第五篇第一章第三节第一项中所描写的那类不能给私人投资者带来利润收益而由政府向社会提供的公共工程、公共物品中——道路、桥梁、运河、海港、房屋建筑、电力能源等基础设施投资。其次，凯恩斯认为，政府要干预国家经济的发展，尤其是在总需求不平衡、有效需求不足的情形下，而政府干预的手段和切入点就在于上述基础设施投资。再次，政府干预的手段是积极的财政政策，即上文所说的增加财政开支、减少税收、发行公债，从而把更多的财政预算用于前述房屋、道路建设等公共工程。最后，作为一个独立的经济学理论体系的凯恩斯特色经济思想已经形成。其理论与以亚当·斯密为主的古典经济学和以马歇尔为主的新古典经济学一道，形成经济学体系的两侧。一侧是：以提供商品为主→形成产业经济→企业是产业经济的主体→企业共同遵循市场经济规则。另一侧是：以提供公共工程、公共物品为主→形成基础设施经济或城市经济→对于基础设施经济或城市经济的主体，凯恩斯含糊不清，或是政府，或是私人投资者，或是经济联合体→对主体共同遵循的规则，凯恩斯也含糊不清，或许也是遵循市场经济规则。

（三）罗斯福新政

正如前面所述，凯恩斯曾多次前往美国。尤其是 1934 年，凯恩斯在美国面见了罗斯福总统，共同讨论、促推"罗斯福新政"。一方面，罗斯福总统十分欣赏凯恩斯的观点，另一方面，凯恩斯在美国也遭遇了经济自由放任派的敌意。

罗斯福新政即 1933 年富兰克林·罗斯福任美国总统后实行的一系列经济政策，其核心是复兴、救济和改革。在此我们不得不说的是，当年美国胡佛政府应对危机失败，是由于其采取自由放任政策，反对国家干预经济，从而加剧了经济危机的危害，使美国经济跌入谷底。人民不满情绪日益高涨，全国上下要求改革的呼声越来越强烈，罗斯福以"新政"为竞选口号，赢得了广泛支持，因此击败胡佛，成为美国第 32 任总统。

除了整顿银行和金融业、复兴工业、调整农业政策、建立社会保障体系、建立急救救济署等，罗斯福新政最重要的措施就是推行"以工代赈"，大力兴建公共工程，增加就业，刺激生产和消费。

"以工代赈"即联邦把向各州提供救济款物的单纯救济改为给失业者提供建设公共工程工作机会的救济形式，尤其侧重吸纳失业率偏高的、年龄在 18~25 岁、身强体壮的青年人，在全国范围内从事植树护林、防治水患、水土保持、道路建筑、开辟森林防火线和设置森林瞭望塔等大量公共和民用工程建设。这些措施既完善了救济工作，促进失业者自力更生，又推动了全美民用工程和公共工程事业的建设和发展，刺激了生产和消费，缓解了大萧条带来的经济危机与社会矛盾。

罗斯福新政的第一项措施，就是促请国会通过"民间资源保护队计划"。该计划第一批招募了 25 万人，在遍及各州的 1500 个营地劳动。到美国参与第二次世界大战前，先后有 200 多万名青年在这个项目中工作过，他们开辟了 740 多万英亩①国有林区和大量国有公园。平均每人每期工作 9 个月，月工资中拿出绝大部分作为赡家费，这在整个社会扩大了救济面和相应的购买力。

罗斯福新政期间，全美设有名目繁多的工赈机关，综合起来可分成两大系统：一是以着眼长期目标的工程为主的公共工程署（政府先后拨款 40 多亿美元）；二是民用工程署（投资近 10 亿美元），如民用工程方面，全国兴建了 18 万个小型工程项目，包括校舍、桥梁、堤坝、下水道系统、邮局和行政机关等公共建筑，先后吸引了 400 万人工作，为广大非熟练失业工人找到了用武之地。后来又继续建立了几个新的工赈系统。其中最著名的是国会拨款 50 亿美元兴办的工程兴办署和专门针对青年人的全国青年总署，二者总计雇佣人员达 2300 万，占全国劳动力的一半以上。

到第二次世界大战前夕，联邦政府支出的种种工程费用及数目较小的直接救济费用达 180 亿美元，美国政府借此修筑了近 1000 座飞机场、12000 多个运动场、800 多座校舍与医院，不仅为工匠、非熟练工人和建筑师创造了就业机会，还给成千上万的失业艺术家提供了形形色色的工作，是迄今为止美国政府最宏大、最成功的救济行动。这些钱通过不同渠道，成为以政府投资刺激私人消费和个人投资的"引动水"。

罗斯福新政的措施，尤其是"以工代赈"修建的一大批公共工程和民用工程项目，比如田纳西河流域工程，不仅大大缓解了失业问题，刺激了经济复苏，更重要的是开创了国家干预经济或国家促进经济增长的新模

---

① 1 英亩≈4046.86 平方米。

式。积极财政政策与大力兴建公共工程设施、提供公共物品相结合，为国家干预经济或探寻经济增长新模式提供了理论依据和实施手段。投资——主要是以基础设施投资为主的公共工程、公共物品投资建设，使美国经济受益极大，罗斯福也因此成为自亚伯拉罕·林肯以来最受欢迎的总统，载入美国史册。

（四）凯恩斯经济学的贡献与缺陷

近年不断有媒体报道："特朗普经济学"更像"罗斯福新政"。其中，日本《经济学人》周刊2017年3月7日刊登经济评论文章《特朗普政府的本质是罗斯福而非里根》称："虽然有人认为特朗普政府与里根时代类似，但实际上其政策与罗斯福的'新政政策'更为相似……里根在选战中，与特朗普一样提出'恢复强大的美国'口号，最终实现了压倒性的胜利。另外，里根也提出减税和放松管制。从爱国性的口号和部分经济政策上来看，特朗普政府与里根政府有一定的相似性。然而……里根政府实施的经济政策除了减税和放松管制外，还包括上调利率、美元升值和紧缩财政……里根政府的经济政策重视的不是需求，而是供给侧。通过彻底放松管制，让企业彻底参与市场竞争……如果与过去比较，特朗普的政策反而酷似1929年世界大恐慌后就任的民主党总统罗斯福的'新政政策'。新政政策目的是消除大恐慌后需求极度不足和工人失业问题，所实施的以巨额公共事业支出为中心的经济政策，正是立足于凯恩斯型需求侧的想法……特朗普在选举期间就公开承诺进行总额1万亿美元规模的基础设施投资，试图强烈刺激需求侧。现在，美国虽然已经从雷曼危机中复苏，接近完全就业水平，但雇佣上仍然存在错配问题，从重视需求侧、有意向劳动者分配工作的角度看，特朗普的政策可以说恰恰是新政……关于左右今后美国经济的利率动向，很可能会出现与罗斯福时代相似的走势……因此，特朗普试着对汇率进行口头介入，通过纠正美元过度升值和利率过高情况,最大限度地发挥政策的效果。"①

的确,从罗斯福政府到特朗普政府,均采取大量投资基础设施建设以刺激经济增长的措施,其经济理论均源于凯恩斯的系列论述,尤其是1924年的《失业需要大力补救吗?》和1936年的《就业、利息和货币通论》等。凯恩斯"亦学亦政"的特殊人生经历和开创性的"政府干预"经济思想,对世界经济学理论的发展、体系的完善作出了重大贡献。

仍以《就业、利息和货币通论》为例,普遍的看法是,如果说亚当·斯密的《国富论》是经济自由主义的圣经,那么,凯恩斯的《就业、利息和货币通论》便是国家干预主义的宝典。该书主要论述了如下要点。第一,凯恩斯重新解释了充分就业概念,指出现实中存在自愿失业、摩擦失业和非自愿失业三类,非自愿失业的存在意味着传统就业理论的失效。第二,凯恩斯提出了有效需求原理,指出就业量实际上取决于与总供给相均衡的社会有效需求的大小。第三,凯恩斯提出了简单的国民收入决定理论,认为决定国民收入和就业水平的因素主要是三大心理变量(边际消费倾向、资本边际效率、流动性偏好)和货币供应量。第四,凯恩斯提出了上述三大心理变量的运行规律,即边际消费倾向递减、资本边际效率递减和流动性偏好规律。第五,凯恩斯提出了乘数理论,认为初始的投资增加可以引发诱致性投资增加,通过连锁式效应,最终可以带来数倍于初始投资的社会有效需求扩张,反之亦然。第六,凯恩斯提出了经济周期理论,认为经济周期主要包括繁荣、萧条、衰退和复苏四个阶段,这是由投资率波动引起的,而投资率的波动又主要在于资本边际效率的变动。此外,凯恩斯还研究了物价理论、工资理论、国际贸易理论,等等。因此,凯恩斯经济学理论的创见被誉为"凯恩斯革命"——一场像哥白尼在天文学上、

---

① 转引自《日本专家:特朗普经济政策类似"罗斯福新政"》,中国新闻网,http://www.chinanews.com/gj/2017/04-01/8189095.shtml,2017年4月1日。

达尔文在生物学上、爱因斯坦在物理学上一样的革命。

凯恩斯《就业、利息和货币通论》的出现，从宏观的视角对大量经济概念进行了归纳和整合，使经济学的发展在 20 世纪翻开了崭新的一页。如上所说，第一，凯恩斯在"亦学亦政"的特殊经历中找到了一国促进经济增长的新领域——不是重商主义的"对外贸易"，不是重农学派的"农业和畜牧业"，不是亚当·斯密的"商品物质生产部门"和"产业经济"，而是以基础设施投资为主的公共工程、公共物品投资领域。第二，基础设施投资领域的第一主体，或者说国家在此领域干预经济/促进经济增长的第一主体是政府。第三，政府在基础设施投资领域运用的主要政策手段是财政政策而非货币政策。于是，凯恩斯经济学的发展就突破了古典经济学和新古典经济学的边界：古典经济学和新古典经济学遵循"商品价格形成→形成围绕物质生产部门的产业经济→始终坚持企业为自由经济的主体→主体共同遵循市场规律"的思路来推动经济增长；凯恩斯及凯恩斯主义则借助"国家投资公共工程和公共物品→以基础设施投入或城市经济拓展为主→基础设施投资领域的第一主体是政府→政府运用积极财政政策"的路径，有效推动经济增长。由此，从经济增长的运行轨迹上来说，凯恩斯及后来的凯恩斯主义确实使经济学的发展跳出了商品—价格分析的限制，这是凯恩斯及凯恩斯主义极为成功且独树一帜的贡献。

但随着凯恩斯理论及相关政策的深化与推动，我们发现凯恩斯理论存在一些问题。第一，在基础的经济学理论当中，凯恩斯并没有在本质上严格区分公共工程、公共物品与物质商品，而是有意无意又自然而然地把公共工程、公共物品装进了商品—价格分析的框架之中。第二，没有严格区分和界定基础设施、城市经济与物质生产、产业经济的不同点。其实，凯恩斯最早提出政府干预的动因是解决失业问题，促进增长，而政府干预是通过积极的财政政策，在以基础设施投资为主的公共工程、公共物品领域大量投资，这主要属于城市经济范畴，而这又恰恰是亚当·斯密时代还没有重大发展、没有深入涉及的范畴。时代的局限性使亚当·斯密把基础设施、城市经济拓展只定义为公共物品，且是私人投资者不能赚取利润、需要靠政府提供的公共物品。160年后的凯恩斯时代（从1776年的《国富论》到1936年的《就业、利息和货币通论》），虽然他把此类公共工程、公共物品定义在私人投资者和国家之间的半自治领域，但并没有旗帜鲜明地提出这不属于产业经济而属于城市经济范畴。第三，凯恩斯没有严格区分基础设施投资领域/城市经济的参与主体与产业经济的参与主体。产业经济中商品生产的主体就是企业；而城市经济/基础设施领域的投资主体首先是政府，但同时又包含私人投资者和投资者联盟。凯恩斯认为，有效需求包括投资需求和消费需求，其中投资需求不足是因为资本边际效率递减和流动性偏好，前者是指投资利润率下降，后者是指人们保留现金的偏好。这里凯恩斯对投资利润率下降的原因分析中，基础设施建设的投资主体显然既包含了政府，又包含了私人和联盟投资者，他们共同参与投资，共同遵循市场运作机制，因此才会有"投资利润率"的概念，即在城市经济/基础设施投资领域，参与主体包括政府、个人、联盟三类投资者，经济运行依靠市场规则，范围主要包括公共工程和公共物品。但由于凯恩斯及凯恩斯主义没有区分城市经济中的政府参与/政府干预与产业经济中的企业参与，而把它们混为一谈，于是就出现了在其经济学说中政府与企业在产业经济或市场经济中同分一杯羹的问题，这使得亚当·斯密古典经济学与马歇尔新古典经济学的维护者，或者说所谓市场经济的捍卫者，站出来拼命反对所谓的"政府干预"，从而产生了一系列理论和实际问题的争论。第四，凯恩斯及凯恩斯主义也没有明确市场规则是否只局限在产业经济/商品生产中，还是也包括在城市经济/作为基础设施投资的公共工程和公共物品中，因而也没有明确作为参与主体之一的政府在公共工程、公共物品的投资中是否也应遵循市场规则。第五，政府参与城市经济/以基础设施投资为主的公共工程、公共物品投资，那么它与区域内其他政府、私人投资者、投资者联盟是否也是竞争关系？政府在产业经济发展中的角色与在城市经济开拓中的角色到底如何区分、如何界定？这类问题都没有得到有效地解决，凯恩斯及凯恩斯主义在找到了一国促进经济增长的新领域之后，就急急忙忙着手于研究此领域相关的政策措施与实效问题，推动解决当时的实际问题，而把该理论中需要首先澄清的基础问题搁置一旁。这就导致其理论在前提假设乃至后面的分析上有含混的问题，产生了"模糊区域"。

综上可知，第一，凯恩斯理论抛弃了亚当·斯密的理论支撑，自成系统，独树一帜，但又有意无意地依赖亚当·斯密的产业经济市场理论作为支撑。亚当·斯密理论支撑的要点，在《道德情操论》中是"利己心"与"同情心"有机融合的"一只看不见的手"，在《国富论》中是"利己性"与"利他性"有机融合的"一只看不见的手"，而凯恩斯找到了一国促进经济增长的新领域——基础设施资源、城市资源的开发和利用，但在论述政府职能和国家角色时，其理论却又缺乏合理内核的支撑，或尚未来得及研究。第二，凯恩斯或凯恩斯学派促进经济增长的调控方式无不体现着供给均衡、有效需求、优化资源配置、经济良性发展等原则，但在理论上却忽略了，随着一国的繁荣、科技的进步，出现了城市资源甚至是国际资源如太空资源、深海资源、极地资源等的发掘问题，国家经济增长的课题中新增了"新生资源"或"资源生成"的问题，需要进一步研究。这里，资源稀缺与资源生成，是经济学中资源配置的一对孪生儿。第三，经济理论的发展滞后于经济现实的变化。凯恩斯借用了亚当·斯密产业资源配置的理论，却又不去讨论城市资源/基础设施资源的生成问题，这样就产生了"就问题论问题""就政策论政策"的情况，此时的凯恩斯经济学作为致用之学，就出现那种"头疼医头，脚疼医脚"的药方了，这应该是凯恩斯理论真正的问题所在。第四，新的资源生成、资源的有效配置，需要制度建设的配套与保障。有了制度建设才能确定，作为新生资源开发和利用主体之一的政府，应该如何面对原有资源（产业资源）的开发和利用，应该如何调控新生资源（城市资源）的开发和利用。而配套的"制度建设"的欠缺，又成为凯恩斯理论的另一缺陷。第五，经济学理论基础受"演化范式"的规范。因此，我们应借鉴经济实践中的成功案例，借鉴历史的动态演绎过程，以经济学核心原则"资源配置"中的"资源稀缺"和"资源生成"为切入点，分析、演化出现代市场理论乃至现代经济学体系。

三、资源稀缺与资源生成

（一）资源稀缺与资源生成是资源配置中的一对孪生儿

亦学亦政的经济学大师凯恩斯，面对20世纪20年代英国的大量工人失业和20世纪30年代美国乃至世界的经济大萧条，找到了解决此类问题的有效方法，发现了一国促进经济增长的新路径、新领域，即除了刺激产业经济发展外，利用基础设施投资，扩大有效需求，能有效解决失业问题，促进一国经济复苏和经济增长。然而，由于推行此措施的投资主体首先来自政府，于是就有了与亚当·斯密定义的政府只是"守夜人"的观点相矛盾的争议。

为什么凯恩斯及之后的凯恩斯主义未能在经济学原理或者说经济学范畴内去解释、解决这一问题？这还要从其鼻祖亚当·斯密的《国富论》说起。

亚当·斯密的《国富论》在论述人类社会的经济活动时，首先提出了两个假设——经济活动的利己性和资源稀缺。商品经济的"主观为己、客观为他人"的利己性与利他性有机融合,成为一只"看不见的手",形成商品、价格、供求、竞争体系,并最终形成市场规则;资源稀缺使经济领域的调控目标无不服从一个原则——资源的优化配置与经济的良性发展。这两个假设中,"看不见的手"及市场法则早已成为古典经济学、新古典经济学的圣经,而无论是自由主义经济学派,还是凯恩斯主义经济学派,都将"资源配置及稀缺法则"作为经济学研究的出发点。于是就有了萨缪尔森所说的:"经济学研究的是一个社会如何利用稀缺的资源生产有价值的商品,并将它们在不同的个体之间进行分配。"①

因此,传统经济学一论及资源配置,就必然与资源稀缺联系起来。资源配置本身的定义就是:对相对稀缺的资源在各种不同用途上加以比较作出的选择。传统经济学认为,在社会经济发展的一定阶段内,相对于人们的需求而言,资源总是表现出稀缺性,这要求人们对有限的、相对稀缺的资源进行合理配置,以便用最少的资源耗费,生产出最适用的商品和劳务,获取最佳的效益。进一步说,资源配置合理与否,已经成为决定一个国家经济发展成败的极其重要的影响因素。

在这里,我们不否认资源配置的重要性,不否认资源配置与资源稀缺的必然联系,也不否认资源稀缺法则已经成为经济学研究的出发点。但问题在于,我们研究资源配置,就不能不去讨论、思考、发掘"资源生成"的问题。因为当前的情况和亚当·斯密时代已大不一样。首先,亚当·斯密1776年发表《国富论》时,英国工业革命才刚刚开始。此时亚当·斯密所说的资源配置,只是指与商品生产、交换、消费相联系的产业资源中人、财、物的配置,而非其他。其次,1776年前后,英国的城市基础设施还相当落后,仅仅局限于简单的道路、桥梁、运河和港口等,根本无法像

---

① 保罗·萨缪尔森,威廉·诺德豪斯,2014.经济学[M].19版.萧琛,译.北京:商务印书馆.

一百多年后的凯恩斯时代那样,承担起缓解国家大量失业和经济萧条的重要作用。最后,现代社会的现代化基础设施建设,不仅包括系列硬件投资项目,还有系列软件投资项目,乃至更进一步的智能城市开发与建设过程中的系列工程。这些现代化基础设施建设构成了促进一国经济增长的新的领域、新的资源,由此产生了"资源生成"问题,而这个新的资源生成领域可以被称为"城市资源",它有别于传统产业资源的性质和配置方式,从另一路径发挥着促进经济增长的积极作用。

城市资源与资源生成概念的提出对经济学的关键性在于它能够解决凯恩斯理论遗留的矛盾,即凯恩斯一方面找到了一国促进经济增长的新领域,另一方面又囿于产业经济的思维方法去分析解决问题。资源生成与资源稀缺,应该是经济学资源配置理论中的一对孪生儿,是该理论紧密结合经济发展和时代进步的不可分割的两个方面。城市资源(以后还有太空资源、深海资源、极地资源等国际资源)在性质、主体、作用上均不同于亚当·斯密当年研究的产业资源,二者在经济实践和经济学理论中均发挥着不同的作用。传统经济学中没有人去研究、讨论、分析的资源生成问题及其对经济发展、对经济学理论的影响,应该引起我们的重视。传统经济学习惯性地用产业资源配置的原理、方法去了解、思考、解释资源生成这个新生事物的作用,只从资源稀缺法则出发强调资源的有效配置,围绕着均衡与非均衡做文章,使经济学理论的发展脱离现实,或远远滞后于经济现实的变化,从而使资源生成和与之相匹配的制度建设、规则制定一直成为空白,这都是我们目前应该着力解决的问题。

(二)从资源生成到生成性资源

资源生成派生的生成性资源与产业资源一样同属经济资源,它具备四大特性:动态性、经济性、生产性和高风险性。

资源生成不是计划设定的产物,而是原已存在或随着时代进程的客观需要而出现的事物，它由静态进入动态，直至具备经济性和生产性。比如，一座山体，矗立在那里，是静态的自然资源，开发起来，进入动态，即生成生产要素，就是重要的经济资源。土地、矿产、水、森林、草原等静态景观是自然资源，动态开发则成为经济资源。随着时代进程的客观需要而存在和发展的城市基础设施——包括硬件、软件乃至更进一步的智能城市开发建设，也符合资源生成的范畴特性，它是继产业资源之后的又一生成性资源——城市资源。当然之后还有与此类似的太空资源（太空中可利用的资源比地球上可利用的资源要多得多）：仅从太阳系范围来说，在月球、火星和小行星等天体上，有丰富的矿产资源；在类木行星和彗星上，有丰富的氢能资源；在行星空间和行星际空间有真空资源、辐射资源、大温差资源；利用航天器飞行，还可派生出轨道资源和微重力资源等。这些太空资源如保持静止状态，则属自然资源，若得以开发利用，则生成生产要素，成为重要、宝贵的经济资源。对这类资源的生成、开发和利用，国家政府能不作为主体之一发挥作用吗？我们还能囿于传统的产业经济原理来解释与推动吗？显然不能。值得注意的是，城市资源的生成、开发与利用，政府在其中扮演着不同于在产业经济发展中的角色。

城市资源有广义与狭义之分。

首先，城市不是随意设立的，大多数城市是随着时代进程，在客观的历史发展中逐渐形成的。其次，城市不是静态固定的，大多数城市是随着时代进程，在动态的聚合交往中逐步扩大的。最后，城市不是单一功能的，大多数城市是随着时代进程，在立体发展格局中囊括了基础设施硬件、软件乃至现代化智能城市功能的。城市设立、存在和发展的一切条件，堪称"城市资源"。

因此，从经济学角度定义，广义的城市资源包括了产业资源、民生资源和基础设施/公共工程资源，而狭义的城市资源则是我们要重点分析的。为什么凯恩斯找到了一国经济增长的新领域，但又很难用商品价格理论、产业经济理论去解释它？为什么罗斯福政府或现在的特朗普政府解决经济萧条、促进经济增长的首要措施是投资基础设施建设（基础设施建设已成为当今世界各国努力推动的促进经济增长手段，比如中国对"一带一路"沿线国家的基础设施建设的投资）？这些都能在对狭义的城市资源的研究中得到解答。作为重要的生成性资源，狭义的城市资源包括基础设施硬件、软件的投资建设，以及更进一步的现代化进程中智能城市的开发和运作，这是真正值得我们开发其理论、探索其市场规则、研究其中的政府与市场关系从而挖掘出国家乃至世界经济发展新引擎的经济学新领域。它与产业经济理论有联系，但更有区别，现代经济学家不应该再囿于产业经济理论来解释或推动城市经济、城市资源的开发建设。

作为生成性资源的城市基础设施指的是为社会生产和居民生活提供公共服务的公共工程设施，是用于保证国家和地区社会经济活动和人们日常生活正常进行的公共物品系统。其范围不仅包括公路、铁路、机场、通信、水电煤气等硬件公共设施，而且包括教育、科技、医疗卫生、体育、文化等软件公共设施，并且伴随着城市现代化的进程，还包括更进一步的智能城市的系列开发和建设等。具体来说，硬件公共设施多指六大系统工程性基础设施：第一，能源供应系统，包括电力、煤气、天然气、液化石油气和暖气等；第二，供水排水系统，包括水资源保护、自来水厂、供水网管、排水和污水处理；第三，交通运输系统分为对外交通设施和对内交通设施，前者包括航空、铁路、航运、长途汽车和高速公路，后者包括道路、桥梁、隧道、地铁、轻轨高架、公共交通、出租汽车、停车场、轮渡等；第四，邮电通信系统，如邮政、电报、固定电话、移动电话、互联网、广播电视等；第五，环保环卫系统，如园林绿化、垃圾收集与处理、污染治理等；第六，防卫防灾安全系统，如消防、防汛、防震、防台风、防风沙、防地面沉降、防空等。软件公共设施主要是指行政管理、文化教育、医疗卫生、商业服务、金融保险、社会福利等社会性基础设施。同时，随着城乡一体化的进程，这类基础设施还包括了乡村生产、生活、生态环境建设和社会发展等四大类基础设施。伴随着城市现代化的进程，开发和建设智能城市系列工程成了城市基础设施建设的新内容。这些城市基础设施作为新的生成性资源，在经济学上具有基础性、非贸易性和准公共物品性，成为促进一国经济增长的新领域和创新经济学理论的新路径。

（三）城市的三类资源

回到现实，21世纪是产业发展、城市建设、社会民生同生同长、协同繁荣的世纪。各国政府经济职能的发挥，在实践中表现为对国家各类资源的一种调配、管理，即各国政府对国家现实存在的自然资源、人力资源、资本资源、产业资源、城市资源和公共物品资源等进行经济学分类并优化配置、配套政策。其中，城市主要存在以下三类资源。

第一类是与产业发展相对应的资源，在市场经济中被称为"可经营性资源"。它以各国区域经济中的产业资源为主。因为经济地理和自然条件不同，所以各区域一般会选择三大产业中的某一产业作为主导方向。当然在各国区域经济的现实发展进程中，也不乏在发展第一产业或第二产业的过程中产生强盛的物流业、会展业、金融业、旅游业、中介服务业和商贸零售业等第三产业的成功案例。传统经济学中对应此类资源的机构，或者说在产业经济发展中发挥主体作用的机构，主要是公司企业。在中国，政府协调、监督、管理此类资源的机构主要有三种。第一种是发展改革、统计、物价部门。第二种又细分为四类：其一，财政、金融、税务、工商部门；其二，工业、交通、安全、能源、烟草部门；其三，科技、信息、专用通信、知识产权部门；其四，商务、海关、海事、口岸、邮政、质检、外事、旅游部门。第三种是审计、国土监察、食品药品监督管理部门。世界各国政府的协调、监督、管理机构各有异同，但调配此类资源的政策原则主要是"搞活"，即规划、引导；扶持、调节；监督、管理。这点在理论认识上已经是共识。

第二类是与社会民生相对应的资源，在市场经济中被称为"非经营性资源"。它以各区域的社会公益产品、公共物品为主，包括经济（保障）、历史、地理、形象、精神、理念、应急、安全、救助，以及区域的其他社会需求。传统经济学中对应此类资源的机构，或者说在提供社会公益产品、公共物品的过程中发挥主体作用的机构，主要是政府和社会企业。在中国，政府协调、监督、管理此类资源的机构主要有三种。第一种细分为五类：其一，财政、审计、编制相关机构；其二，文史、参事、档案相关机构；其三，民政、社保、扶贫相关机构；其四，妇女、儿童、残联、红十字会等相关机构；其五，民族、宗教、侨务相关机构。第二种是地质、地震、气象相关机构。第三种细分为三类：其一，应急、安全、人防相关机构；其二，人民武装、公安、司法、监察相关机构；其三，消防、武警、边防、海防与打私相关机构。世界各国的此类协调、监督、管理机构形同名异，且调配此类资源的政策原则主要都是"社会保障、基本托底；公正公平，有效提升"。这点在实践和认识上也很一致。

第三类是与城市建设相对应的资源，在市场经济中被称为"准经营性资源"。它以各区域的城市资源为主，主要包括保证国家或区域的社会经济活动正常进行的公共服务系统和为社会生产、居民生活提供公共服务的软硬件基础设施，即上文谈到"资源生成"时所提及的城市基础设施，如交通、邮电、供电供水、园林绿化、环境保护、教育、科技、文化、卫生、体育事业等城市公共工程设施和公共生活服务设施等。这类基础设施的软硬件水平，直接影响着一个国家或区域的外形、特征、品位、功能和作用。完善的软硬件基础设施将促进各国、各区域的社会、经济等各项事业发展，推动城市空间分布形态和结构的优化。笔者之所以称这类资源为准经营性资源，是因为这一部分在传统经济学中还属于"模糊板块"，可被归类为政府与企业的"交叉领域"，也就是说，城市基础设施的投资建设是可由企业来承担，也可由政府来完成促进经济发展和社会民生的事业。在中国，政府协调、监督、管理此类资源的机构主要有五种：第一种是国有资产、重大项目相关机构；第二种是国土资源、环境保护、城乡建设相关机构；第三种是人力资源、公共资源交易相关机构；第四种是教育、科技、文化、卫生、体育、新闻出版、广播影视、研究院所等相关机构；第五种是农业、林业、水利、海洋渔业等相关机构。我们要研究的"资源生成""基础设施投资"，我们要深化的经济学理论分析，就植根于这一城市准经营性资源。

综上，理论与实践告诉我们如下内容。首先，对于可经营性资源，即产业资源、产业经济，各国应遵循市场配置资源的原则，发挥其作用，尽可能地通过资本化的手段，把它交给企业、社会和各类国内外投资者，各国政府应按照"规划、引导；扶持、调节；监督、管理"的原则去配套政策。其次，对于非经营性资源，即公共物品、民生经济等企业达不到的领域，各国政府应责无旁贷地、全面地承担起责任，提供、调配、管理和发展此类资源，按照"公平公正、基本托底、有效提升"的原则去配套政策，确保其基本保障。这也就是为什么取之于民、用之于民的国家财政要弱化其建设性财政职能、强化其公共（公益）性财政作用的缘故。最后，对于准经营性资源，即（狭义的）城市资源、城市经济，各国则应根据区域发展方向、财政状况、资金流量、企业需求和社会民众的接受程度与承受力等因素，来确定其是按可经营性资源来开发调配，还是按公益性事业来运行管理。

（四）准经营性资源向其他两种资源的转换及其规则

区分或辨别可经营性资源和非经营性资源的基本标准（实质就是区分或辨别私人产品和公共物品的基本标准）通常有两个：一是排他性和非排他性；二是竞争性和非竞争性。排他性是指个人或企业可以被排除在开发某种可经营性资源（商品或服务）的利益之外，在个人或企业对某种可经营性资源付钱投资后，他人就不能享用此种可经营性资源所带来的利益。竞争性是指可经营性资源的拓展将引起生产成本的增加，每多生产一件或一种私人产品，都要增加生产成本。可经营性资源或私人产品具有排他性和竞争性，排他性是第一个特征，竞争性是第二个特征。非排他性则是非经营性资源或公共物品的第一个特征，即一些人开发非经营性资源或享用公共物品带来的利益的同时，不能排除其他一些人也从开发非经营性资源或享用公共物品中获得利益，正如每个适龄儿童都有权利和义务接受政府提供的义务教育，每个公民都可以享受一国国防所提供的安全保障一样。非竞争性是非经营性资源或公共物品的第二个特征，即增加非经营性资源或公共物品的开发不会引起生产成本的增加，其边际成本为零。

可经营性资源/私人产品和非经营性资源/公共物品可以用如下公式表示。

可经营性资源/私人产品：

$$x_j = \sum_{i=1}^{n} x_j^i \qquad (3-1)$$

式（3-1）中，x_j 为第 j 种可经营性资源/私人产品的总量，n 为经济中的总人数/企业数；x_j^i 为第 i 个人或企业对这种可经营性资源的拥有量。式（3-1）表明：第一，可经营性资源 x_j 的总量等于每一个个人或企业 i 对这种可经营性资源的拥有数量之和；第二，可经营性资源在个人或企业之间是可分的。

非经营性资源/公共物品（有 m 种）：

$$x_m^i = \sum_{k=0}^{m} x_k = x_m \qquad (3-2)$$

式(3-2)说明：第一，任何一个消费者(个人或企业)i 都可以支配非经营性资源/公共物品，其总量是 x_m；第二，非经营性资源在个人或企业之间是不可分的。

可经营性资源/私人产品与非经营性资源/公共物品在国家经济资源/社会产品中是典型的两极。在现实中，随着世界各国经济的发展和时代的进步，一些原有的非经营性资源/公共物品具备一定程度上转变为可经营性资源的潜质，从而兼备公共物品与私人产品的特征，我们在研究中把这类资源称为准经营性资源/准公共物品，比如上文多次提到的城市基础设施软硬件开发乃至智能城市项目建设等。举例来说，一座桥梁或一所学校，作为准经营性资源/准公共物品，均只具有不充分的非竞争性和不充分的非排他性，其在现实经济中是转变为可经营性资源/私人产品，还是非经营性资源/公共物品，是由世界各国/区域的市场经济发展程度、政府的财政收支状况和社会民众的认知程度决定的。

我们用变量 $\lambda(0<\lambda<1)$，来表示社会上准经营性资源在公共部门当中的配置比例。理论上的极端情况下，如果 λ 为 0，则准经营性资源完全属于私人部门，即被转换为纯粹的可经营性资源；如果 λ 为 1，则准经营性资源完全由公共部门所有。λ 表示准经营性资源向非经营性资源和可经营性资源转换的程度，受到市场经济发展程度(Y)、财政收支状况(包括财政预算 B 和财政支出 FE)以及居民认知程度(γ)的共同影响，用公式(3-3)表示。

$$\lambda = F(Y, B, FE, \gamma) \qquad (3-3)$$

为了进一步探讨公式(3-3)的可能函数形式，我们先来讨论上述变量对 λ 的边际影响。首先，市场经济发展程度 Y 是一个介乎 0 到 1 之间的变量，代表着经济发展水平在高度不发达和高度发达之间的状态。市场经济发展程度会影响可支配收入水平，而可支配收入水平又会影响流入准经营性资源领域的资金量。如果经济发展程度较高，则居民可支配收入较高，此时私人部门将有能力和意愿投资准经营性资源，即 λ 变小，准经营性资源转换为可经营性资源的比例变高。如果原有的 λ 水平值较高，则意味着准经营性资源市场上原本的私人资金供给较少，在总需求不变的情况下，市场会给予新入资金更高的收益率，从而加速私人部门资金流入。因此，参考传统经济学理论，λ 的增长率与 Y 负相关，a 为正的常数，即

$$\frac{\partial \lambda / \lambda}{\partial Y} = -a \qquad (3-4)$$

其次，政府对于准经营性资源的投入会受到政府财政收支状况的影响。如果政府财政预算 B 低于其财政支出 FE，则政府此时资金不足，将推动准经营性资源向可经营性资源转换，以减少政府开支；且政府由于财政资金供给不足，愿意使私人部门获得更高的收益率，则私人部门资金流入该领域的速度也会加速。在这种情况下，准经营性资源转向私有部门的比例升高，λ 变小。因此 λ 与财政收支状况，即财政支出与财政预算的比值（FE/B）负相关。此外需要考虑的是，政府财政支出受到原有的 λ 水平影响，如果原有的 λ 值较高，即准经营性资源由公共部门出资的比例较高，则意味着政府具有更高的财政支出。因此，λ 与财政收支状况的关系可用公式（3-5）表示，b 为正的常数。

$$\frac{\partial \lambda / \lambda}{\partial \left(\dfrac{FE}{B}\right)} = -b \qquad (3-5)$$

最后，私人部门对准经营性资源的投入，不仅受到资金供求的影响，还受到居民认知程度 γ 的影响。值得注意的是，居民认知程度对于其投入资金意愿的影响在不同经济阶段是不同的：如果经济发展阶段落后，即 $Y < Y^*$，（Y^* 为经济成熟的临界值，根据各国标准而定），则居民认知程度越高，其越能意识到基础设施投资对于经济发展的带动价值，从而越

愿意将资金投入准经营性资源，这时 λ 与 γ 负相关；如果经济发展处于成熟阶段，即 $Y>Y^*$，则居民认知程度越高，其越能意识到过度的基础设施投资对于环境可持续发展具有负面影响，从而在同样的收益率水平下，其更愿意投资其他资源而非准经营性资源，这时 λ 与 γ 正相关。因此，我们加入 $\ln(Y/Y^*)$ 作为上述讨论的校正系数。另外需要考虑的是，原有的 λ 水平对居民认知程度有较大影响。如果市场发展落后，此时 λ 越高，越会增强居民投资公共资源的偏好；反之，如果市场发展成熟，则 λ 越高，越会加强居民控制基建规模的愿望，而不愿投资于公共资源。

因此，λ 与居民认知程度的关系可用公式(3-6)表示，c 为正的常数。

$$\frac{\partial \lambda / \lambda}{\partial \left[\gamma \ln \left(\dfrac{Y}{Y^*}\right)\right]} = -c \tag{3-6}$$

基于上述分析，我们可以建立一个简单的公式来表达准经营性资源在公共部门当中的配置比例的变化率与市场经济发展程度(Y)、财政收支状况(包括财政预算 B 和财政支出 FE)及居民认知程度(γ)的关系。

$$\frac{d\lambda}{\lambda} = -aY - b\frac{FE}{B} - c\gamma \ln\left(\frac{Y}{Y^*}\right) \tag{3-7}$$

式(3-7)表达了准经营性资源向可经营性资源和非经营性资源转换时对于不同变量的依赖性。值得注意的是，极端情况下，即 λ 为 0（准经营性资源完全转换为可经营性资源）时，该资源的运作将与财政收支状况、居民接受程度等变量完全无关，即我们不可能借助财政收支等变量影响可经营性资源的性质。

式(3-7)是关于 λ 的微分方程，求解可得到一个显式解如式(3-8)，可以方便我们更加直观地理解它们的相互作用。

$$\lambda = e^{-\left(aY + b\frac{FE}{B}\right)} \left(\frac{Y}{Y^*}\right)^{-c\gamma} \tag{3-8}$$

式(3-8)给出了准经营性资源在公共部门中的配置比例，它是根据不同时期的经济状况而变化的。

通过上述分析可知，准经营性资源作为新的资源生成领域，具有明显的动态性、经济性、生产性和高风险性等四大特征。准经营性资源，即城市基础设施，特别是大型的城市软硬件基础设施，大都属于资本密集型行业，具有如下特点：第一，前期投资大；第二，建设周期长；第三，成本高，市场窄小；第四，投资可能失败；第五，突发事件等。因此，准经营性资源向可经营性资源转换时伴随着特有的投资风险、运营风险和管理风险，而且还面临诸多限制：第一，非政府投资是由具有独立法人资格的企业或个人从事的投资，要追求微观上的盈利性，这是其首要特征；第二，企业或个人主要依靠自身的积累和社会筹资来为其投资提供资金，投资规模受到种种限制；第三，企业或个人囿于一行一业，难以顾及非经济的社会事业。因此，虽然经过技术处理，有些准经营性资源可以具有排他性和竞争性，但因为成本太高，风险太大，所以按照可经营性资源去运作在经济上是不可行的。此时，对这类准经营性资源，政府仍然会按照非经营性资源的标准去开发，并根据政府提供公共物品的政策目标作出投资决策，其标准主要有三：一是资本-产出比率最小化标准（又称稀缺要素标准，指政府应当选择单位资本投入获得产出最大的投资项目）；二是资本-劳动比率最大化标准（指政府投资应当选择使边际人均投资额最大化的投资项目）；三是就业创造标准（指政府应当选择单位资本投入能够动员最多数劳动力的投资项目）。

在世界各国的现实经济运行中，因为政府提供的公共物品具有非排他性和非竞争性，可能产生两方面问题：一方面，可能出现"免费搭车"（Free-rider，即免费享用公共物品带来的利益）和"公地悲剧"（the Tragedy of the Commons）问题；另一方面，某些政府在区域基础设施的建设和发展中，也可能会出现"只为社会提供无偿服务型、共享型的公共物品；

只投入、不收益；只建设、不经营；只注重社会性，而忽视经济性；只注重公益性，而忽视效益性：从而造成城市资源的大量损耗，城市基础设施建设的重复浪费，城市经济管理的低层次、低水平和无序性运转"的问题。

因此，在准经营性资源即城市基础设施的投资、开发、运营和管理方式的选择过程中，各国的区域政府应该更多思考如何推动准经营性资源向可经营性资源转换。区域政府经济行为的目标是使其财政收入最大化。为实现此目标，世界各国区域政府通常会采用如下措施。其一，独立投资。政府组建国有公司，直接对项目实施分年段收费。其二，租赁式投资。政府运用建设—经营—移交（Build-Operate-Transfer，BOT）、转让—经营—移交（Transfer-Operate-Transfer，TOT）等方式收费。其三，合伙式投资。政府采取政府和社会资本合作（Public-Private-Partnership，PPP）、港口公园式城市（Port-Park-City，PPC）等合营方式收费。其四，股份式投资。政府组建股份制企业，通过上市方式获取收益。其五，社会性投资。政府通过资产证券化运营等方式收益。其六，其他方式投资。如政府将城市基础设施项目与其他项目捆绑式经营以获取收益等。

与上述财政收入—投资收益直接相关的变量是财政支出—投资支出结构，而政府投资支出主要有以下几个来源：第一，政府财政年度预算中的财政投资性支出；第二，银行贷款；第三，发行政府债券；第四，寻求投资合作伙伴；第五，其他方式。此时准经营性资源向可经营性资源转换的意义在于：其一，促进政府职能转变；其二，推动投资主体多元化；其三，分散项目投资风险；其四，吸引社会资金参与城市基础设施建设；其五，运用市场机制，以最佳的财政支出结构带来最大的政府财政收益等。这也是世界各国政府运用"四两拨千斤"的方式带来的投资"红利"。

为达到这一目的，在将城市基础设施投资从准经营性资源转换成可经营性资源运作的过程中，政府可以对原已存在的城市基础设施资源即存量资产的平台载体进行产权改造，按照市场规则和经济发展的客观要求，使其与资本市场的融资需求相适应，即将存量资产的平台载体改制为国有民营、股份制、合资、合作等形式，或者拍卖给国内外投资者经营管理等，原则是使其成为符合市场经济规则的股权载体，参与市场竞争。同时，对新增城市基础设施即增量资产的平台载体，政府可以从一开始就遵循市场经济规则，采用独资、合资、合作或股份制等形式组建项目公司，奠定好股权载体基础，使其成为城市资源投资、开发、运营的竞争参与者。

在城市基础设施投资、开发、运营过程中，政府主要通过资本市场融资的方式筹集资金，形式包括：发行债券或可转换债券；发行股票；设立项目基金或借力于海内外基金投资项目；以基本建设项目为实体买壳上市；将基建项目资产证券化；将基建项目以并购组合方式与其他项目一起捆绑经营；采用项目租赁、项目抵押、项目置换或项目拍卖等方式。另外在实际经济运行中，政府也会通过收费权、定价权等手段，运用设计—建设—经营（Design-Build-Operate，DBO）、建设—经营—移交（Build-Operate-Transfer，BOT）、建设—经营—拥有（Build-Own-Operat，BOO）、建设—经营—拥有—转让（Build-Own-Operate-Transfer，BOOT）、建设—租赁—转让（Build-Lease-Transfer，BLT）、建设—转让—经营（Build-Transfer-Operate，BTO）、转让—经营—移交（Transfer-Operate-Transfer，TOT）等方式实施特许经营权的资本运营。政府还会根据各准经营性资源即基础设施项目的不同特点和条件，采取不同的资本运营方式，或交叉运用不同的资本运营方式。如采用PPP方式建构股权载体，或以PPC形式作为开发模式，打造出一个较为完善的基础设施、物流、金融和园区相融合的基础设施投资建设经济圈，并结合BOT或TOT等特许经营权运营方式，在条件成熟时改组项目公司为上市公司，通过发行股票或债券，进一步把城市基础设施项目做强做大,从而使政府克服资金瓶颈的制约,提升城市基础设施的投资、开发、运营、管理水平,使其科学地、可持续地发展,以满足社会民众日益增长的对公共物品、公益事业的需求。

政府对可经营性资源(产业经济)的调节应有边界,即应坚持退出竞争性领域,通过产业政策的引导作用来制约非政府投资的方向、规模与结构。政府对非经营性资源(民生经济)的调节也应有边界,即应明确社会公共需要的基本范围,通过确定财政收支的合理比例来完善社会公益事业和公共物品的开发方向、规模与结构。政府对准经营性资源(城市经济)的调节也应有边界,即应优化财政支出结构,通过创新财政资源的配置方式来完善城市基础设施投资的方向、规模与结构。

综上,世界各国政府将准经营性资源转换为可经营性资源时,其目标是使城市基础设施领域的投资结构合理、投资规模适度、投资效益提升,其方式是政府与其他投资者一起参与城市基础设施的投资、开发、运营、管理和竞争,其遵循的是市场经济的公开性、公正性和竞争性规则。在发展中国家,城市基础设施投资在经济增长中具有重大的作用;在发达国家,城市基础设施投资波动与经济增长波动具有密切关系,这已经是世界各国经济发展中不可忽视的一种趋势。因此,我们有必要进一步探讨政府在其中的责任与作用。

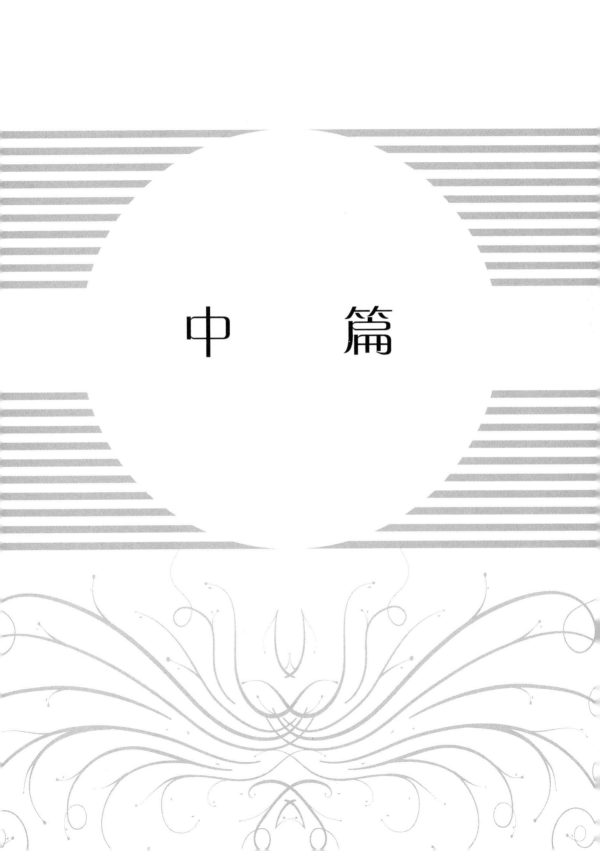

第四章

政府双重属性

美国经济学家米尔顿·弗里德曼曾说："谁能正确解释中国改革和发展，谁就能获得诺贝尔经济学奖"。中国经济的发展已成为世界性的重要经济现象，对中国经济发展的理论研究和实证分析，必将成为世界性经济理论的重要成果之一。

在中国经济发展历程中，深圳经验具有代表性意义，其改革开放40多年来的经济腾飞揭示出，现代市场机制不应仅仅作用于产业经济的发展提升，还应多在优化城市经济的资源配置、增强区域竞争力和促进可持续发展方面发挥作用。深圳政府按市场规律办事，在市场运行中担任了城市经济的主要参与者、产业政策的主要实施者和民生福祉的主要供给者。深圳政府极为重视城市经济发展中的资源生成领域，通过"政府推动、企业参与、市场运作"的机制，创造了"深圳奇迹""深圳速度"，引领深圳的改革开放取得成功。应该说，深圳经验可谓现代市场机制的一个绝佳样本。

一、"深圳奇迹"揭示出政府在资源生成领域大有可为

深圳作为中国改革开放的先行地，已从南海边一个偏僻荒凉的小渔村，发展成今天活力四射的现代化国际大都市。1979年，深圳地区的生产总值仅1.97亿元，人均生产总值为606元，地方一般公共预算收入1721

万元。至 2017 年，深圳地区生产总值达到 2.24 万亿元，人均生产总值达到了 18.31 万元，约 2.71 万美元，地方一般公共预算收入 3332.13 亿元。当年亚洲四小龙以 10% 左右的速度腾飞了 20 年，已令世人惊奇，而深圳经济以年均 23% 的增速飞翔了近 40 年，更是创造了世界罕见的"深圳速度""深圳奇迹"。

为什么深圳的发展速度世所罕见？40 年前的深圳还只是一个小渔村，是"省尾国角"，仅有"猪仔街""鱼仔街"两个小巷和一条 200 米长的小街。如今，这座城市已经实际管理超过 2000 万的人口，道路里程超过 6000 千米，100 米以上的摩天大楼近 1000 栋，实现 100% 城市化。当年"水草寮棚"的小渔村，成为现在比肩北上广"一线城市"的一座充满魅力、动力、活力和创新力的现代化、国际化大都市，创造了城市化、工业化、现代化发展的奇迹。

深圳创造奇迹的"速度密码"也许有多个，但最值得注意的有以下几个。第一，深圳特区在开放之初就集中力量推动城市基础设施软硬件建设，开发罗湖和上步城区，建设蛇口、赤湾、东角头、妈湾等港口，开发建设一批工业区，建设深圳大学、图书馆等八大文化设施，制定城市建设总体规划，配套相关设施。第二，在对外开放方面，深圳首先利用外资兴建赤湾港、蛇口港、东角头码头、蛇口油库、市话工程、沙角 B 电厂、华侨城、大亚湾核电站、广深高速等一批基础设施。第三，在管理体制改革方面，深圳以基本设施建设作为突破口，最典型的就是蛇口顺岸式码头建设初期的"4 分钱奖金"——一举在中国率先打破了平均主义大锅饭，使每人每天从只能运泥 20 车至 30 车，一下提升到 80 车至 90 车，实现了"三天一层楼"的建设速度。在深圳，"政府推动、企业参与、市场运作"的机制在资源生成领域迈出了实质性步伐。

从 2018 年 1 月深圳发布的《政府工作报告》来看，2017 年深圳固定资产投资规模完成 5147.3 亿元，近 3 年分别迈上 3000 亿元、4000 亿元和 5000 亿元台阶。投资增速达 23.8%，不仅高于同期北京、上海、重庆、南京等大中城市，也分别高出全国、全省平均水平 16.6 个和 10.3 个百分点。从投资结构来看，深圳工业投资完成 915.9 亿元，同比增长 27.5%，民间投资完成 2679.3 亿元，同比增长 22.5%。具有引导、带动作用的政府投资规模也迈上新台阶，市区两级政府投资首次突破千亿元大关。根据《政府工作报告》，2017 年深圳政府在重点区域及基础设施上的投资规模十分亮眼，这首先得益于开工建设的轨道交通四期建设（包括 12、13、14 号线等 5 条线路），也得益于同步推进的三期及三期调整的 12 个在建项目。2017 年，全市基础设施投资完成 1163.5 亿元，同比增长 29.2%。其中，电力、热力、燃气及水生产和供应业，以及水利、环境和公共设施管理业增速加快。此外，全市 17 个重点区域投资完成 1463 亿元（不包括盐田河临港产业带），同比增长 48.5%，完成年度计划的 104.3%。

2018 年，深圳固定资产投资再增长 20%，突破 6000 亿元，达到 6443 亿元。其内容包括：第一，高标准完成新一轮城市总体规划编制；第二，加快特区一体化进程；第三，推进基础设施建设大提速；第四，打造一流智慧城市；第五，推动城市更新。2016—2018 年，深圳的固定资产投资增速连续三年超过 20%，深圳经济的稳中有进、稳中向好，这些与全市有效投资快速增长、重大项目扎实推进密不可分。以重大项目充当引擎，促进民间投资持续活跃，是深圳当前固定资产投资的显著特征，也是其经济快速增长的根本动力。

比投资总量和增速更引人注目的，是深圳的投资结构和效益。2018 年初，深圳召开全市固定资产投资暨重大项目建设工作会议，提出该年度全市固定资产投资计划增长 20%，总量突破 6000 亿元；同时，会议特别强调，推动固定资产投资高质量发展，关键要在优化投资结构上下功夫，即聚焦国际科技产业创新中心建设，聚焦粤港澳大湾区建设，加快特区一体化进程，聚焦民生领域短板，聚焦基础设施供给侧结构性改革，加快完善投融资体制机制。深圳把扩大投资规模和提高投资的有效性放在了同等重要的位置，以投资结构优化来扩大有效供给，从而更好地实现了城市提质与经济增长、产业升级和民生改善的协调发展。

二、政府双重属性

回顾深圳经验，可以清晰地看到，中国改革开放的四十年，也是深圳产业发展、城市建设和社会民生同生同长、协同繁荣的40年。深圳政府在其中发挥了重要作用。

其一，对产业经济，深圳政府使企业充分发挥在市场经济中的主体作用，并以"规划、引导；扶持、调节；监督、管理"为原则配套政策措施。

其二，对民生经济，深圳政府充分履行向社会提供公共物品的主体责任，并以"基本托底、公平公正、有效提升"为原则配套社会保障相关的政策措施。

其三，对城市经济，因其属于以准经营性资源为主的资源生成领域，而这类资源既可由企业也可由政府来开发，属于经济交叉领域，因此深圳政府在其中担当起"规划布局、参与建设、有序管理"的角色。

在此，我们主要讨论政府在城市经济中的作用。因为准经营性资源的市场化，即城市基础设施的投资、开发与建设，需要解决投资载体和资金运营的问题，因此，应重点关注深圳政府在这两方面的举措。

首先，在投资载体问题上，深圳政府从改革开放之初就大力吸引外资，1987年即颁布了《深圳市人民政府关于鼓励科技人员兴办民间科技企业的暂行规定》，尔后还出台了《深圳市城市总体规划（1996—2010）》，把城市基础设施投资纳入市场体系中去开发、运营和管理。具体而言，一方面，深圳政府利用政府独资、合资、合作、股份制甚至国有民营等多种方式，投资城市建设项目；另一方面，深圳政府根据市场供给、社会需求和城市发展的客观变化，不断优化城市发展结构，从而防止出现在城市建设和发展中"只为社会提供无偿服务型、共享型的公共物品；只投入、不收益；只建设、不经营；只注重社会性，而忽视经济性；只注重公益性，而忽视效益性；从而造成城市资源的大量损耗，城市基础设施建设的重复浪费，城市经济管理的低层次、低水平和无序性运转"等问题，避免了重大经济损失。

其次，在资金运营方面，因为深圳是资本市场发育最早的区域之一，所以深圳政府积极运用财政资金，撬动社会资本参与城市基础设施建设。具体手段有：发行债券或可转换债券；发行股票；设立项目基金或借力于海内外基金投资项目；以项目为实体买壳上市；将项目资产证券化；将项目并购组合，捆绑经营；采用租赁、抵押、置换、拍卖等方式。此外，深圳政府也通过收费权、定价权等手段，运用 BOT（建设—经营—移交）、TOT（转让—经营—移交）等方式实施特许经营权的资本运营，采用 PPP（政府和社会资本合作）等方式解决股权载体问题，以 PPC（港口公园式城市）等方式为开发模式，不断打造出一个个较为完善的基础设施、物流、金融和产业相融合的经济园区，既解决了建设资金瓶颈的制约，又发挥了公共财政"四两拨千斤"的作用。

深圳在城市基础设施的投资、开发、运营和管理上，形成了行之有效的"政府推动、企业参与、市场运作"的模式，其成功实践揭示出：首先，区域政府是城市经济的参与主体之一；其次，在这一领域的投资、开发、运营、管理过程中，政府应该或者说必须依靠市场规则，按市场规律办事；最后，政府还应在此领域发挥宏观引导、调节和监督的作用。可以说，对准经营性资源即城市基础设施的开发和建设，深圳政府即是按上述原则配套政策措施的。

由上述分析可知，深圳政府具有双重属性。一方面，深圳政府的行为呈现出微观属性。其对可经营性资源（产业经济）的规划、引导、扶持，以及对准经营性资源（城市经济）即城市基础设施的投资、运营与参与，使它成为本区域经济中微观利益主体的集中代理。同时，深圳政府还运用理念创新、制度创新、组织创新和技术创新等方式，与其他区域展开竞争，以使本区域经济利益最大化。此时，深圳政府扮演着准微观的角色，它与企业既有区别又有联系：区别在于，深圳政府与企业具有不同的行为目的、发展方式、管制因素和评价标准；联系在于，深圳政府与企业都属一定范畴内的资源调配者，都在一定范畴内有效创新，竞争机制均作用于政府的区域发展和企业的市场发展过程中，其经济行为都必须以遵循市场规则为前提——此时深圳政府的区域管辖权转为了区域经营权，政府以区域利益最大化为目的进行资源调配，政策行为的重点集中在城市基础设施项目的招商、投资、开发、运营和管理上。因此，深圳政府的政策行为除了受到政治约束，也受到经济约束，政府的"有为"能提升本区域的竞争优势，并率先实现本区域的经济转轨和社会转型。从这个意义上说，深圳政府兼具一定的微观属性。

另一方面，深圳政府的行为又呈现出宏观属性。其对可经营性资源（产业经济）的调节、监督、管理，以及对非经营性资源（民生经济）即公共物品或公益事业的基本托底、公平公正、有效提升，使它成为本区域内的国家代表。深圳政府主要通过规划、投资、消费、价格、税收、法律等手段调控经济，通过提供社会基本保障、公共服务等方式促进社会稳定。此时，深圳政府扮演着准宏观的角色，即运用被授予的公共性和强制力，履行其在本区域的政治职能、经济职能、城市职能和社会职能等。具体举措有：积极研究和制定本区域经济社会发展的中长期规划；促进本区域总供给与总需求的动态平衡；制定经济政策、产业政策和技术政策；大力投资基础设施建设；提供公共物品和公共服务；有效调节收入分配与再分配；既保持本区域经济总量增长、经济结构动态平衡、城市发展水平有效提升，又维护本区域的市场规则和秩序，调控物价，控制失业率，促进社会和谐、可持续发展。

在实际运行中，深圳政府的准宏观角色重点体现在财政收支活动上：运用财政税收收入、转移支付、股权收入和其他收入，以财政购买性支出和转移性支出等方式，维持自身运转和履行各项职能。财政购买性支出包括社会消费性支出和财政投资性支出，前者包括文教、科学、卫生事业费，以及工、交、商、农等部门的事业费等，后者包括基础设施投资、科技研究发展投资、针对急需发展的产业的政策性金融投资等。转移性支出则主要包括社会保障支出和财政补贴支出等。其中，社会消费性支出和财政投资性支出作为政府的购买性支出，直接影响着社会资源和各类要素的调配，其规模和结构大致体现出深圳政府直接介入资源调配的力度和范围，反映其在一定时期内直接调节社会资源的能力以及对社会经济等的影响程度；转移性支出则间接影响着社会资源和各类要素的调配，并辅助社会公平政策的实施。

深圳政府的双重属性植根于其内在目标，即用最小的成本获取最好的经济发展、最优的城市建设和最佳的社会稳定。这两种属性主要体现在两方面：一是制度供给，包括政策供给、法规供给等，这保障了各类公共物品和公益服务得到公平、公正、有效的供给；二是经济调节，包括政府对产业发展的扶助、对城市基础设施建设的投入等，这有效引导了产业的转型升级和城市的现代化发展。可以说，正是深圳政府的这种双重属性，修正了传统经济学体系或传统市场理论的缺陷，书写了现代经济学体系和现代市场理论的新篇章。深圳改革开放40年的实践告诉我们：企业是产业经济中的主要竞争主体，区域政府是城市经济中的主要竞争主体。现代经济学也已揭示，除了以企业为研究对象的微观经济学和以国家为研究对象的宏观经济学，还应该有以区域政府为研究对象的中观经济学。

三、政府参与区域竞争

深圳政府在区域管理中的公共性主要体现在，通过税收、工商、公安、监管等保证区域的公共开支，维护区域的市场和社会稳定，并通过行政、立法、司法等手段，保证整个过程的公开、公平、公正。深圳政府在区域管理中的强制性既表现为立法、司法、行政等超经济强制权，又表现为财权、事权等经济性强制权。从外在看，深圳政府的区域管理体现在产业发展、城市建设、社会民生三大职能上；从内在看，其实质是深圳政府对区域现存和可能拥有的各类有形资源与无形资源的有效调配。

世界各国区域管理的实践和中国改革开放的成功经验都已经告诉我们，在确保本区域社会公益服务和公共物品供给"基本托底、公平公正、有效提升"的基础上，为防范城市资源尤其是城市基础设施闲置浪费或城市建设低效运作、城市管理无序进行等问题，政府都会通过市场机制，把部分或大部分城市基础设施交给社会去投资、开发和管理。在这一准经营性资源向可经营性资源转变的过程中，城市基础设施投资载体的确定，即基础设施项目公司的股权结构及其性质（如政府独资、合资、合作、股份制其至国有民营等），必须符合市场规则；城市基础设施投资的资本运营——不管是通过BOT、PPP等特许经营方式，还是通过发行债券、股票等方式——都必须通过市场竞争的检验。可以说，深圳的"政府推动、企业参与、市场运作"模式，从一开始就使深圳政府在城市经济建设与发展中存在着与其他区域竞争的外在可能性，而深圳政府的双重属性，以及由此产生的区域竞争力，则表明深圳政府参与竞争具有内在的必然性。

通过对深圳政府经济行为的分析，我们明确定位了它的三类经济职能，有效区分了深圳的三类经济资源，清晰界定了深圳政府与企业在城市经济和产业经济中的不同主体地位，探讨研究了深圳政府在微观层面和宏观层面的双重角色与特殊作用。这个分析一方面直接阐明了在现代市场体系中存在两个竞争主体——企业和区域政府：企业竞争主要发生在产业经济中，区域政府竞争主要发生在城市经济中，企业与区域政府在产业经济中不存在竞争关系。另一方面，它又告诉人们，区域政府竞争主要集中在城市基础设施建设领域，其实质是对城市经济发展中各种有形或无形资源的竞争，其目的主要在于优化本区域城市资源配置，提高本区域城市经济效率和回报率，政府主要围绕本区域城市经济的领先优势和可持续发展目标来配套政策措施。在不同领域发生的区域政府竞争和企业竞争共同构成现代市场经济体系中的双层市场竞争体系，区域政府和企业作为双重市场竞争主体，形成了相辅相成的关系。

四、区域政府竞争的目标函数——财政收入决定理论

财政收入是指区域政府为履行实施公共政策、提供公共物品与服务等职能而筹集的一切资金的总和，表现为区域政府在一定时期（一般为一个财政年度）内所取得的货币收入。财政收入是衡量区域政府财力的重要指标，区域政府在社会经济活动中提供公共物品和服务的范围与数量，在很大程度上取决于财政收入状况。

国际通行的对财政收入的分类与政府取得财政收入的形式有关，可分

为税收收入、国有资产收益、国债收入、收费收入以及其他收入等。其中，税收是区域政府为实现其职能，凭借其政治权力，按照特定的标准，强制、无偿地取得财政收入的一种形式，它是现代国家财政收入中最重要的收入形式和最主要的收入来源。国有资产收益是指区域政府凭借国有资产所有权获得的利润、租金、股息、红利、资金使用费等收入的总称。国债收入多指国家通过信用方式取得的有偿性收入。收费收入是指区域政府在提供公共服务、实施行政管理或提供特定公共设施时，向受益人收取一定的使用费和规费的收入形式。其中，使用费是区域政府对公共设施的使用者按一定标准收取费用，如对使用政府建设的高速公路、桥梁、隧道的车辆收取的费用；规费是区域政府对公民个人提供特定服务或者特定行政管理所收取的费用，包括行政收费和司法规费等。

区域财政收入的决定机制是以税收为主体，在国有资产收益和国债收入既定的条件下，收费收入也占据一定的比重。

首先，我们来讨论税收这个主要因素。税收为区域政府实现其政治、经济、社会职能提供了经济保证，为区域政府生产、购买、提供公共物品筹集了资金，从而为区域政府维护社会秩序、实现社会管理功能、投资基础设施建设、制定经济规划、调整产业结构、发展科教文卫事业、提供社会保障等发挥了重要作用。凯恩斯及凯恩斯主义把国家的税收功能和运用税收政策的相机抉择机制称为"人为稳定器"：政府可以根据经济周期波动相机抉择，在经济萧条时通过减税（增支），刺激有效需求，增加就业和国民收入，促进国民经济复苏；在经济高涨时，通过增税（减支）抑制经济过热，降低需求水平和物价水平，以稳定国民经济发展。萨缪尔森则认为，税收具有"自动稳定器"功能，即在课税范围和税率稳定的前提下，税收随着国民收入的变化而变化，对经济的周期性波动发挥着调节的作用。① 如图 4-1 所示。

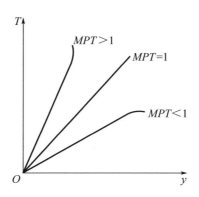

图 4-1 税收自动稳定器功能图示

设 T 为税收收入，y 为国民收入，MPT 为边际税收倾向，即税收增长速度与国民收入增长速度之比。此时可得公式：

$$MPT=(\triangle T/T_0)/(\triangle y/y_0)=(\triangle T/\triangle y)\cdot(y_0/T_0) \qquad (4-1)$$

其一，在实行累进税制的条件下，$MPT>1$。在累进税免征额度内，税率为零，税收也为零。随着课税对象数额增加，累进税率逐级提高，税收占国民收入的比重逐步提高，$MPT>1$。在经济高涨时，税收增长速度高于国民收入增长速度，随着税收增加，有效需求减少，经济增长速度减缓；在经济衰退时，税收下降速度高于国民收入下降速度，随着税收减少，有效需求增加，经济增长速度加快。

其二，在实行比例税制的条件下，$MPT=1$，即税收与国民收入呈线性关系。在经济高涨期，税收与国民收入增长速度相同，税收增加对有效需求的抑制效应小于累进税的抑制效应；在经济衰退期，税收与国民收入下降速度相同，税收减少对有效需求的刺激效应也小于累进税的刺激效应。

---

① 张思锋，2015. 公共经济学 [M]. 北京：中国人民大学出版社.

其三，在实行累退税制的条件下，$MPT<1$。在经济高涨期，税收增长速度小于国民收入增长速度，税收增加对有效需求的抑制效应低于累进税和比例税的抑制效应；在经济衰退期，税收下降速度低于国民收入下降速度，税收减少对有效需求的刺激效应小于累进税和比例税的刺激效应。

可见，在经济周期的不同阶段，税收量的增减伴随着国民收入增减的变化，对调控社会总需求、稳定经济发展起到了"稳定器"的作用。在这一领域，各国政府通过促进经济发展，提高管理效率，制定不同的课税范围和税率，运用不同税种的优化组合等，来增加财政收入规模，稳定区域经济发展。

其次，我们来考虑收费收入对财政收入的影响。收费收入实际上是区域政府模拟私人产品的定价方式收取的公共物品的价格，目的是回收所提供的特殊商品和服务的全部或部分成本。现实中，收费收入方式与税收有时难以截然区分，但二者又存在明显区别。一是收费与区域政府提供的特定商品和服务直接联系，专项收入专项使用；而税收与区域政府提供的商品和服务没有直接联系，且税收收入也不作特定用途规定，它由政府统筹安排使用。二是收费通常是区域政府特定用途的筹资手段，而税收只是政府的一般筹资手段。三是收费纳入区域财政预算内统筹使用的要求相对比较宽松，而税收则必须严格按预算统筹管理使用。四是一般而言，收费的法制性、规范性程度较弱，而税收受立法监督和行政规范管理的程度较强。

由于收费既可以提高公共物品的配置效率，有利于避免"公地悲剧"现象的过度发生，又可以弥补市场失灵，有利于矫正私人产品的负外部溢出效应，因此，以使用费和规费为主体的收费收入，也是区域政府财政收入决定机制的影响要素之一。各国政府也通过促进经济发展，完善政策措施，提高管理效率，来提升收费收入水平。从对世界各国经常性财政收入分析中可以看出，一般来说，中低收入国家的收费收入所占比重较大，高收入国家则状况不一，有高有低——分配体制上倾向于集权的国家，收费收入所占比重较低，而倾向于分权的国家，收费收入所占比重较高。

一定时期内的区域财政收入是如何决定的，反映了一个区域的经济发展水平，政府对区域可经营性资源、非经营性资源和准经营性资源的调配程度，政府对区域公共物品和服务的品种及其规模的供给情况，以及政府对区域经济发展环境的改善程度——可以说，它是一个区域经济实力的综合表现。

进一步说，区域税收和收费收入的结构也取决于区域经济结构，其规模也主要取决于区域经济发展水平（与项目、产业链配套和进出口竞争等相关）、区域经济政策措施（包括基础设施投入、人才科技水平和财政金融支撑等）、区域经济管理效率（包括政策体系配套、环境体系配套和管理体系配套等）这三类九要素。

在上述分析的基础上，下面我们就从财政支出和财政收入两个角度，来讨论财政收入的决定机制，亦即区域政府竞争（财政收入最大化）的目标函数。

从财政支出角度，在特定时段内，区域政府的总支出是由财政预算所事先确定的，因此政府的财政支出（Fiscal Expenditure，FE）不可变，但政府可以在不同领域当中调整支出分配的比例，以获得最大效益。为了便于分析，我们从区域政府财政支出的两个层级（财政购买性支出和转移性支出）中提取出三类支出来讨论其函数关系：其一，消费性支出（Consumption Expenditure，CE），主要用于提升区域经济中的环境配套、管理体系配套和政策配套水平，从而提高区域政府的管理效率；其二，投资性支出（Investment Expenditure，IE），主要用于提升区域经济中的基础设施建设水平，如道路、桥梁、电网等，从而提高区域政府的经济政策水平；其三，转移性支出(Transfer Expenditure, TE)，主要用于提升区域经济的人才科技和财政金融支撑水平，与投资性支出一样，其目的也是为了提高区域政府的经济政策水平。

如前文所述，三者总是满足：

$$CE+IE+TE=FE \quad (4-2)$$

消费性、投资性和转移性这三类支出将通过影响区域政府的管理效率和经济政策，作用于区域经济的发展水平。具体来说，投资性支出会提高当地基础设施水平，带动当地投资项目增加；消费性支出和转移性支出将改善当地的产业链配套和进出口状况。因此，在其他条件不变的情况下，我们将区域经济发展水平 Y 写为 CE、IE 和 TE 的函数：

$$Y=g(CE,IE,TE) \quad (4-3)$$

式(4-3)未指定明确的函数形式，因为在常见的经济系统当中，各类支出关系往往错综复杂，互为牵掣。但在当前简化讨论的情况下，我们可以认为三类支出的经济效应不具有显然的联动性，其经济效应可以叠加，这样我们可以将式(4-3)简化为分离的形式，便于后续讨论各项的影响。

$$Y=\varphi_1(Y_1,Y_0)\times CE+\varphi_2(Y_2,Y_0)\times IE+\varphi_3(Y_3,Y_0)\times TE+Const1$$

$$(4-4)$$

其中，CE、IE、TE 分别是消费性、投资性和转移性支出，$Const1$ 则是无法由财政支出所影响的其他经济效应，如要素禀赋和资本积累。$\varphi_1(Y_1,Y_0)$、$\varphi_2(Y_2,Y_0)$ 和 $\varphi_3(Y_3,Y_3)$ 分别描述了消费性、投资性和转移性支出的变化对区域经济发展水平的影响程度，是可变的，作为敏感性系数，其大小和区域的经济发展阶段相关。其中，Y_0 代表期初的经济水平，$Y_i(i=1,2,3,\cdots,$ 下同)代表不同经济发展阶段的门槛或者目标值。可变系数 $\varphi_i(.)$ 代表在要素驱动阶段、投资驱动阶段和创新驱动阶段，三种支出对经济水平的不同影响程度。因此设定可变系数 $\varphi_i(.)$ 具体设定时需具体考虑以下因素。一方面，随着经济的发展，三类支出的经济效应大致符合生长曲线轨迹，也就是说，在经济发展初期，增加财政支出对于经济的促进效果非常明显，但随着经济的发展，边际单位支出能带来的经济效应将逐渐减少。另一方面，在经济的不同发展阶段，处于支配地位的支出类型应当是不同的——在发展初期，经济处于要素驱动阶段，软件设施配套至为重要，能吸引外来的企业及人才，此时消费支出具有最强的经济效应；在发展中期，经济处于投资驱动阶段，政府投资的带动作用使其具有良好的财政支出乘数效应，此时投资性支出具有最强的经济效应；在发展后期，经济步入创新驱动阶段，人才科技水平和财政金融支撑变得非常重要，此时转移性支出具有最强的经济效应。

以上是从政府财政支出角度来分析，下面我们再从政府财政收入（Fiscal Income，FInc）角度进一步讨论。如前所述，政府财政收入由国债收入、国有资产收益、收费收入、税收收入和其他收入组成。其中，我们假定收费收入与基建水平成比例关系、税收收入与经济发展水平成比例关系。由于国有资产收益、国债收入和其他收入受本文所考虑的因素的影响较小，因此我们假设这三个变量为常量，则可得公式如下：

$$FInc = \tau CumP(IE) + \omega Y + Const2 \qquad (4-5)$$

其中，$CumP(IE)$ 是历年投资性支出形成的基建项目资本存量，$\tau CumP(IE)$ 表示政府从基建项目当中取得的收费收入；ωY 表示政府从经济总产出当中取得的税收收入；$Const2$ 表示国债收入、国有资产收益和其他收入之和，可以在一段时期内视之为常量。

政府的预算支出是基于来年的财政收入，在满足财政收入大于财政支出以及式（4-2）式中的预算约束的条件下，政府通过调节三种支出，即 CE、IE 和 TE，使得财政收入最大化。优化后的公式如下：

$$\max_{\{CE,IE,TE\}} FInc = \tau CumP(IE) + \omega[\varphi_1(Y_1,Y_0) \times CE + \varphi_2(Y_2,Y_0) \times IE +$$
$$\varphi_3(Y_3,Y_0) \times TE + Const1] + Const2$$
$$\text{s. t. } CE + IE + TE = FE$$
$$FInc \geqslant FE$$
$$0 < \omega < 1$$

根据这个公式可知，在不同的经济发展阶段，消费性、投资性和转移性支出三者对经济发展水平的促进作用不同，因此我们应该在不同阶段将资金主要配置在相应的财政支出上。

具体而言，若经济发展处于要素驱动阶段，消费性支出对经济发展的贡献力度更大，我们就应当重点提升区域经济中的环境配套、管理体系配套和政策配套水平，从而提高区域的消费性支出。此时$\varphi_1(Y_1,Y_0)$将比$\varphi_2(Y_2,Y_0)$和$\varphi_3(Y_3,Y_0)$更大，即消费性支出的增加带来的财政收入增长量将超过投资性支出和转移性支出减少所带来的财政收入减少量。

若经济发展处于投资驱动阶段，投资性支出对经济发展的贡献力度更大，我们就应当重点加大对基础设施建设的投入，从而提高区域的投资性支出。此时$\varphi_2(Y_2,Y_0)$将比$\varphi_1(Y_1,Y_0)$和$\varphi_3(Y_3,Y_0)$更大，即投资性支出的弹性将比消费性支出、转移性支出的弹性高，因此它带来的财政收入增长量将超过消费性支出和转移性支出减少所带来的财政收入减少量。

若经济发展处于创新驱动阶段，人才和企业创新能力对经济发展的贡献力度更大，我们就应当重点加大对人才科技水平（即人才补贴）和财政金融支撑（即金融补贴）的投入，从而提高区域的转移性支出。此时$\varphi_3(Y_3,Y_0)$将比$\varphi_1(Y_1,Y_0)$和$\varphi_2(Y_2,Y_0)$更大，即转移性支出的弹性最大，因此它带来的财政收入增长量将超过消费性支出和投资性支出减少所带来的财政收入减少量。

若经济发展处于财富驱动阶段，以上三类支出对财政收入的影响力已接近一致，此时区域政府需要根据区域的发展特色及优势产业，合理分配各类支出。

综上，一个区域的财政收入规模取决于此区域的经济发展水平、经济政策措施和经济管理效率等因素。因此，研究区域财政收入的决定机制，遵循"以收定支"兼顾"以支定收"的财政发展方针，并根据财政收入增长的弹性系数变化，采取有效手段调节财政支出结构，以促进财政收入规模正常增长，就成为区域政府竞争的关键所在。

五、区域政府财政支出与财政投资性支出函数

财政收入是财政支出的前提，财政支出是财政收入的目的。首先，财政收入是实现区域政府职能的财务保证。区域政府为了实现其职能，必须掌握一定数量的社会产品，财政收入正是区域政府筹集资金的重要手段。其次，财政收入是正确处理政府、企业和个人之间物质利益关系的重要方式。在具体操作过程中，采取何种方式并取得多少财政收入，涉及各方面的物质利益关系。只有正确处理各种物质利益关系，才能充分调动区域各方面的积极性，达到优化资源配置、协调分配关系的目的。最后，在一般情况下，财政收入的数量决定着财政支出的规模，收入多才能支出多，前者是后者的保证。而另一方面，财政分配是收入与支出的统一过程，区域政府只有优化财政支出结构，提高其效用，才能促进经济增长，最终提升财政收入水平。

从另一个角度说，财政支出是区域政府为履行其相关职能而支出的一切费用的总和。财政支出的数额和结构反映了区域政府介入经济和社会生活的规模与深度，也反映了区域政府在经济发展和社会生活中所处的地位与发挥的作用。

细化分析的话，财政支出主要有两种分类方式：一种是按财政功能分

类，这种分类方式清晰地揭示出区域政府在经济建设支出、社会文教支出、国防支出、行政管理支出和其他支出这五大类中的侧重，以及支出结构的历时性变化；另一种是按经济性质分类，可分为购买性支出和转移性支出两类，前者包括社会消费性支出（主要包括行政管理支出、国防支出、教育支出、文化支出、科学研究支出以及卫生保健支出等）和财政投资性支出（主要覆盖自然垄断行业、基础设施以及农业等多个领域），后者指区域政府单方面把一部分收入所有权转移出去而发生的支出（用于社会保险、社会救济和扶助贫困人口等）。

国际货币基金组织关于财政支出的功能分类法和经济性质分类法（见表4-1），揭示出了世界各国区域政府在财政支出分类上逐渐趋同的倾向。

表4-1 国际货币基金组织的财政支出分类

按财政功能分类	按经济性质分类
1. 一般公共服务	1. 经常性支出
2. 国防	（1）商品和服务支出
3. 教育	① 工资、薪金以及其他项目
4. 保健	② 商品和服务的其他购买
5. 社会保障和福利	（2）利息支付
6. 住房和社区生活设施	（3）补贴和其他经常性转让
7. 其他社区和社会服务	① 对公共企业
8. 经济服务	② 对下级政府
（1）农业	③ 对家庭
（2）采矿业	④ 对其他居民
（3）制造业	⑤ 国外转让
（4）电力行业	2. 资本性支出
（5）道路	（1）现存的和新的固定资产购置
（6）水输送	（2）存货购买
（7）铁路	（3）土地和无形资产购买
（8）通信	（4）资本转让
（9）其他经济服务	3. 净贷款
9. 无法归类的其他支出	
（1）公债利息	
（2）其他	

从经济学的角度看，区域政府对财政支出的两种分类，其实指示出其对本区域实际存在的三类资源——可经营性资源、非经营性资源和准经营性资源——采取的政策措施及其目标与手段。

对于可经营性资源（产业经济），政府遵循市场配置资源的原则，尽可能通过资本化的手段，把资源交给企业、社会等各类国内外投资者。政府按照"规划、引导；扶持、调节；监督、管理"的原则去配套税收、财政补贴、折旧政策等，以此来引导和制约非政府投资的条件、方向、规模和结构。其中，区域政府财政补贴作为一种转移性支出，以价格补贴、外贸补贴、财政贴息等形式，通过现金或实物补贴的方式，作用于产业经济的生产、流通、分配和消费等全流程之中。

财政补贴是一种世界性的经济现象，世界各国区域政府均把这一特殊的财政支出形式当作调节产业经济活动的一个重要手段。世界贸易组织（World Trade Organization，WTO）为了维护非歧视、自由透明和公平竞争的世界贸易秩序，专门制定了《补贴与反补贴措施协议》（Agreement on Subsidies and Countervailing Measures，SCM Agreement）。一方面，该协议明确定义，财政补贴是一成员政府或任何公共机构向某一企业或某一产业提供财政补助或对价格或收入的支持，结果直接或间接增加从其领土输出某种产品或减少向其领土内输入某种产品，或者因此对其他成员利益造成损害的政府性行为或措施，是一种促进出口、限制进口的国际贸易手段；另一方面，该协议又阐明，财政补贴是一种政府行为，补贴对象主要是国内生产与销售企业，补贴方式多种多样，补贴结果是受补贴方从收入、成本或税额的增减中获得利益，补贴具有专项性，其根本目的是促进有关产业产品在国内外市场上的竞争力。因此，财政补贴作为区域政府财政支出的一种特殊手段，能够稳定区域经济发展，促进产业结构调整和对外贸易增长。当然，过度的财政补贴又会导致市场不公平竞争、市场环境被破坏。

对非经营性资源(民生经济),区域政府应责无旁贷地全面承担起供给、调配和管理责任,按照"基本托底、公平公正、有效提升"的原则去配套社会安全和社会保障政策。在此,我们重点讨论两类与之相关的财政支出。

一是从属于财政购买性支出的区域行政管理与国防支出,其满足的是纯社会公共需要,提供的产品和服务是基于维护社会安全和社会秩序的目的,由全体公民无偿享有的。其中,行政管理支出包括行政管理机关、司法机关、检察机关和外事机构等行使其职能所需的费用支出;国防支出包括国防建设和军队建设等费用支出。一方面,从社会财富的生产和消费角度来看,行政管理与国防开支属非生产性劳动,这两类费用纯属社会财富的"虚耗",从这个意义上,这两类支出越少越好;另一方面,从社会财富生产和消费的前提条件来说,国防是为了保护人民的生产与生活安全,行政活动是为了维持人民的生产和生活秩序,从这个意义上,这两类费用又不是在"虚耗"社会财富,而是全社会生产和消费的一个必要组成部分。当然,本书研究的民生经济,主要集中在社会保障方面,因此,我们把政府行政管理和国防支出作为一个既定的因素,暂且不展开讨论。

二是社会保障支出,它是区域财政支出中最重要的转移性支出项目之一。作为再分配的一种重要方式,它是区域政府运用财政资金进行的无偿的、单方面的支付,即区域政府依据一定的法律规定,在社会成员因失业、年老、疾病、工伤、生育和其他情形而面临生活困难时,提供必不可少的基本生活保障和社会服务。区域社会保障包括社会保险(包括养老保险、医疗保险、失业保险、生育和疾病保险、伤残保险、丧葬和遗嘱保险等),社会福利(包括社会补贴、社会福利设施、社会服务、职工福利等),社会救助(覆盖无依无靠而又无生活来源的公民、因突发性自然灾害造成生活一时拮据的公民、有收入来源但生活水平低于或仅相当于国家法定最低贫困标准的公民等)和社会优抚(包括抚恤、社会优待、退役军人就业、退休安置、优抚社会化服务等)四个组成部分。作为区域政府财政支出中的一项转移性、民生性支出,社会保障支出既能弥补市场机制的失灵所带来的问题,又能充当区域经济周期发生变化时调节经济的"内在稳定器"。一个健全的区域社会保障制度,包括社会保障项目标准的确立、社会保障资金的筹集与发放、社会保障管理体系和监督机制的完善等,这将为区域经济的可持续发展奠定坚实的基础,提供优良的发展环境。

对于准经营性资源(城市经济)的运营,即城市基础设施软硬件的投资、开发与建设,区域政府应根据自身的财政状况、市场需求和社会民众的可接受程度等因素,来决定是按可经营性资源的原则来调配、开发,还是按公益性事业的原则来运行、管理。这是本书要讨论的一个重点,下面具体展开论述。

首先是城市基础设施硬件(具体见第三章),主要可分为两类:一是经济性基础设施,即永久性工程建筑、设备设施等;二是社会性基础设施,即文教、医疗、社会保障设施等。作为区域政府财政购买性支出两大部分之一的投资性支出,主要就是对城市基础设施硬件的投资。城市基础设施硬件处于区域经济发展链条的"上游",即区域三大产业的发展一般都要求拓展城市基础设施硬件的投资、开发与建设的规模,加快其速度,甚至适度超前发展。由城市基础设施硬件产生的产品和服务的价格,也进入其他产业产品的成本之中,城市基础设施硬件的价格变动也将引起产品成本波动等系列连锁反应。城市基础设施硬件的投资、开发、建设与一般产业投资之间的关系可用如下产出模型图表示,如图 4-2 所示。

图 4-2 的纵轴与横轴分别代表一般产业投资与基础设施投资,从原点出发的射线是产出线,I_1、I_2、I_3 为一定数量的基础设施投资和一般产业投资关系的示意折线。当基础设施投资和一般产业投资分别为 K_{L1} 和 K_{G1} 时,产出量为 Q_1;如果一般产业投资增加到 K_{G2},而基础设施投资不增

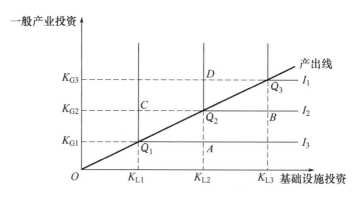

图 4-2 产出模型图

加,那么组合点为 C,即产出量不可能为 Q_2;反之,如果基础设施投资增加到 K_{L2},而一般产业投资不增加,那么组合点为 A,即产出量不可能为 Q_2。要使产出量增加到 Q_2,必须使基础设施投资和一般产业投资分别增加到 K_{L2} 和 K_{G2},以此类推。也就是说,为达到一定的产出量,基础设施投资和一般产业投资之间必须保持一定的配比关系,且按一定的比例递增。从实证分析的结果看,欧美发达国家多是从增加一般产业投资开始,再增加基础设施投资,增长的路径大体是:$Q_1 \to C \to Q_2 \to D \to Q_3$;而日本、韩国等则首先增加基础设施投资,再增加一般产业投资,因而增长的路径大体是:$Q_1 \to A \to Q_2 \to B \to Q_3$。[①]

其次是城市基础设施软件(具体见第三章)。在区域政府的财政支出项目中,对城市基础设施软件的投资属于财政购买性支出中的社会消费性支出,主要包括教育、科学、文化、卫生、体育、出版、地震、海洋等方面的经费、研究费和补助费支出。一方面,世界各国区域政府都把教科文卫等项目支出纳入非生产性范畴,认为其在经济发展过程中并不直接创造物质财富,而是直接消耗物质财富;另一方面,从其经济属性上看,教科文

---

① 陈共,2017. 财政学 [M]. 9 版. 北京:中国人民大学出版社.

卫等领域的大部分项目活动又不完全是区域政府提供的纯公共物品，而是也包含了私人企业直接投资、建设、发展的部分。从世界史的进程看，在教科文卫等领域，世界各国区域政府的投资与私人企业的投资是并存的、同生共长的。可以说，教科文卫项目部分是或者说不完全是区域社会的公共项目。

从经济性质上说，由于城市基础设施具有准经营性资源的特性，属于经济学意义上的资源生成领域，其软硬件的投资、开发和建设既可以由政府又可以由私人企业来承担，也可以采取混合经济模式来运营（具体见第三章）。

在此，我们主要研究区域政府财政投资性支出的情况。财政投资性支出的总量限定了其投资的范围和规模，在区域财政收入总量既定的条件下，财政支出总量也被限定了，此时财政投资性支出就取决于财政支出的结构：第一是购买性支出与转移性支出占财政支出的比例；第二是财政投资性支出与社会消费性支出占购买性支出的比例（在此，我们暂不把城市基础设施软件投资，即区域政府在教科文卫等领域的社会消费性支出纳入城市基础设施的投资范围）。一定时期内，在区域财政收入总量既定的条件下，财政支出中购买性支出与转移性支出之间存在着一个此涨彼落的关系，购买性支出中财政投资性支出与社会消费性支出之间也存在着一个此涨彼落的情况。

由此，我们可以进一步讨论区域政府财政投资性支出与财政支出之间的函数关系。假设购买性支出在财政支出中的占比为 λ_1，那么转移性支出在财政支出的占比即为 $1-\lambda_1$。再假设财政投资性支出在购买性支出中的占比为 λ_2，可知社会消费性支出在购买性支出中的占比为 $1-\lambda_2$。我们分别用 I 和 G 表示财政投资性支出和财政支出，那么两者的关系可用如下公式表示：

$$I = \lambda_1 \lambda_2 G \qquad (4-6)$$

在财政支出既定的情况下,财政投资性支出在财政支出中的占比会受到转移性支出的限制,也会受到社会消费性支出的限制。若需要提高财政投资性支出,那么根据上述式(4-6),我们可以提高 λ_1 或者 λ_2,前者会降低转移性支出的占比,后者会降低社会消费性支出的占比。

我们具体分析两种情况。

第一种情况是,假设购买性支出在财政支出中的占比固定,即 λ_1 不变(转移性支出在财政支出中的占比也不变),此时若 λ_2 增大,即政府将更多支出分配至财政投资性支出而非社会消费性支出时,财政投资支出得到提高,政府可以重点发展基础设施建设。但 λ_2 上升意味着社会消费性支出降低,政府对区域经济中的配套体系建设会受到一定的拖累。当财政投资性支出对财政收入的贡献能力更强时,其增加所带来的财政收入增量将弥补甚至超过社会消费性支出减少所带来的财政收入减少量。此时增加财政投资性支出就有利于财政收入的增加。

第二种情况是,假设财政投资性支出在购买性支出中的占比不变,即 λ_2 不变(社会消费性支出在购买性支出中的占比也不变),此时若 λ_1 增大,即政府增加购买性支出,减少转移性支出,则财政投资性支出仍然会增加,但转移性支出的减少也会减缓政府对人才引进和社会融资的补贴力度。

总而言之,财政投资性支出在财政支出结构中占据了重要地位,决定了政府在基础设施建设领域的投资力度。而基础设施建设是财政收入的重要来源,由此财政投资性支出在财政支出与财政收入之间建立了桥梁。因而,政府需要根据社会经济的发展阶段相机抉择,尤其要关注财政投资性支出在财政支出中的占比,通过优化财政支出的配置,提高财政收入水平。比如,若社会经济发展处于投资驱动阶段,此时财政投资性支出具有高弹性,减少转移性支出以增加购买性支出,或减少社会消费性支出以提高财政投资性支出，都是在保持财政支出总量不变的情况下促进财政收入增长的重要方式。

在世界各国区域政府扩大财政投资性支出的实践中，从供给侧来看，这类投资改善了企业生产条件，节约其生产成本和交易成本，使各种生产要素不断增加、产生新的有机组合，从而创造新的或更大的区域经济效益，扩大财政收入，促进区域经济可持续发展。从需求侧来看，财政投资性支出带动了城市基础设施建设，其中涉及的各类生产要素本身就蕴含着巨大的市场需求，这些需求又引发了一系列连锁的经济反应。这样的循环往复所产生的经济效果，与凯恩斯所描述的投资对区域经济增长具有乘数作用或加速原理是一致的：从动态上看，增加投资产生的一系列连锁反应，会使收入的增加数倍于投资的增加；而收入的增加又将加速投资的增加，从而推动区域经济持续增长。

最后，区域政府财政投资性支出的多少及其带动区域社会资金投入量的大小，与区域的财政收入决定机制和经济增长状况存在着相互促进与同生共长的关系。当然，从根本上说，区域政府在决定财政投资性支出的结构、规模和范围时，仍然要坚持社会效益与经济效益有效结合的原则，唯其如此，才能在区域准经营性资源向可经营性资源转换的过程中实现最优的资源配置。

第五章

区域政府竞争

马斯格雷夫和罗斯托的经济发展阶段论认为，在区域经济发展的早期阶段，区域政府投资在社会总投资中占的比重较高，区域政府不断为本区域经济发展提供基础设施，如交通运输系统、环境安全系统、教科文卫系统和法律秩序系统的投资等，这是处于经济和社会发展早期阶段的区域进入"起飞"乃至中期发展阶段的必不可少的措施。在经济发展的中期阶段，区域政府投资将继续存在，只是此时其逐步转换为对私人投资的一种补充。一方面，在整个区域经济发展进程中，区域社会总投资和政府投资的绝对数都会增长，但区域社会总投资占地区生产总值的比重，以及区域政府投资占区域财政支出的比重会趋于下降；另一方面，一旦区域经济发展到了成熟阶段，区域财政支出就会从基础设施建设支出转向教科文卫和福利保障支出，而且后者的增长速度将会大大超过其他支出的增长速度，也会快于地区生产总值的增长速度。

马斯格雷夫和罗斯托通过对区域财政支出结构的分析，揭示出其对区域经济增长和经济结构调整的特殊影响，尤其是从长期来看，这种影响更为显著。这表明，区域政府制定财政政策、扩大财政收入规模、优化财政支出结构，将对一定时期内区域经济的发展战略和政策目标，以及区域经济的可持续发展，发挥重要的作用。

一、资源生成领域物品价格的确定

传统经济学对资源生成领域的研究和认识还不是很充分，但这又是一个在现实经济发展中日益重要的领域。资源生成领域至少包括三个层面的资源。一是原生性资源，比如太空资源、深海资源、极地资源以及地球深探资源等。如果不去开发这类资源，它们就是静态的自然资源。如果投资开发，其动态性、经济性和生产性又使这类资源转换为资源生成领域中的原生性资源。原生性资源具有投资规模大、开发周期长、不确定因素多等高风险性，因此各国政府为了在世界区域经济竞争中使本国、本区域获得优势，必须成为该类资源的第一投资人。二是次生性资源，比如城市经济中的基础设施资源。当它从准经营性资源转换为可经营性资源时，它就成为资源生成领域中的次生性资源。此类资源的投资开发同样具有动态性、经济性、生产性和高风险性四大特征，因此各国政府也必须充当该类资源的第一投资人。三是逆生性资源。这一类资源本来并不存在，是由区域经济发展中的外部溢出效应逆向形成的一类独特的生成性资源，比如碳排放交易资源等。对此类逆生性资源的开发与管制，政府必定是第一责任主体。

现在我们以大家相对陌生的逆生性资源中的碳排放交易资源为例，来分析资源生成领域的物品价格的确定问题，并以此来区分其与产业经济中的商品价格形成机制。

1997年12月，在日本京都，《联合国气候变化框架公约》缔约国基于大气中的温室气体排放量逐年增加、污染严重、对人类造成伤害的状况，首次在人类历史上提出以法规的形式限制世界各国温室气体排放，这就是《联合国气候变化框架公约》的补充条款——著名的《京都议定书》。

按《京都议定书》的定义，温室气体包括二氧化碳、氧化亚氮、甲烷、氢氟碳化合物、全氟碳化合物、六氟化硫等六种需人为控制排放的气体，即"碳排放权"中的"碳"。所谓"碳排放权"，其表现形式为温室气体排放配额或排放许可证，即协议国家根据一定时期内实现一定的碳排放减排的目标，将减排目标以上述形式分配给国内的不同企业。碳排放权交易（简称"碳交易"），即许可配额或排放许可证的交易，这形成了国际贸易中的系列碳商品，使环境资源可以像商品一样买卖。

为了促进世界各国完成温室气体减排目标，《京都议定书》允许各国政府采取以下四种减排方式：其一，两个发达国家之间可以进行排放额度买卖，即"排放权交易"，难以完成削减任务的国家，可以花钱从超额完成任务的国家买进超出的额度；其二，以"净排放量"计算温室气体排放量，即从本国实际排放量中扣除森林所吸收的二氧化碳的数量；其三，可以采用绿色开发机制，促使发达国家和发展中国家共同减排温室气体；其四，可以采用"集团方式"，比如欧盟内部的许多国家可视为一个整体，采取有的国家削减、有的国家增加的方法，在总体上完成减排任务。

《京都议定书》建立了旨在减排的三个灵活合作机制：一是国际排放贸易机制（International Emission Trading，IET）；二是联合履行机制（Joint Implementation，JI）；三是清洁发展机制（Clean Development Mechanism，CDM）。这些机制允许发达国家通过碳交易市场等灵活完成减排任务，而发展中国家可以从碳交易过程中获得相关技术和资金。为了深入理解碳排放问题，下面我们具体介绍一下这三大机制运行的规则。

首先是国际排放贸易机制。其核心是允许附件一缔约方以成本有效的方式，通过交易转让或者境外合作方式获得温室气体排放权。这样，就能够在不影响全球环境完整性的同时，降低温室气体减排活动对经济的负面影响，实现全球减排成本效益最优。这一机制主要作用于发达国家。

其次是联合履行机制。这是附件一缔约方之间以项目为基础的一种合作机制，目的是帮助附件一缔约方以较低的成本实现其量化的温室气体减排承诺。减排成本较高的附件一缔约方通过该机制在减排成本较低的附件一缔约方实施温室气体的减排项目。投资国可以获得项目活动产生的减排单位，从而用于履行其温室气体的减排承诺，而东道国可以通过项目获得一定的资金或有益于环境的先进技术，从而促进本国的发展。它的特点是项目合作主要发生在经济转型国家和发达国家之间。

最后是清洁发展机制。其核心是允许承担温室气体减排任务的附件一缔约方在非附件一缔约方投资温室气体减排项目，获得核证减排量（Certified Emission Reduction，CER），并依此抵消其依据《京都议定书》所应承担的部分温室气体减排任务。这一机制主要作用于发达国家与发展中国家之间。

随着减排成为一种国际趋势，出现了各种区域性和自愿性减排计划，碳交易市场的交易工具也不断增加，这个领域有着广阔的发展前景。可以说，作为资源生成领域的一种逆生性资源，碳排放交易资源正逐渐进入世界各国的经济发展之中。

具体来说，碳排放权作为碳商品的原生产品，本质上是政府创设的环境政策工具。首先，协议国家根据《京都议定书》为其设定的减排目标，确定减排期内本国可排放的温室气体总量上限，以排放许可证或配额的形式分配给控排企业，并允许企业将未用完的排放许可证或配额出售给超额排放的企业，这就是总量—限额交易的基本形式。其次，碳交易市场及其运行机制由政府主导建设。最后，碳交易市场的整体运营，包括碳资产的产生、权属转移、履约等，要依靠政府制定强有力的法律法规进行保护。

在经济学意义上，碳商品具有全球公共物品属性，这是由温室气体流动性强、存续期长等特点决定的——很难通过个别国家的努力达到减少温室气体排放、缓解全球变暖的目的。同时，碳商品也是一种或有商品、无形商品，即双方买卖的对象是碳排放权，碳商品价格主要取决于当前碳市场的供需关系。

碳交易市场可分为配额交易（Allowance-based Transaction）市场和项目交易（Project-based Transaction）市场两大类。前者的交易指总量管制下所产生的排减单位的交易，交易对象主要是政策制定者分配给企业的初始配额，如《京都议定书》中的配额（Assigned Amount Unit，AAU）、欧盟排放交易体系（European Union Emission Trading Scheme，EUETS）使用的欧盟配额（European Union Allowance，EUA），配额交易通常是现货交易。后者的交易指减排项目产生的减排单位的交易，交易对象主要是通过实施项目减少温室气体排放而获得的减排凭证，如由清洁发展机制产生的核证减排量（CER）和由联合履行机制产生的排放减量单位（Emission Reduction Unit，ERU），这类交易通常是期货交易。

欧盟排放交易体系作为全球最完善、影响力最大的碳交易市场，从2005年1月诞生之初便是一个多国参与的统一市场，推出了碳期货、碳期权、碳基金等衍生产品，形成了包含现货、期货、期权的多层次碳市场体系。美国区域温室气体倡议（Regional Greenhouse Gas Initiative，RGGI）形成的碳交易市场也从2005年成型之初就做好了与其他碳市场及碳衍生品市场相互连接的准备，为后续统一市场的建设奠定了坚实基础。

以核证减排量交易为例，目前国际上购买CER的碳基金和其他采购机构大约有50家，其主要管理方式包括：全部由政府设立和管理（主要在芬兰、奥地利等国家）；由国际组织和政府合作设立、由国际组织管理（主要是世界银行与各国政府合作）；由政府设立，采用企业化模式运作（比如英国和日本的碳基金）；由政府和企业合作建立，采用商业化管理模式（典型代表是德国和日本的碳基金）；由企业出资并采取企业方式管理（其主要从事 CER 的中间交易）。

如前所述，碳排放交易资源是一种逆生性资源，是区域经济发展的负外部效应的产物，是人类生存、发展过程中面临的另一面的自然物质、自然条件。它满足公共资源的两个特征：一是这种资源不属于某个个人或企业；二是社会成员无法避免地且可以自由地利用这一资源。由这种资源产生的公共物品也具备了非竞争性和突出的非排他性特点。但在一定条件下，它又具备准公共资源的特征，具有一定的竞争性和排他性。这是因为竞争性和排他性与资源稀缺相联系。当区域的碳排放管理转化为对碳排放权的管制和限定时，碳排放权在某种程度上的稀缺就成为这类公共资源转换成准公共资源的前提条件，即当区域碳排放量超过一定的临界点时，其非竞争性和非排他性就消失了，区域每增加一吨碳排放量，就将增加由此带来的碳排放成本费用。当市场机制在遏制区域碳排放量方面失灵时，区域政府的介入就成为必然。政府通过一定程序，采取行动限制碳排放量而产生的成本或收费标准，就确定了碳排放权作为一种可交易的准公共物品的价格。

在碳排放权交易市场中，碳排放权定价的对象不仅包括公共部门产生的碳排放量，也包括私人部门产生的碳排放量。在定价政策上，除了一部分纯公共定价外，政府更多采取管制定价的方式，尤其是在配额交易即现货交易市场中。碳排放权定价的目的不仅在于有效遏制以二氧化碳为主的六种温室气体的排放量，更重要的是维护生态环境，保障民众的生活水准，使其安居乐业。因此，区域政府在实际工作中通常会在以下三种方法中权衡利弊，选择适合本区域的碳排放权交易定价法：一是平均成本定价法，即区域政府在保持各碳排放主体收支平衡的情况下，尽可能使经济福利最大化的定价方式；二是二部定价法，即由两个部分构成定价体系——一部分是与碳排放量无关的按月或年支付的基本费，另一部分是按碳排放量支付的从量费；三是负荷定价法，即根据不同时间段的需要制定不同的价格——碳排放量最高峰时收费最高，碳排放量最低时收费最低。

综上，资源生成领域的物品或准公共物品的定价机制中，政府行为与市场机制并存，即市场决定资源配置的同时，也要更好地发挥政府作用，使有效市场与有为政府相融合，政府要参与区域生成性资源的投资、开发、建设，参与区域市场的竞争。

二、区域政府竞争特点

前文论述过，区域是个相对概念。对于全球而言，一个国家就是一个区域；对于国家而言，一个城市就是一个区域。区域之间既有共性、相似性，又有个性、差异性。区域政府，通常指管理此一区域行政事务等的政府组织，拥有相对稳定的地域、相对集中的人口和区域治理机构。区域政府具有公共性和强制性特征。

区域竞争力是指能支撑一个区域持久生存和发展的力量，即一个区域在竞争和发展的过程中，与其他区域相比较，所具有的吸引、争夺、占有、调控和转化资源的能力，以及争夺、占有和调控市场的能力，也就是其自身发展所需的优化资源配置的能力。简言之，它是一个区域发展所需的对资源的吸引力和对市场的争夺力。我们可以基于比较经济学的方法论，建立指标体系，来分析与评价区域竞争力，由此发现区域发展中的问题，找到提升竞争力的因素。其积极意义在于，通过研究如何提升区域竞争力，我们将创造竞争优势，为本区域经济发展优化资源配置，促进其科学、可持续发展，使区域财政收入最大化。

区域政府把财政收入决定机制作为竞争的目标函数的主要动因如下。

第一，区域政府职能不断扩张，其经济调控功能增加，需要财政收入规模做支撑。在世界各国经济发展的历史长河中，各国政府的职能经历了由少到多的转变，区域政府从只维持区域政权有效运转、维护社会稳定、防御外来入侵、维护司法公正等的"守夜人"角色，逐步变为与现代市场经济和社会化大生产相适应的调控、干预和管理系统。区域政府调控管理的一个重要方式就是扩大财政支出。因此，随着区域政府职能的不断扩张和财政支出规模的不断扩大，区域财政收入规模也需要不断增长。第二，区域人口不断增长，民众对区域公共服务的需求总量增加，需要财政收入规模做支撑。区域人口的增加在客观上对区域政府提出诸多要求，如教育、医疗卫生、文化体育、就业培训、衣食住行，以及社会环境、区域管理等都需要提升。而且人口流动性的增强和区域人口老龄化的发展，也将对区域政府财政支出的结构和水平产生影响。区域人口数量和结构的变化带来了需求的变化，因此区域财政收入规模也要相应增长，为其提供支撑。第三，区域城市规模不断扩大，社会公共投资不断增长，需要财政收入规模做支撑。城市是个动态的概念，随着城市硬件基础设施的建设、城市软件基础设施的提升、智能城市的发展、城乡一体化进程的加快、原有城市的扩展和新兴城市的增加等，出现了大量的市政工程建设需求，需要大量的投资，这在客观上也需要区域财政收入规模不断增长，为其提供保障。第四，区域科技水平不断提高，推动区域政府不断开拓新的科技领域和生产领域，这也需要财政收入规模做支撑。比如资源生成领域中的原生性资源——通过空间探索、海洋开发、极地探研等发掘的资源，又如资源生成领域中的逆生性资源——碳排放交易资源等，都需要区域政府加大投资，为高科技行业建设领先的人财物体系，这些也需要区域财政收入规模的增长来支撑。第五，区域社会福利事业的扩大，需要财政收入规模做支撑。一方面，区域政府不断缩小贫富差距，化解区域社会分配中的两极分化问题，从而尽可能缓和贫富矛盾、化解区域不安定因素；另一方面，随着经济发展和收入水平的提高，区域政府需要不断提升民众的劳动、文化和健康水平，以促进区域全要素生产率的提高，这也需要区域财政收入规模的增长作为支撑。这一系列因素成为区域政府将财政收入决定机制作为区域竞争目标函数的重要原因。

区域政府竞争与企业竞争之间有着以下几个显著区别。

第一，竞争的目标函数不同。区域政府竞争的目标函数是财政收入决定机制；企业竞争的目标函数是价格决定机制。区域政府在自己管辖的范围内，对产业经济的扶持与补贴，对城市经济的投资与推动，对民生经济中公共物品和公共服务的提供，其力度在很大程度上取决于区域财政收入状况。区域财政收入成为衡量区域政府开展社会经济各项活动能力大小的一个重要指标，而在国债收入和国有资产收入既定的情况下，它主要取决于税收和收费收入，后两者又主要取决于区域的经济发展水平、经济政策措施和经济管理效率。因此，围绕区域的项目建设、产业链配套、集群发展以及海内外市场开拓等，区域政府在财政收入最大化这一目标的牵引下，以优惠政策、便利措施等来推动招商引资。这与企业竞争围绕着成本、质量、供给、需求等决定商品价格的微观因素来运转是不一样的。

第二，达成目标的手段不同。区域政府将努力提高全要素生产率作为促进经济可持续增长的重要手段；企业则通过提高劳动生产率来影响商品的成本、供求等。这是因为，区域政府围绕着提高财政收入这一目标来推动经济发展，其措施首先是优化财政支出结构，如使投资性支出、消费性支出与转移性支出达到最佳比例，以获取最大的经济和社会效益。通常来讲，在经过拼土地、拼项目、拼资本等有形要素的简单扩张后，资本报酬递减这一瓶颈会使粗犷式经济增长难以为继，所以在相关有形要素投入量保持不变时，区域政府会将重心放在无形要素的投入、增加和改善上，围绕以创新为内核的技术进步去调配资源、调整结构，提供组织、政策、法规、环境等支持。区域财政支出结构的优化带来区域政策环境的系列变化，这将会成为区域经济发展和城市建设的新的驱动力。

第三，实现目标的路径不同。区域政府绩效以效率型增长为主导，企业绩效以投入型增长为主导。从世界各国区域政府的发展实践来看，其经济增长路径经历过要素驱动阶段（也称配置资源阶段）、投资驱动阶段（也称提高效率阶段）和创新驱动阶段（也称可持续增长阶段）。区域政府通过优化组合有形与无形的资源要素，带动并引导全社会资金投入，促进区域经济实现效率型增长。而企业绩效的持续提高则来自企业不断投入生产要素，包括资本、劳动、土地、技术、企业家才能等。企业投入的策略是，初期以数量型外延扩张为主，逐渐发展到质量型提升阶段，再到拓展型管理阶段，持续和有效的投入成为关键。

第四，投融资机制不同。区域政府的投融资要兼顾公平与效率，企业投融资则以盈利性和效率为原则展开竞争。区域政府主要是为了解决市场失灵问题而进行投融资。投资方面，除以无偿拨款方式保障社会公平外，区域政府也越来越多地采用了有偿贷款、公私合营、股份合作等直接与间接投资相结合的多元化投资方式。融资方面，除了国家会在必要时采取货币融资方式外，区域政府更多会以债务化融资方式来扩大投资规模，推动区域经济发展。

第五，价格决定机制不同。准公共物品的价格大多是以市场经济规则为基础，由区域政府以管制定价的方式来决定，而企业的商品定价则完全由市场竞争来决定。区域政府通常在平均成本定价法、二部定价法和负荷定价法之间权衡利弊，选择其一或融合应用，由区域政府牵头、社会参与，推动准公共物品项目的投资、开发、建设。政府参与资源生成领域的准公共物品投资、开发、建设，管制准公共物品定价，已在世界各国成为一种常规，这一领域的价格决定机制很难与企业的商品价格决定机制一样。

第六，竞争导向不同。区域政府竞争以优化供给为导向；企业竞争以满足需求为导向。有效配置土地、资本、项目、技术、人才等有形资源要素的供给，有效调节规划、投资、消费、价格、税收、利率、汇率、法律等无形资源要素的供给，并通过理念、制度、组织、技术创新等手段促进供给侧结构性改革，是区域政府发展经济、建设城市、提升社会福利的必由之路。而企业竞争则需从市场需求出发，从需求量、需求结构到企业战略战术，能否适应市场需求成为企业成败的关键。

第七，竞争领域不同。区域政府竞争主要表现在城市经济、城市资源配置的争夺上；企业竞争则侧重在产业经济、产业资源配置的争夺上。二者之间相对独立，两个体系相辅相成。区域政府是中观经济学的研究主体，其相互竞争主要是在城市经济中要素市场上的竞争，包括土地、项目、资本、人才、产权、技术和信息等软硬件市场。区域政府一是要掌握城市资源要素的数量、质量、结构、布局，二是要通过制定制度和政策来调控区域内城市资源要素的配置，吸引区域外资源要素，从而优化资源配置，提高区域竞争力。区域政府在要素市场的竞争影响着企业在商品市场的竞争，而企业是微观经济学的研究主体，企业竞争主要是在商品市场的竞争，以产业经济中的产业资源配置为主。以厂商为主体的市场均衡理论是传统古典经济学的主导理论。企业以追求利润最大化为前提，供给、需求、市场均衡价格、完全竞争市场、垄断竞争市场、寡头垄断市场、不同市场结构不同竞争策略等，是企业之间竞争的主要影响因素。企业竞争是区域政府竞争的前提和基础。

第八，竞争角色不同。区域政府是中观经济主体，在区域经济发展中扮演准宏观和准微观的双重角色；企业则属于微观经济领域，在市场经济中发挥微观主体作用。一方面，区域政府对产业经济（可经营性资源）的规划、引导、扶持和对城市经济（准经营性资源）的投资、开发、运营，使其成为区域经济微观利益主体的集中代理，其行为呈现准微观属性；另一方面，区域政府对产业经济的调节、监督、管理和对公共物品、公共服务事业（非经营性资源）的供给，使其成为区域经济社会中的国家代表，其行为呈现准宏观属性。区域政府的双重属性使其在区域经济发展中发挥着竞争与合作的双重作用，这有别于企业在微观经济领域的纯竞争性角色。

第九，管理模式不同。区域政府主要采用区域资源规划（DRP）系统，企业则主要采用企业资源规划（Enterprise Resource Planning，ERP）系统。通过 ERP 系统，企业对物质、资金、信息、客户等资源进行有效的一体化管理，以帮助企业在物流、人流、财流和信息流等方面实现跨地区、跨部门、跨行业的有效协调与配置，从而以市场为导向，有效集成资源，发挥快速调剂功能，提高生产效率，最终有效提高企业竞争力。区域政府则可通过 DRP 系统，有效调配区域内包括土地、人口、财政、环境、技术、政策等在内的各种资源要素，按照区域规划和战略的布局，以系统化的管理思想和手段，判断市场变化，调配区域资源，提高区域竞争力。DRP 管理模式的确立将有助于区域全要素生产率的最优化，从而推动区域经济社会的可持续发展。

三、区域政府竞争的表现形式

作为两个层面的竞争体系，区域政府竞争与企业竞争既互相独立，又相互联系，共同构成现代市场经济中的双重竞争主体。首先，企业层面的竞争是市场经济中一切竞争的基础，企业竞争带动了区域政府间的竞争。区域政府竞争主要是在制度、政策、环境、项目等方面优化资源配置，属于企业竞争层面之上的另一种竞争，它反过来又影响、支撑和促进了企业的竞争。其次，企业竞争体系只存在于企业之间，任何区域政府都只能是产业经济或产业资源配置的规划、引导者，商品生产的扶持、调节者和市场秩序的监督、管理者，没有权力对企业微观经济事务进行直接干预。区域政府竞争体系则只存在于区域政府间，区域政府需遵循市场经济规律，在城市资源配置、经济发展、城市建设、社会民生等方面展开项目、政策、措施的竞争。

如前所述，区域政府竞争的目标函数是财政收入决定机制。在国有资产收益和国债收入既定的情况下，区域财政收入规模取决于税收和收费收入水平。在经济发展的一定阶段，区域税收和收费收入规模主要取决于区域的经济发展水平、推动经济发展的政策措施以及区域政府的经济管理效率等。经济发展水平受制于区域经济项目的多少、产业链条的配套程度和进出口贸易量的大小；推动经济发展的政策措施表现为区域政府对城市基础设施投入的大小、科技人才的创新水平以及财政、金融的支撑程度；经济管理效率则体现为区域的政策体系、环境体系和管理体系配套的完善程度。这三大方面九个要素直接或间接地决定了区域财政收入规模的大小和区域竞争力的高低。因此，区域政府竞争主要表现为"三类九要素"竞争，如图5-1所示。

笔者将之称为区域政府的"三类九要素竞争理论"或"羊角竞争理论"（图形似羊角）。左角由区域政府竞争的目标函数——财政收入决定机制构成，右角由区域政府竞争的指标函数——区域竞争力决定机制构成。支撑区域政府竞争目标函数和指标函数的核心影响因素是区域经济发展水平，其包含三个要素——项目、产业链和进出口；关键支持条件是区域经

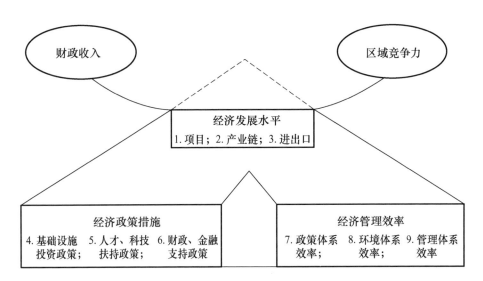

图 5-1 区域政府的"三类九要素"竞争

济政策措施和区域经济管理效率,前者包括基础设施投资政策,人才、科技扶持政策和财政、金融支持政策,后者包括政策体系效率、环境体系效率和管理体系效率。我们将"三类九要素竞争理论"或"羊角竞争理论"具体阐述如下。

首先是区域经济发展水平,其包括项目竞争、产业链竞争和进出口竞争。

第一,项目竞争。主要包括以下三类:一是国家重大项目,包括国家重大专项、国家科技支撑计划重大项目、国家重大科技基础设施建设项目、国家财政资助的重大工程项目和产业化项目;二是社会投资项目,比如高技术产业、新兴产业、装备制造业、原材料产业及金融、物流等服务业;三是外资引进项目,比如智能制造、云计算与大数据、物联网、智能城市建设等领域的投资项目。区域政府之间展开项目的争夺,一则可以直接引进资金、人才和产业;二则可以凭借项目政策的合法性、公共服务的合理性来有效解决区域内筹资、融资和征地等问题;三则可通过项目落地,引导开发区域土地、建设城市设施、扩大招商引资、带动产业发展、优化资源配置、提升政策能力，最终促进区域社会经济的可持续发展。因此，项目竞争成为各国区域政府的竞争重点、发展导向。提高项目意识、发展意识、效率意识、优势意识、条件意识、政策意识和风险意识，成为各国区域政府竞争市场化的必然要求。

第二，产业链竞争。一般来说，每个区域都有自己的产业基础和特色——多数取决于本区域内的自然资源禀赋。就如何保持和优化区域内的禀赋资源并汇聚区域外的高端资源来说，产业结构优化、产业链有效配置是其关键，向产业高端发展、形成产业集聚、引领产业集群是其突破点。区域政府的产业链配套竞争主要从两个方面展开。一是生产要素方面。低端或初级生产要素无法形成稳定持久的竞争力，只有引进并投资于高端生产要素，比如工业技术、现代信息技术、网络资源、交通设施、专业人才、研发智库等，才能建立起强大且具有竞争优势的产业。二是在产业集群、产业配套方面。区域竞争力理论告诉我们，以辖区内现有产业基础为主导的产业有效配套，能减少企业交易成本，提高企业盈利水平。产业微笑曲线告诉我们，价值最丰厚的地方集中在产业价值链的两端——研发和市场。培植优势产业，配套完整产业链条，按照产业结构有的放矢地招商引资，是区域可持续发展的重要路径。

第三，进出口竞争。在开放型的国际经济体系中，世界各国的区域进出口竞争成为影响区域竞争力的一个重要环节。它主要体现在四个层面：一是在加工贸易与一般贸易的发展中，各国区域政府力图减少加工贸易占比，提高一般贸易比重，以增强区域商品和服务贸易的原动力；二是在对外投资上，各国区域政府力图推动企业海外布局，竞争海外项目，以促使本区域的利益布局和市场价值链条延伸至海外；三是在资本输出上，各国区域政府力图推进资本项目可兑换，即在国际经常项目投资便利化的情况下，采取各项措施促进货币资本流通、货币自由兑换便利化等；四是在进口方面，尤其是对高科技产品、产业、项目的引进，各国区域政府全面采取优惠政策措施，予以吸引、扶持，甚至不惜重金辅助其投入、布点和生产。进出口竞争的成效是影响世界各国区域经济增长的重要因素之一。

其次是区域经济政策措施，包括基础设施竞争，人才、科技竞争，财政、金融竞争。

第一，基础设施竞争，包括城市基础设施的软硬件建设乃至现代化智能城市的开发等一系列竞争。基础设施硬件包括高速公路、铁路、港口、航空等交通设施，电力、天然气等能源设施，光缆、网络等信息化平台设施，以及科技园区、工业园区、创业孵化园区、创意产业园区等工程性基础设施；基础设施软件包括教育、科技、医疗卫生、体育、文化、社会福利等社会性基础设施；现代化智能城市的开发包括大数据、云计算、物联网等智能科技平台的建设。一个区域的基础设施体系支撑着该区域社会经济的发展，其主要包括三种类型：超前型、适应型和滞后型。区域基础设施的供给如能适度超前，不仅将增进区域自身的直接利益，而且会增强区域竞争力，创造优质的城市结构、设施规模、空间布局，提供优质服务，从而减少企业在市场竞争中的成本，提高其生产效益，进而促进产业发展。区域基础设施的完善程度将直接影响区域经济发展的现状和未来。

第二，人才、科技竞争。这一领域的竞争最根本的是确立人才资源是第一资源，科学技术是第一生产力的理念；最基础的是完善本土人才培养体系，加大本土人才培养投入和科技创新投入；最关键的是创造条件吸引人才、引进人才、培养人才、应用人才。衡量科技人才竞争力的主要指标包括区域科技人才资源指数、每万人中从事科技活动的人数、每万人中科学家和工程师人数、每万人中普通高校在校学生数、科技活动经营支出总额、科技经费支出占区域生产总值比重、人均科研经费、科技拨款占地方财政支出百分比、人均财政性教育经费支出、地方财政教育支出总额、高校专任教师数等。各国区域政府通过努力改善、提高相关指标来提高本土的人才和科技竞争力。

第三，财政、金融竞争。区域财政竞争包括财政收入竞争和财政支出竞争。如前所述，区域财政收入的增长主要依靠经济增长、税收和收费收入增加；而财政支出是竞争的关键，其包括社会消费性支出、转移性支出和投资性支出，其中最主要的财政支出竞争发生在投资性支出领域，包括政府的基础设施投资、科技研发投资、政策性金融投资（支持急需发展的产业）等。财政投资性支出是经济增长的重要驱动力。在财政收支总体规模有限的条件下，各国区域政府积极搭建各类投融资平台，最大限度地动员和吸引区域、国内乃至国际各类金融机构的资金、人才、信息等资源，为本区域产业发展、城市建设、社会民生服务。区域政府在各种优惠政策上也开展竞争，如财政支出的侧重、吸纳资金的金融手段等。

最后是区域经济管理效率，包括政策体系竞争、环境体系竞争和管理体系竞争。

第一，政策体系竞争。它分为两个层次：一是区域政府对外的政策体系；二是区域政府对内出台的系列政策。国家与国家之间也是一样。由于政策本身是公共物品，具有非排他性和易效仿性的特点，因此，有竞争性的好的政策体系一定包含以下特征：一是求实性，即符合实际的，符合经济、社会发展要求的；二是先进性，即有预见性的、超前的、有创新性的；三是操作性，即政策是清晰的、有针对性和可实施的；四是组织性，即有专门机构和人员负责和执行的；五是效果导向性，即有检查、监督、考核、评价机制，包括发挥第三方作用，有效实现政策目标。世界各国区域政策体系的完善程度对区域竞争力的影响也极大。

第二，环境体系竞争。此处的环境主要指生态环境、人文环境、政策环境和社会信用体系环境等。发展投资与保护生态相和谐，吸引投资与政策服务相配套，追逐财富与回报社会相契合，法制监督与社会信用相支撑，等等，均是区域政府竞争必需、必备的发展环境。良好的环境体系建设成为区域政府招商引资、开发项目、促进经济持续发展的成功秘诀，这已被海内外成功区域的经验所证明。

第三，管理体系竞争。区域政府的管理体系是其行政管理活力、速度、质量、效能的总体反映。它包括宏观效率、微观效率、组织效率、个人效率四类。就行政的合规性而言，区域政府在管理体系竞争中应遵循合法性标准、利益标准和质量标准；就行政的效率性而言，区域政府应符合数量标准、时间标准、速度标准和预算标准。区域政府的管理体系竞争本质上是组织制度、主体责任、服务意识、工作技能和技术平台的竞争。发达的区域政府运用"并联式""一体化"的服务模式，已经在实践中开创了管理体系竞争之先河。

结合前文对三类资源的讨论，我们可以从这个角度进一步研究区域政府竞争。区域资源即城市资源，正如第三章所述，有广义与狭义之分。广义的城市资源包括产业资源、民生资源和城市基础设施资源；狭义的城市资源就是指城市基础设施资源，包括城市基础设施软硬件乃至现代化智能城市等。因此，广义的城市经济包括产业经济、民生经济和以基础设施建设为主体的城市经济；狭义的城市经济则专指城市基础设施的投资、开发与建设。由此，区域政府竞争也就有了广义竞争与狭义竞争之别。

按照"三类九要素竞争理论"或"羊角竞争理论"，广义的区域政府竞争包括对城市可经营性资源(产业经济)、非经营性资源(民生经济)和准经营性资源（城市经济）等的竞争。在民生经济领域的竞争主要是区域政府通过制定和落实相关政策，提供非经营性资源即社会公共物品和公共服务，实现社会保障的"基本托底、公平公正、有效提升"。其目标是维护区域社会稳定，创造良好的区域投资发展环境。其在"三类九要素竞争理论"体系中，与第三类即区域经济管理效率竞争相关。在产业经济领域的竞争主要是区域政府通过制定和落实与可经营性资源即三大产业相关的政策，发挥"规划、引导；扶持、调节；监督、管理"的作用。其目标是维护市场公开、公平、公正，促进产业经济协调发展，提高区域整体生产效率。其在"三类九要素竞争理论"体系中，与第一类即区域经济发展水平，以及第二类即区域经济政策措施的人才、科技扶持政策和财政、金融支持政策竞争相关。在狭义的城市经济领域的竞争主要是区域政府制定和落实与准经营性资源即城市基础设施相关的政策。区域政府对城市经济的参与、调配和管理，既能防范城市资源闲置浪费、城市建设低质无序的问题，又能促进城市建设和社会经济全面、可持续发展。其在"三类九要素竞争理论"体系中，与第一类即区域经济发展水平、第二类即区域经济政策措施的基础设施投资政策，以及第三类即区域经济管理效率相关。

根据"三类九要素竞争理论"，广义的区域政府竞争表现为区域政府通过配套政策，对自身可调配的三种资源的优化配置的竞争，是一个大市场体系的竞争。它具体体现在区域经济发展、经济政策、经济效率等"三类九要素"的竞争上，其实质是区域政府在区域资源调配中，对产业经济采取什么政策以增强企业活力、对民生经济采取什么政策以创造良好环境、对城市经济采取什么政策以推动区域可持续发展的问题。区域政府对三种资源的调配和在"三类九要素"竞争中政策措施的力度，直接决定着一定时期内区域的财政收入。因此，广义的区域政府竞争的实质就是区域政府在产业发展、城市建设、社会民生领域的目标函数的竞争，即区域财政收入决定机制的竞争(详见第四章)。

根据"三类九要素竞争理论",狭义的区域政府竞争主要表现为区域政府对城市基础设施投资、开发、建设的竞争,即政府在城市基础设施领域配套政策、优化配置的竞争,在"三类九要素"序列里,主要体现在对区域财政支出结构的优化和发挥财政投资性支出的作用上。区域政府对城市基础设施软硬件乃至现代化智能城市的投资、开发与建设,采取什么方式参与,遵循什么规则运作,配套什么政策推动,其实质都体现在区域政府的财政支出结构中。因此,狭义的区域政府竞争即城市基础设施的竞争,也就是区域财政投资性支出决定机制的竞争(详见第四章)。

综上,区域政府竞争具体体现为"三类九要素"竞争,实质是区域三种资源有效调配的广义竞争(此时政府行为聚焦在区域财政收入决定机制上),其重点又集中在城市经济竞争上,它以对资源生成领域中的准经营性资源即城市基础设施的投资、开发、建设为主体(此时政府行为聚焦在区域财政支出结构上,主要是财政投资性支出的占比)。这就是"三类九要素竞争理论"的核心所在。

四、区域政府竞争力决定机制——DRP 模型

DRP 模型,即区域资源规划或优化配置模型。区域政府可通过该模型合理分配区域能调度的资源,合理调整资源结构,从而提高区域资源的利用效率。在 DRP 模型的设计中,核心在于研究区域政府如何实现区域经济效率目标函数的最大化。

我们仍然从财政收支角度讨论 DRP 模型的构成,进而从城市发展的角度建立区域政府的绩效评价体系。

(一)财政支出盈余与"三类九要素"的决定机制

在特定时间和特定区间内,区域政府在调节其财政支出(FE)的总

量时，也可以同时调整其结构，即财政支出在不同方面的分配比例，以获得最大效益。已知区域政府的财政支出主要包括三类：一是消费性支出（CE），主要用于提升区域的环境配套、管理体系配套和政策配套水平，其核心是影响区域政府的经济管理效率；二是投资性支出（IE），主要用于提升区域的基础设施建设水平，如道路、桥梁、电网等，其核心是影响区域政府的经济政策水平；三是转移性支出（TE），主要用于提升区域的人才、科技和财政、金融支撑水平，其核心也是影响区域政府的经济政策水平。

如第四章所述，三者总是满足以下关系：

$$CE+IE+TE=FE \tag{5-1}$$

引入可变系数 φ_i 后，又有如下关系：

$$Y=\varphi_1(Y_1,Y_0)\times CE+\varphi_2(Y_2,Y_0)\times IE+\varphi_3(Y_3,Y_0)\times TE+Const1 \tag{5-2}$$

进一步，我们引入第三章出现过的变量 λ（$0<\lambda<1$），来表示社会上准经营性资源在公共部门当中的配置比例。λ 乘子的高低会影响财政支出所能实际撬动的基础设施产品，进而影响投资性支出的实际效果，因此我们加入 λ 乘子进行调整，得到式（5-3）。如第三章所述，λ 乘子受到市场经济发展程度（Y）、财政收支状况（包括财政预算 B 和财政支出 FE），以及居民认知程度（γ）的影响。沿用第三章中的假设和结论，我们有如下表达式：

$$\lambda=e^{-\left(aY+b\frac{FE}{B}\right)}\left(\frac{Y}{Y^*}\right)^{-\alpha} \tag{5-3}$$

用 λ 乘子来调整式（5-2），得到式（5-4）：

$$Y=\varphi_1(Y_1,Y_0)\times CE+\varphi_2(Y_2,Y_0)\times \frac{IE}{\lambda}+\varphi_3(Y_3,Y_0)\times TE+Const1 \tag{5-4}$$

根据第四章，政府的财政收入 $FInc$（Fiscal Income）与税收收入 ωY、基建项目中取得的收费收入 $\tau CumP(IE)$ 有如下关系：

$$FInc = \tau CumP(IE) + \omega Y + Const2 \qquad (5-5)$$

这里，τ 为收费比例，ω 为税收比例，$\tau CumP(IE)$ 为政府从基建项目中取得的收费收入，且为 IE 的函数，$Const2$ 为其他收入。

因此，财政盈余 FS 可用下式表达：

$$FS = FInc - FE = \tau CumP(IE) + \omega Y + Const2 - FE \qquad (5-6)$$

在以上公式的基础上，我们就可以来讨论"三类九要素竞争理论"的函数表达。

第一，区域产出水平（DEV）可以用区域经济发展水平（Y）来表示：

$$DEV = Y = \varphi_1(Y_1, Y_0) \times CE + \varphi_2(Y_2, Y_0) \times \frac{IE}{\lambda} + \varphi_3(Y_3, Y_0) \times TE + Const1$$

$$(5-7)$$

第二，区域经济管理效率（EME）主要是指区域政府的政策体系、环境体系和管理体系的配套，由消费性支出在政府财政收入中的比重所决定，于是，我们可以将 EME 定义为

$$EME = \omega \varphi_1(Y_1, Y_0) \times CE / FInc \qquad (5-8)$$

第三，区域经济政策水平（POL）主要是指区域的基础设施建设，人才、科技水平，财政、金融支撑水平，由投资性支出和转移性支出在政府财政收入中的比重所决定，于是，我们可以将 POL 定义为

$$POL = \omega \varphi_2(Y_2, Y_0) \frac{IE}{\lambda} / FInc + \omega \varphi_3(Y_3, Y_0) TE / FInc \qquad (5-9)$$

（二）综合测度和目标函数

综上所述，在区域的短期发展阶段，区域经济效率主要依赖于以下五个指标：总量维度上的财政支出弹性（ELA）和财政盈余（FS），结构维度上的区域经济发展水平（DEV），区域经济管理效率（EME）和区域经济政策水平（POL）。区域政府主要通过提高年度财政支出水平，优化其结构来提高当年的财政收入，调控变量主要是政府财政支出（FE）和消费性支出

(CE)、投资性支出(IE)及转移性支出(TE),它们之间满足式(5-1)的关系。

由此引申出的问题是:如何基于上述五大测度构造综合测度(SYN),即区域经济效率?如何通过调整四大因变量(FE、CE、IE、TE),使这个综合测度(SYN)最大化?

要解决以上问题,关键在于找到适当的权重和函数形式,通过一个总体性指标综合反映不同维度上的信息。我们注意到,区域经济效率测度体现为两个维度——总量维度与结构维度。

总量维度(Quantity)的指标考量的是政策的输入端,侧重于政策能否高效且持续地发挥效应;而结构维度(Structure)的指标考量的是政策的输出端,侧重于政策是否带来实际的经济改善。由于两者在信息上不交叠,因此其综合测度结论是两者的加权和:

$$SYN = \omega_1 Q(ELA, FS) + \omega_2 G(DEV, EME, POL) \quad (5-10)$$

其中权重 $\omega_1 + \omega_2 = 1$。在特定的情况下,若需要简化模型假设,我们也可以认为综合测度仅依赖于结构维度,而不依赖于总量维度,此时 $\omega_1 = 0$,$\omega_2 = 1$。值得注意的是,ELA 并不由四大因变量所决定,而是由当下的经济环境所决定。这意味着,区域政府更多是将其作为一个外生条件来进行相机抉择。为了方便以后的讨论,我们可以提出如下简化假设并将 ELA 作为配置 ω_1、ω_2 的基准:

$$SYN = \left(\frac{ELA}{(ELA + \overline{ELA})}\right) \times FS + \left(\frac{\overline{ELA}}{(ELA + \overline{ELA})}\right) G(DEV, EME, POL)$$

$$(5-11)$$

其中,$\overline{ELA}$ 是历史各时间区间内 ELA 的均值。

式(5-11)的含义是,在一个理性的相机抉择原则之下,当财政支出弹性高于历史平均水平时,区域政府应当提高对财政支出效果的侧重;当财政支出弹性低于历史平均水平时,区域政府应当保留财政盈余以维持支出的可持续性并防止经济过热。

如前所述，DEV 是 EME 和 POL 的共同结果，它们实质上也构成了总量与结构的关系。为了进一步直观地讨论，我们假设两者是并行关系，即

$$G(DEV,EME,POL)=DEV\times(\omega_3 EME+\omega_4 POL) \quad (5-12)$$

其中 ω_3 和 ω_4 代表综合测度结论对于经济管理效率和经济政策水平的偏好，且 $\omega_3+\omega_4=1$，它依决策者对于具体领域的偏好而定。

如果假设决策者以财政支出效率为唯一原则，则我们可以利用可变系数 φ_i 来赋予 ω_3 和 ω_4 权重，即

$$\omega_3=\frac{\varphi_1}{\varphi_1+\varphi_2+\varphi_3},\ \omega_4=\frac{\varphi_2+\varphi_3}{\varphi_1+\varphi_2+\varphi_3} \quad (5-13)$$

将其代入式(5-12)，可得出：

$$G(DEV,EME,POL)=DEV\times\left(\frac{\varphi_1}{\varphi_1+\varphi_2+\varphi_3}EME+\frac{\varphi_2+\varphi_3}{\varphi_1+\varphi_2+\varphi_3}POL\right)$$
$$(5-14)$$

综上，我们可以得到综合测度(SYN)的表达式：

$$SYN=\left(\frac{ELA}{(ELA+\overline{ELA})}\right)\times FS+\left(\frac{\overline{ELA}}{(ELA+\overline{ELA})}\right)DEV\times$$
$$\left(\frac{\varphi_1}{\varphi_1+\varphi_2+\varphi_3}EME+\frac{\varphi_2+\varphi_3}{\varphi_1+\varphi_2+\varphi_3}POL\right) \quad (5-15)$$

在满足预算约束的条件下，区域政府通过调整三种财政支出比例，使此综合测度最大化。我们定义 DRP 模型如下：

$$\max_{\{CE,IE,TE\}}\left(\frac{ELA}{(ELA+\overline{ELA})}\right)\times FS+$$
$$\left(\frac{\overline{ELA}}{(ELA+\overline{ELA})}\right)DEV\times\left(\frac{\varphi_1}{\varphi_1+\varphi_2+\varphi_3}EME+\frac{\varphi_2+\varphi_3}{\varphi_1+\varphi_2+\varphi_3}POL\right)$$
$$\text{s.t.}\quad CE+IE+TE=FE$$

$$FS>0$$
$$\varphi_1+\varphi_2+\varphi_3\neq 0 \qquad (5-16)$$

这一 DRP 模型表明，区域政府通过调整三大类财政支出，能够找到使区域最具竞争优势的财政支出结构，从而使处于特定发展阶段的区域经济效率达到最优。

(三) 政府绩效评估体系

在短期的区域政府竞争中，如上述 DRP 模型所示，区域政府的目标在于实现支出结构的优化以及最优的区域经济效率。而从长期看，政府的绩效并不是简单地以阶段性的经济发展目标为考核标准，它还包括了城市经济建设和发展等多个维度。一个合理的绩效考评体系将有利于综合评估区域的整体表现，从而发现不同区域在推动产业发展、城市建设、社会民生的过程中存在的不足及优势。

参考"三类九要素竞争理论"的结构和内容，我们可以设定下列指标和权重，构建区域政府绩效评估考核体系，见表 5-1。

表 5-1 区域政府绩效评估考核体系

类别	要素	序号	指标	指标的正/负	权重	
经济发展水平	项目	1	国家重大科技项目数	正	7	17
		2	社会投资项目数	正	6	
		3	外资合作项目数	正	4	
	产业链	4	区域资源优势产业健全程度	正	6	13
		5	产业集群发展程度	正	4	
		6	高科技产业引进及发展状况	正	3	
	进出口	7	外资在本地企业投入占比	正	4	12
		8	进出口贸易总额同比增速	正	5	
		9	外资企业投资结构	正	3	

续表

类别	要素	序号	指标	指标的正/负	权重	
经济政策措施	基础设施投资政策	10	城市智能化程度	正	5	15
		11	公共交通便捷程度	正	3	
		12	基础教育设施完善程度	正	3	
		13	医疗设施发展水平及覆盖度	正	4	
	人才、科技扶持政策	14	高等教育毕业生本地就业率（含高端人才引进数量）	正	5	10
		15	专利指数	正	3	
		16	企业研发经费投入占比	正	2	
	财政、金融支持政策	17	本地上市公司流通市值增速	正	4	9
		18	中小微企业融资补贴优惠程度	正	3	
		19	产业结构完善程度	正	2	
经济管理效率	政策体系效率	20	社会福利保障制度	正	4	8
		21	法制教育普及程度	正	2	
		22	城乡居民居住满意度	正	2	
	环境体系效率	23	居民生活幸福指数	正	4	9
		24	绿色环保指数	正	2	
		25	居民投诉频次	负	3	
	管理体系效率	26	居民公务办事满意度	正	3	7
		27	政府办公繁复程度	负	3	
		28	紧急事态应对的社会评价	正	1	

实际评估时，不一定所有数据都完整并且无异常值，因此我们采用如下方式对数据进行处理。

若当年数据缺失，则以上一年该区域的指标或当年所有区域的指标作为参考。若该区域上一年指标存在，则采用上一年指标作为代替；若该区域上一年指标不存在，则采用当年所有区域相同指标的中位数作为代替。

若指标明显异常，为防止数据对区域绩效考核产生较大的扰动，我们采用如下方法处理：若指标值小于其历史数据的中位数，且在该中位数的两倍标准差之外，则以中位数减去两倍标准差代替；若指标值大于该中位数，且在该中位数的两倍标准差之外，则以中位数加上两倍标准差作为代替。

为了更好地使用这一区域政府绩效评估体系，我们可以采用基础评分、质量评分、调整评分对指标进行评价。其中基础评分总分为50，质量评分总分为30，调整评分总分为20。

由于不同区域所处的经济发展阶段和经济发展水平不同（详见第六章），因此不同区域设定的评估目标标准可以有所区别。这种区别可以用区域的基础得分进行弥补，即通过设置目标完成情况的等级，我们可以得到相应的基础得分（B_i）。

举个例子，对于某个指标，我们可以设置如下四个等级：一个既定目标都未完成，获得基础得分20；完成部分既定目标，获得基础得分30；完成所有既定目标，获得基础得分40；超额完成目标，获得基础得分50。

为了衡量质量得分，我们引入正负两个指标，正负指标皆可用来计算相对的质量得分。

正指标：
$$Q_i = \frac{x_i - x_{\min}}{x_{\max} - x_{\min}} \times 30 \quad (5-17)$$

负指标：
$$Q_i = \frac{x_{\max} - x_i}{x_{\max} - x_{\min}} \times 30 \quad (5-18)$$

其中 Q_i 表示第 i 个指标的质量得分，x_i 表示第 i 个指标值，$x_{\max}$ 表示在所有可对比的区域中该指标值的最大值，$x_{\min}$ 则是在所有可对比的区域中该指标值的最小值。

由式（5-17）和式（5-18）可知，质量得分衡量的主要是该区域在与其他区域竞争中的比较优势。式（5-17）中，第 i 个指标值超过最小值越多，越接近最大值，则其得分越高。最好的情况是第 i 个指标值等于最大值，它就可得到最高的 30 分。反之，区域比较优势越差，即第 i 个指标值离最大值越远，则负指标得分越高。最差的情况是第 i 个指标值等于最小值，则负指标得分达到最大的 30 分。

为了衡量调整得分，我们同样引入正负两个指标。

正指标：
$$L_i = 20 \times I_{\{S_i > S_{med}\}} \tag{5-19}$$

负指标：
$$L_i = 20 \times I_{\{S_i < S_{med}\}} \tag{5-20}$$

其中 L_i 表示第 i 个指标的调整得分，S_i 表示第 i 个指标值，S_{med} 表示该区域该指标历史数值的中位数（计算时包含了本期，下同）。在正指标公式中，$I_{\{S_i > S_{med}\}}$ 为示性函数，当本期表现超越历史指标的中位数时，它取值为 1，否则为 0；在负指标公式中，$I_{\{S_i < S_{med}\}}$ 为示性函数，当本期表现低于历史指标的中位数时，它取值为 1，否则为 0。

由式（5-19）和式（5-20）可知，调整得分衡量的主要是该区域本期与历史表现的相对优势。在正指标体系中，当本期表现超越了历史指标的中位数表现时，在该指标上，该区域获得所有调整得分为 20；当本期表现低于历史指标的中位数表现时，在该指标上，该区域不获得调整得分，即调整得分为 0。负指标与之相反，如果本期表现较差，低于历史表现，则调整得分为 20，反之为 0。根据具体需要，我们可选择正指标或负指标来计算调整得分。

综上，我们可以得到指标 i 的得分：
$$V_i = B_i + Q_i + L_i \tag{5-21}$$

因此，要评估某一要素，其得分可以用式（5-22）计算：
$$Factor_k = \sum_{i=1}^{n} \left[V_i \times \left(\frac{w_i}{\sum_{j=1}^{n} w_j} \right) \right] \tag{5-22}$$

其中，$Factor_k$ 表示第 k 个要素的总得分，此要素包含了 n 个指标，w_i 表示第 k 个要素中的第 i 个指标的权重。

基于要素的得分，我们可以最终获得该区域的总绩效评估得分：

$$Score_p = \sum_{k=1}^{l}\left[Factor_k \times \left(\frac{w_k}{\sum_{j=1}^{l}w_j}\right)\right] \quad (5-23)$$

其中 $Score_p$ 表示第 p 个区域的总绩效评估得分，此区域内有 l 个要素，w_k 表示第 p 个区域中第 k 个要素的权重。

这一评估体系与"三类九要素"竞争结构相似，从中可以看到，经济发展水平（项目、产业链和进出口）仍然是现阶段区域的主要竞争优势所在，这也是其整体权重相对较高的主要原因。

随着城市建设水平和城市经济逐步提升，居民生活水平提高，虽然此时经济发展水平仍然是区域竞争优势的重要因素，但其他组成部分，如经济政策措施和经济管理效率，将逐渐在城市建设和经济发展中发挥更大的作用。后两者不仅将提高居民的生活满意度，同时也将进一步反哺区域经济发展，产生更加深远的影响。

值得注意的是，在这一绩效评估体系中，根据不同区域所处发展阶段的差异以及区域资源优势、发展侧重点的差异，可以适时调整权重的设置。尤其对研究者而言，其灵活性更强。

对比 DRP 模型我们可以看到：在 DRP 模型中，我们侧重从区域政府阶段性的财政支出结构优化出发，去研究区域资源配置；而在区域政府绩效评估考核体系中，我们侧重从区域政府推动产业发展、城市建设、社会民生的角度去进行研究，并从最原始的指标出发，构建要素评估体系，层层递进后，最终集中于对区域经济发展水平、经济政策措施、经济管理效率三方面的评估考核上，形成以"三类九要素"竞争为核心的评估体系。

DRP 模型与区域政府绩效评估考核体系两者相辅相成，形成对区域政府竞争和区域经济发展的不同角度的探讨，有助于经济学研究者从不同的层面和视角认识、理解区域政府竞争理论和区域经济发展理论。

五、"用脚投票"选择区域政府

在现代市场体系下，企业是产业资源配置的主体，区域政府是城市资源配置的主体。二者相互交融，在各自相对独立的运行机制中遵循市场规则，通过市场竞争来优化资源配置。市场规则、供求竞争、现代市场经济运行，是企业和区域政府需要共同遵循的市场经济三要点。

在此，政府竞争中的政府，主要指区域政府；政府管制，在一国范围内主要指国家政府，在全球范围内主要指联合国等。这说明，"政府"具有多重主体，既有区域政府这种单一主体，又有国家政府或联合国这种联合主体（这里不讨论联合国在国际事务中功能强弱的问题，这属于国际经济体系改革的问题，但不应借此去否定国际经济事务中政府间经济联盟作用的重要性）。由于具有微观和宏观的双重属性，区域政府会参与经济竞争，因此国家政府和联合国以法律手段为主的管制、协调就具有非常重要的作用。

区域政府竞争的推动，形成了城市经济发展的规模效应、集聚效应和邻里效应。

城市经济发展的规模效应（Scale Effect）指该区域的经济总量达到一定规模和水平后，各生产要素的有机结合产生了"1+1＞2"的效应，即城市经济的规模增长带来了经济效益和社会综合效益的提高。决定区域经济规模大小的因素，从区域政府层面来说，主要在于其对城市三类资源开发运用的政策安排和措施配套上，即对可经营性资源（产业经济）采取什么政策来规划、引导、调节、扶持、监督和管理，以增强企业活力；对非经营性资源（民生经济）采取什么政策实现公平公正、基本托底、有效提升，以优化投资环境；对准经营性资源（城市经济）采取什么政策，以促进可持续发展。其具体形式就体现在区域政府的"三类九要素"竞争上。区域政府的"三类九要素"竞争表现，最终决定着该区域的规模效应，即区域政府竞争决定着该区域的城市基础设施规模效应，人口规模效应及其带来的创业、就业规模效应，科技规模效应，资金规模效应，产业规模效应，市场开放度和贸易规模效应，以及政策效应和组织管理效应，等等。区域政府竞争能形成并加强城市经济的正规模效应。

城市经济发展的集聚效应(Cluster Effect)指该区域的各类经济资源和经济活动在空间上集中产生的经济效果和社会综合效果，以及由此产生的各类经济资源、经济活动向这一区域凝聚的向心力。它是城市经济不断扩大发展的基本因素。城市经济的集聚效应包括经济、文化、人才、科技、资金、交通基础设施和组织管理、政策措施等集聚效应。比如产业集聚效应包括：一是形成了垂直产业集群，促进了科技创新；二是延伸了产业链，形成了"资源→产品→废弃物→资源→产品"的良性循环、综合利用；三是实现了节能减排、生态环保，以及经济效益与社会综合效益的有机结合。产业集聚效应带来了成本优势，促进了分工与合作，区域内的企业共同享有产业品牌优势，因此企业的投资规模能不断扩大，战略管理水平不断提升，社会化服务体系日益健全；产业集聚发展更进一步促进了区域经济增长方式的转变，人才、土地、资金、技术、管理、服务等集聚优势形成辐射效应，加速工业化、城镇化、信息化进程，推动区域内各类资源的有效利用，促进经济可持续发展。区域政府要增强城市经济的集聚效应，应在"三类九要素"竞争上赢得主动性。

城市经济发展的邻里效应(Neighborhood Effect)指区域环境的特点可以影响人们的思想和行为选择。当人们普遍期望建立一个和谐、舒适、便利的环境，并力图在经济活动中以最小的代价换取最大的报酬时，区域环境的熏陶会促进这种情绪和经济行为的传递交流，这就是邻里效应。当然，邻里效应包含有益的和有害的、良性的和恶性的、积极的和消极的。区域环境和社会综合发展水平也将直接影响邻里效应，这包括区域的经济、文化、人才、科技、资金、交通基础设施以及区域政府的组织效率、政策效率等。区域政府主动介入"三类九要素"竞争，在客观上有利于引导有益的、积极的、良性的邻里效应发挥作用。

在开放型的社会经济体系中，人才、资本、技术等要素的规模效应、集聚效应和邻里效应，就产生了投资者的生产要素流向选择即"用脚投票"（Vote by Foot）问题。投资者在人、财、物流动上的选择将促使区域政府提供更优越的公共环境和公共服务。用脚投票是在选择城市、选择区域，实质则是选择区域政府、区域环境、区域服务等。区域政府对产业经济的规划、引导、扶持、协调、监督和管理，维护民生经济的公平公正，对其基本托底，促其有效提升，对城市基础设施软硬件乃至智能城市的投资、开发、建议，即全方位开展"三类九要素"区域竞争，将有效提升区域品牌的吸引力。

第六章

竞争型经济增长

经济增长问题一直以来都是经济学家不懈探讨的核心问题之一。追溯其理论发展的重要节点，首先是亚当·斯密、马尔萨斯和大卫·李嘉图等古典经济学家的研究，他们把对经济增长过程的分析作为自己理论的核心，悉心探究工业革命条件下经济增长的源泉和规律，得出了"一部分社会产品的积累和投资是推动经济增长的主要动力"的结论。其次是以马歇尔为代表的新古典经济学家的理论，这一学派认为，可以通过利率的变动来调节储蓄和投资，从而进行资本积累，还可以借助价格机制和工资变动促进经济增长和充分就业，以促进经济增长。到了20世纪50年代，美国的托宾和索洛、澳大利亚的斯旺和英国的米德等经济学家应用新古典学派的基本理论，先后提出了一系列经济增长理论和模型，认为可以通过"储蓄不断地转化为投资，生产要素（资本、劳动、土地等）的报酬等于它们的边际产品，以及要素之间可以相互替代"等机制来实现经济增长。再次是以罗默和卢卡斯等人为代表的新经济增长理论，他们把新古典增长模型中的劳动力的定义扩大为人力资本，提出其不仅包括绝对的劳动力数量和该国的平均技术水平，而且还包括劳动力的教育水平、生产技能训练和相互协作能力的培养等所有跟提高人的能力有关的因素，这一理论强调知识积累、技术进步对于经济增长的决定性作用。当然，还有接下来的道格拉斯·诺思等人把制度变迁引入了经济增长分析，认为有效率的经济组织是经济增长的关键，而这种组织的效率来源于一套能够对经济主体行为进行有效激励的产权制度安排。最后是近年的发展，如 2001 年获得诺贝尔经济学奖的美国哥伦比亚大学约瑟夫·斯蒂格利茨教授认为，获得持续增长和长期效率的最佳方法是找到政府与市场之间的适当平衡，使得世界经济回到一个更加公平、稳定的增长进程中。2018 年诺贝尔经济学奖得主，不管是世界银行前首席经济学家罗默还是耶鲁大学的诺德豪斯，其获奖的主题都共同指向了经济的长期可持续发展问题。罗默提出"内生增长理论"，认为知识、技术和创新是经济增长的动力；诺德豪斯提出应开拓环境经济学，研究碳排放、气候变化与经济增长的关系。

应该说，历代经济学家对经济增长理论的探讨，为世界各国的经济发展作出了卓越贡献。但另一方面，他们的视野仍主要局限在产业经济领域，认为经济增长的主体只有企业，经济增长的动力只是与此相关的内生增长机制；对于经济发展的另一重要动力——城市经济及其主体区域政府的作用，他们或忽略，或表述模糊。而笔者认为，一国的经济增长是由双动力驱动的，企业和区域政府都是推动经济增长的主体——企业及与之相关的内生增长机制对促进产业经济发展具有重要作用，区域政府的"三类九要素"竞争机制对促进城市经济增长具有重要作用。同时不管从哪个角度来看，世界各国经济增长的基调都是竞争型经济增长。

一、由产业经济竞争主导的增长阶段

对于区域政府来说，产业经济竞争主要表现为区域产业链配套与产业集群发展程度和区域产业政策的竞争。对于世界各国来说，产业经济竞争主要是在区域经济增长的初始阶段，即要素驱动阶段占据主导地位。

笔者想讨论的第一点是区域产业链配套与产业集群发展的问题。这一问题的实质是区域生产要素配置的竞争，是区域政府对原生性资源的一种调配与争夺。

区域生产要素包括自然资源、人力资源、资本资源等。在区域经济发展的初始阶段，几乎所有成功的企业或产业都依赖于本区域的基本生产要素。而处于此一阶段的本地企业，完全以价格战进行竞争，能够提供的产品不多，应用的技术层次也不高。此外，企业本身尚无能力创造技术，必须依赖外来企业提供经验与技术。本地企业的技术主要是来自模仿，或者从在本区域投资的外商处引进。也就是说，本地企业拥有的较高级的产品设计水平和技术水平，大多数或是由选择该区域作为生产网点的外商投资兴建的一体化作业工厂提供的，或是由本地制造企业以半成品加工方式学习而来的。处于这个阶段的本地企业，很少能与产品的最终顾客直接接触，国内外市场的贸易机会多数掌握在外来代理商手中。因此，在这一阶段，区域政府应该采取有效措施，大力招商引资，开展项目竞争，完善产业链配套，形成产业集群，鼓励进出口贸易，发挥生产要素优势，驱动资源配置，不断推动区域经济增长。

一定时期内，在区域生产技术既定的条件下，生产要素的各种投入、组合与产品的产量之间的函数关系，可以表述如下：

$$Q = f(L, K, E, N) \qquad (6-1)$$

其中，Q 代表产量，L 代表劳动力，K 代表资本，E 代表以土地为首的各种自然资源，N 代表企业家才能和区域政府的管理才能。

也就是说，在经济发展的初始阶段，技术水平是较低的，且长期内不会有显著提高，资本也缺少有效积累，常常不足，所以区域更多依靠劳动力、自然资源等生产要素在数量上的简单扩张来获得和维持经济增长的动力。这种驱动经济增长的方式比较简单易行，短期效果也比较显著。因此在这一阶段，各国区域政府通过努力创造条件，推动区域招商引资，有效开展区域生产要素优化配置的竞争，就能对经济增长起到很大的促进作用。

由产业经济竞争主导的增长阶段，本质又是区域经济增长的要素驱动阶段。这一时期的经济发展大致会经历三个过程。第一个过程是区域依赖本地资源发展的阶段。最初的区域经济发达地区多半都是在地大物博、自然资源和劳动力丰富的区域。区域经济发展的起步和产业的短期崛起都依赖于大量投入生产要素并粗放式扩大其规模。但从长期来看，这种仅仅依靠本地资源的要素驱动式增长后继乏力，只是一种初级的、短期扩张的手段。因此，从本地要资源的发展模式终究会转向从域外争夺资源的模式。这就是第二个过程，区域全力开展招商引资、招才引智的阶段。此时区域的产业发展就不仅仅依赖于争夺项目、完善产业链配套、形成产业集群、扩大进出口贸易、占领国内外市场等竞争，更依赖于科技人才和环境配套的竞争。在此阶段，工业园区、科技园区、产业孵化园区，甚至按 PPC 模式(港口花园式城市)建设发展的经济特区等，都接二连三地脱颖而出。这些竞争将很快推动区域经济发展进入第三阶段，在此阶段，区域将展开政策配套和环境优化的竞争。区域政府的配套政策对招商引资、招才引智的成效具有重要影响，因此，各区域会在项目政策、土地政策、产业补贴政策、人才支撑政策、科技投资政策、担保贴息政策，甚至相关的子女就学、父母就医政策等方面展开竞争。

笔者想讨论的第二点是区域产业政策的匹配问题。这是市场经济争论的一个焦点，其争议集中在三个方面：一是要不要产业政策；二是什么样的产业政策才是核心，即如何对世界各国的产业政策作出客观评价；三是支撑产业政策的理论框架是什么。

2016 年年末，北京大学召开产业政策思辨会，揭开了产业政策存废之争。A、B(在此用 A 和 B 代替真实姓名)两位学者的观点针锋相对，概括起来有如下十点。

第一,他们到底争什么?简言之,是自由市场与产业政策之争。A认为,产业政策即政府以补贴或行政干预的形式帮助某些特定产业优先发展。B认为,产业政策不仅是政府对企业的补贴等,政府根据可能的回报来配置有限的科研资源也应算作产业政策。

第二,产业政策是不是一场豪赌?B认为,当前的产业可以分成五种不同类型,分别适用不同的产业政策。A认为,产业政策应全部废除。因为创新无法被预见,政府无法对新产业和创新做任何规划,实现创新的唯一途径是自由进行经济试验,而不是通过产业政策将自己锁定在预设的路径上。

第三,有效市场是否存在?B认为,一个国家的经济发展需要有效市场和有为政府的共同作用。A认为,政府的核心职能是保护知识产权,用法制维护市场规则的公正性。但他同时强调,政府行为如果超出了这个范围,就不可能出现一个有效市场。

第四,谁是市场的主角?B认为,经济发展既需要市场,也需要政府。经济的不断发展需要一个因势利导的有为政府来帮助企业家解决技术上的问题。A认为,企业家是市场的主角,发现和创造交易机会是企业家的基本功能。比较优势是由企业家创造的,自由市场和企业家的组合就已足够,利用比较优势不需要什么国家战略。

第五,该鼓励第一个吃螃蟹的人吗?B认为,政府应该对某些产业第一个吃螃蟹的人进行补贴。A认为,政府既不应该阻止任何人吃螃蟹,也没有必要为第一个吃螃蟹的人买单,因为那会诱使许多人假装吃螃蟹,但实际不过是拿出吃螃蟹的姿势啃馒头。

第六,产业政策会导致权力寻租吗?B认为,政府可能利用有关权力来帮企业家排忧解难,企业家不是不需要政府的保护。A认为,激励政策的设计非常困难,一项特定的产业政策的出台,往往是利益博弈的结果。

无论是产业政策的制定过程还是执行过程，都充满寻租活动。

第七，技术创新靠谁驱动？B认为，基础科学的革命不受企业家精神的影响，是政府支持的科学家在推动。企业家的创新建立在政府支持的基础科研和公用技术的突破之上。A认为，社会进步本质是劳动生产率的提高，这就需要依靠技术创新和技术进步，技术创新和技术进步的来源是企业家和企业家精神。

第八，如何发挥比较优势？B认为，经济发展要利用比较优势，也要充分发挥政府的作用来利用比较优势。A认为，市场是最有效的发挥比较优势的制度。所有的市场交易都是基于比较优势的，企业家更是发现比较优势的天才。

第九，企业家精神是企业家的专利吗？B认为，需要企业家精神来发现新的机会，但发现各种新机会的可以是企业家，也可以是学者或政府官员。不应认为只有企业家才有企业家精神，这样是把企业家精神运用的范围窄化了。A认为，每个企业家根据自己的警觉、想象力、判断力，来决定做什么、不做什么，成功的创新会被复制，失败的事业会被停止。成千上万的企业家在协调供给和需求，其效果决定了企业家的赚钱能力。

第十，弯道超车真的存在吗？B认为，第二次世界大战后成功的经济体有13个，其政府都对产业发展予以支持。作为一个发展中国家，要成功追赶发达国家，产业政策的存在是必要的。A认为，只有市场竞争才能做到这一点。一个国家发展什么产业取决于企业家的判断，如果政府一定要用产业政策主导经济发展，其后果将是灾难性的。

这场来自象牙塔的产业政策存废之争，仁者见仁，智者见智。

美国哈佛大学迈克尔·波特教授在《国家竞争优势》一书中对产业政策做过如下表述。首先，政府制定产业政策的主要目标是提高生产力，鼓励和刺激产业发展，因此政府应该促进人力资源和相关资本的发展，为产业发展创造良好的环境。国家的长期经济政策目标应该包含提高生产力，否则将导致政策本身的偏差。制定适当的目标是健全产业政策的第一个先决条件，第二个条件则是建立适当的模型来支撑区域经济竞争。影响国家比较优势的每一项政策都有其特定考虑，政府在这方面主要的或一般性的政策大致包括：货币贬值、自由化、民营化、放宽产品和环境标准、倡导企业之间各种形态的合作、鼓励合并、税制改革、促进发展、对进口产品设限、维护商业秩序、有针对性的投资研发、完善教育体系、设立创业基金、更主动地进行国防采购或其他形式的政府采购等。其次，无论某个产业政策是地方性的、区域性的还是国家性的，它都会影响产业的竞争优势，因此必须注意下述几大前提：其一，从事产业竞争的是企业，而非政府；其二，国家层面的产业竞争优势是相对的，而非绝对的；其三，竞争优势来自长久的活力，而非短期的成本优势；其四，国家需要产业发展带动经济繁荣；其五，展现国家竞争优势的产业通常具有地理集中性；其六，一家新公司成立之后，大约三四年即可迈入正轨，一个产业要形成国家竞争优势，则需要十年或更长时间；其七，一国的竞争优势在于它与其他国家的差异性，而非一致性；其八，形成国家竞争优势的产业与产业分类方式并无关联性；其九，对企业和员工而言，维持竞争优势的过程并不轻松。再次，政府制定产业政策时也面临诸多挑战。比如制定产业政策时往往存在主管部门重叠的问题，或因政府换届造成政策不连贯的问题，这都是政府制定产业政策时的常见挑战。最后，产业政策对生产要素具有重要影响。经济发展的指数通常是根据生产要素在数量和质量上的改善比率来设定的。企业要提高生产力，必须不断占有优质的人力资源、科技知识、经济信息及其他生产要素，并在此基础上提升其竞争优势。政府的产业政策对此有着重要的影响。①

---

① 迈克尔·波特，2019. 国家竞争优势（下）[M]. 北京：中信出版社.

笔者认为，迈克尔·波特教授的产业政策观点有如下作用：第一，基本肯定了产业政策；第二，确定了产业政策的基本内容；第三，提出了制定产业政策的前提和可能遇到的挑战；第四，指出了制定产业政策的目标是为了发展和提高生产力；第五，在促进产业发展方面，肯定了减税的正面影响大于补贴政策，间接的补贴行为也会比直接补贴的效果更佳。[①]

通过以上梳理，我们现在可以回答"市场经济是否需要产业政策"的相关争论。第一，支撑产业政策的理论框架来源于现实存在的由产业经济竞争主导的经济增长的需求。第二，现实的发展需要政府运用三个层面的产业政策来克服市场失灵。一是通过规划与引导，克服"市场机制缺陷性"失灵；二是通过扶持与调节，克服"市场机制空白性"失灵；三是通过监督与管理，克服"市场机制障碍性"失灵（详见本书第九章）。第三，产业政策不只包括产业补贴，而且政府必须摒弃脱离市场规则的干预行为。产业政策应该建立在让市场决定产业资源配置和更好地发挥政府规划引导、扶持调节和监督管理作用的基础上。在这一由产业经济竞争主导的增长阶段，区域政府的财政支出将侧重在财政转移支付的项目上，区域政府的作用将主要体现在"三类九要素竞争理论"中第一类的三个要素的竞争上。

二、由城市经济竞争主导的增长阶段

对于区域政府来说，城市经济竞争主要表现为城市基础设施软硬件乃至智能城市开发建设，以及与之配套的政策措施的竞争。对于世界各国来说，城市经济竞争主要是在区域经济增长的第二阶段，即投资驱动阶段占据主导地位。

---

① 迈克尔·波特, 2019. 国家竞争优势（下）[M]. 北京：中信出版社.

笔者想讨论的第一点是，城市基础设施软硬件乃至智能城市的投资、开发、建设，其实质是区域突破了由生产要素驱动经济增长的局限，迈向由投资驱动增长的过程，是区域政府对次生性资源的开发与争夺。

在此，笔者需要着重说明两点。第一，这里所说的投资驱动，与迈克尔·波特教授在《国家竞争优势》中所说的"投资导向阶段"是有区别的。波特教授所说的投资导向，主要是指企业在依赖原有的基本生产要素获利的基础上，进入更广泛的产业进行投资，即大规模的产能扩张型的投资，而非本文所指的城市基础设施投资。第二，从经济统计的角度，一个区域的固定资产投资主要包含三个内容：一是基础设施投资；二是房地产投资；三是企业技术改造投资。本书要阐述的主要是区域的基础设施投资部分。

回顾本书第三章所述，城市基础设施包括：城市硬件基础设施，即城市能源供应系统、供水排水系统、交通运输系统、邮电通信系统、环保环卫系统和防卫防灾安全系统等六大工程性基础设施；城市软件基础设施，即行政管理、文化教育、医疗卫生、商业服务、金融保险和社会福利等社会性基础设施；随着城乡一体化的进程，这类基础设施还包括乡村生产、生活、生态环境建设和社会发展等四大类基础设施；伴随着城市现代化的进程，开发和建设智能城市系列工程也成为城市基础设施建设的新内容。为了进一步理清城市基础设施的内涵以及它对区域经济发展的促进作用，我们以20世纪初美国芝加哥的城市规划方案为例做具体分析。

要研究芝加哥的案例，就不得不提到出版于1909年的《芝加哥规划》一书。作为一部里程碑式的作品，它掀起了20世纪初美国城市建设的革命，是美国现代城市规划建设的起源。《芝加哥规划》被芝加哥市采纳后，确立了该市尤其是其湖滨地区的基本发展格局。作为城市投资发展和美化运动最引人注目的一部文献，该规划为现代城市建设问题提供了客观严谨、务实可行的解决方案，其中包括对交通网络体系、站场设施、市政建筑和园林绿化的详细规划设计。

《芝加哥规划》内容包括规划的起源，古代和现代的城市规划，芝加哥作为中西部地区都会的地位，芝加哥的公园系统、交通运输、城市街道系统，芝加哥的心脏等。可以说，时至今日，芝加哥城市规划建设所带动的区域经济发展成就，仍然对美国乃至世界的城市规划建设发展具有深刻的影响。

1994年，美国的霍尔茨-埃金在分析公共投资的形成与增长时，将美国公共投资按照其最终用途分为四类：第一类是教育投资；第二类是道路和高速公路投资；第三类是污水处理设施投资；第四类是公用事业投资。按照霍尔茨-埃金的估计，1988年，美国上述四项公共投资在政府投资总额中的比重分别是：教育类占20.2%，道路及高速公路类占34.5%，污水处理占7.5%，公用事业类占13.2%。[1] 盐路悦朗在2001年的研究中，将霍尔茨-埃金列举的后三类合并，称之为基础设施类公共投资，从而与教育类公共投资组成两个类别。日本对公共投资的定义相对广泛一些，总计包括14个项目，盐路悦朗也将其合并为四个项目：一是教育类；二是基础设施，包括公共房屋、污水处理、垃圾处理、水的供给、公园、道路、港口、机场、工业用水；三是国有保护土地，包括山脉、河流和海岸；四是农业和渔业。1990年，日本上述四项投资在公共投资中的比重分别为12.2%、60.6%、13.5%和13.7%。[2]

对于区域政府来说，城市经济竞争首先表现为对城市基础设施投资、开发、建设的竞争。回顾第五章所述马斯格雷夫和罗斯托对经济发展阶段

---

[1] DOUGLAS HOLTZ-EAKIN, 1994. Public-Sector Capital and the Productivity Puzzle, Review of Economics and Statistics, Vol. 76, No. 1: 12-21.

[2] ETSURO-SHIOJI, 2001. Public Capital and Economic Growth: A Convergence Approach, Journal of Economic Growth, Vol. 6, No. 3: 205-227.

的分析，在一个区域经济发展的早期阶段，区域政府投资在社会总投资中占的比重较高，区域政府不断为本区域经济发展提供基础设施，如投资于交通运输系统、环境安全系统、教科文卫系统和法律秩序系统等，这是处于经济和社会发展早期阶段的区域进入"起飞"乃至中期发展阶段的必不可少的措施。在经济发展的中期阶段，区域政府投资将继续存在，只是此时其逐步转换为对私人投资的一种补充。一方面，在整个区域经济发展进程中，区域社会总投资和政府投资的绝对数都会增长，但社会总投资占地区生产总值的比重以及区域政府投资占区域财政支出的比重会趋于下降；另一方面，一旦区域经济发展达到了成熟阶段，区域财政支出就会从基础设施建设支出转向教科文卫和福利保障支出，而且后者的增长速度将会大大超过其他支出的增长速度，也会快于地区生产总值的增长速度。

在区域经济发展的不同阶段，投资总量和投资结构呈现不断变化的趋势。这告诉我们，一旦区域人均收入水平大幅上升，人们开始追求高品质的生活，他们就会对区域发展提出更高的要求，这在客观上会迫使区域政府提供更好的环境、更发达的交通、更便捷的通信以及更高水平的教育、卫生、保健服务，等等，这时区域政府的财政投资性支出和社会消费性支出都会出现较高的增长。可见，区域政府投资总量和投资结构的变化，取决于投资者和社会民众对区域公共物品的需求结构和需求弹性，而这又是随着经济发展的不同阶段而变化的。城市基础设施软硬件的完善以及智能城市的开发，既能改善区域经济投资环境，又能促进区域突破以生产要素驱动经济增长的瓶颈，转向以投资驱动，从而进入由城市经济竞争主导的增长阶段。

关于城市经济竞争，笔者想讨论的第二点是区域政府的配套政策，在此领域，区域政府发挥着"规划布局、参与建设、有序管理"的三重作用。

城市经济的规划布局，涉及区域资源配置的三个层次：第一层次是区域经济发展的概念规划，它体现了一个区域的主要经济和社会功能的界定，其目标是使区域朝着宜居、宜业、宜游的方向，实现包容发展、协调发展、绿色发展、开放发展和共享发展；第二层次是区域经济发展的城乡规划，它侧重于城乡一体化基础设施软硬件的布局、开发、投资与建设，这将直接影响城市经济的竞争力；第三层次是区域经济发展的土地规划，政府应严格按照用地性质，区分不同的投资项目，制定严格的准入制度，构建科学合理的城市资源配置格局。概念规划、城乡规划和土地规划三位一体，划定了城市经济竞争的政策范围，使区域政府在城市经济的战略规划、实施标准、项目评估、市场准入、法制保障等方面制定细则，发挥作用，促进城市经济发展。

在此，我们有必要回顾一下本书第四章关于区域政府对城市基础设施的投资、开发、建设的阐述。区域政府为了在城市基础设施投资建设中获得收益，既会对原有的存量资产进行股权改造，又会对增量资产进行股权结构优化，使其符合市场竞争规则，并通过资本市场的各种融资方式，以及收费权、定价权等手段，运用 DBO（设计—建设—经营）、BOT（建设—经营—移交）、BOO（建设—经营—拥有）、BOOT（建设—经营—拥有—转让）、BLT（建设—租赁—转让）、BTO（建设—转让—经营）、TOT（转让—经营—移交）等方式实施特许经营权的资本运营。同时，区域政府还根据城市基础设施项目的不同特点和条件，采取不同的资本运营方式，或交叉运用不同的资本运营方式，如以 PPP（政府和社会资本合作）或 PPC（港口公园式城市）方式为载体，运用 BOT 或 TOT 等特许经营权运营模式，在条件成熟时改组项目公司为上市公司，通过发行股票或债券，进一步把城市基础设施项目做强做大，从而使区域政府克服资金瓶颈的制约，提升城市基础设施投资、开发、运营、管理的能力，使其科学、可持续发展,用有限的区域财政"四两拨千斤",更加有效地满足区域社会民众日益增长的对公共产品和公益事业的需求。在投资驱动阶段,区域政府参与城市经济力度的大小,财政投资性支出和社会消费性支出的规模与结构,市场开放的程度及相关政策措施,都将直接影响区域的经济增长状况。

朱斯特曼等人认为,区域政府推动多样化的基础设施建设不仅能减少财政支出上的浪费,更重要的是,基础设施的多样化能形成相对其他区域的差异化竞争优势,满足区域多元化发展的需要,促进良性循环。[①] 巴可夫斯基认为,政府的基础设施投资可以产生劳动力集聚效应,即良好的基础设施和公共环境能帮本区域吸引更多的流动性较强的熟练劳动力。当然区域间的基础设施投资竞争也可能是破坏性的,因为政府之间吸引流动性要素的竞争可能会增加基础设施投资建设的成本。[②] 威尔逊认为,区域政府官员非常有动力进行基础设施投资,因为这可以对本辖区的劳动力和资本的效率产生正效应,辖区政府可以得到更多的税基。基础设施投入和税收收入之间的正相关关系被一再强化。[③] 中国学者张军、高远、傅勇和张弘研究了中国的基础设施投资建设问题后,认为区域政府之间在招商引资上的标尺竞争和政府治理的转型是解释中国基础设施投资建设的重要因素,区域政府招商引资的配套政策和措施对推动政府基础设施的投资激励至关重要。[④]

正如存在不同类型的市场失灵一样,国家或区域也存在三种不同类型

[①] JUSTMAN M, THISSE J F, YPERSELE T V, 2002. Taking the Bite out of Fiscal Competition [J]. Journal of Urban Economicsvol. 52, issue 2: 294 – 315.

[②] BUCOVETSKY S, 1982. Inequality in the Local Public Sector [J]. Journal of Political Economy, Vol. 90, No. 1: 128 – 145.

[③] WILSON J D, 1999. Theories of Tax Competition [J]. National Tax Journal, Vol. 52: 269 – 304.

[④] 张军,高远,傅勇等,2007. 中国为什么拥有了良好的基础设施?[J]. 经济研究,(3): 4 – 19.

的政府失灵：第一种是"民生经济不足型"政府失灵；第二种是"产业政策缺失型"政府失灵；第三种是"城市建设空白型"政府失灵（详见本书第九章）。其中，第三种政府失灵集中表现在以下几方面：一是推动城市基础设施建设的政策措施几乎空白；二是政府既没有作为城市建设的竞争主体参与其中，又没有发挥规划、监管、调节城市建设的作用；三是政府参与城市建设，但在过程中没有遵循市场规则，只投入、不收益，只建设、不经营，只注重社会性、忽视经济性，造成城市资源大量损耗、城市基础设施投资建设低质低效、城市规划与管理无序进行的问题。这些问题从另一个角度阻碍着区域经济在投资驱动阶段的可持续增长。

由城市经济竞争主导的增长是竞争型增长，这里竞争指的是各区域在城市基础设施投资建设和政策措施配套完善上的竞争。为了在竞争中取得优势，各区域政府不仅要做好规划布局，而且要遵循市场规则，还要在该领域的投资、开发、运营和管理中，发挥出宏观引导、有效调节和监督管理的作用。在投资驱动阶段，如何通过政策措施，达到政府推动、企业参与、市场运作三位一体有效结合的效果，是区域政府面对的重要课题，其举措将影响区域经济增长的规模和质量。此阶段区域政府的财政支出将侧重于财政投资性支出与社会消费性支出项目，区域政府作用主要体现在"三类九要素竞争理论"中第二类的三个要素的竞争上。

三、由创新经济竞争主导的增长阶段

对区域政府来说，创新经济竞争主要表现为区域政府促进理念、技术、管理以及制度创新的政策措施的竞争。对于世界各国来说，创新经济竞争主要是在区域经济增长的第三阶段，即创新驱动阶段占据主导地位。

在这四类创新中，区域政府理念创新是区域竞争的焦点。如前所述，在区域经济发展处于要素驱动和投资驱动阶段时，其经济增长主要依靠土地、劳动、资本和其他自然资源等生产要素的简单数量扩张来实现。这种增长以拼资源、拼成本为主，容易产生过分掠夺致使产业资源和城市资源枯竭、生产效率低下、技术滞后、人才流失、社会矛盾激化等问题，必须尽快转型。这时，区域下一阶段的发展思路、方向和方式就至关重要，需要先进理念来引领。区域政府的理念创新既包括对区域资源的整体把握和调控，对区域未来发展战略的定位和发展模式的全面规划，也包括在顶层设计上解决好发展方式和发展动力等问题。在要素驱动阶段和投资驱动阶段之后，区域政府应该用创新发展、协调发展、绿色发展、开放发展、共享发展等理念超前引领，推动区域经济可持续发展。

在创新驱动阶段，区域政府技术创新是区域竞争的制胜点。技术创新对经济发展的驱动作用是爆发式的，能够推动区域经济产生从量变到质变的飞跃，使经济实现全过程、全要素的突破性创造，使资源得到优化配置。在此阶段，技术创新是核心驱动力，能够催生新产品、新产业、新模式、新业态。技术创新与金融、产业创新相融合，将激发持续的创新驱动力，因此这一阶段，技术创新是区域竞争的重要手段。

在创新驱动阶段，区域政府管理创新是区域竞争的关键。当经济发展从要素驱动阶段过渡到投资驱动阶段时，区域竞争的主要手段是扩大投资规模，刺激经济增长。一方面，投资对经济增长具有乘数效应，这在凯恩斯的有效需求理论中已得到证明；投资对提高有效需求、提升国内生产总值有重要作用，尤其是在区域经济低速增长阶段，政府可以通过加大投资力度，来扭转经济下滑的态势，使经济走出低谷。另一方面，如果片面追求投资的短期刺激，容易造成"投资饥渴""投资依赖"，出现经济大起大落、技术与创新能力落后等一系列症状。因此在这一阶段，区域政府的组织管理创新能力成为关键，政府应加强管理的规范性，强化快速反应能力，贴近市场，服务企业，发展网络结构和矩阵结构，减少管理层次，以更高的效率和灵活性有效提高管理水平，促进经济稳定、有序发展，助力区域竞争。

在创新驱动阶段，区域政府制度创新是区域竞争的必然选择。制度创新是理念、技术和管理创新的根本保障，能够促进三者的融合发展。如果世界各国的区域经济发展都基本沿着要素驱动、投资驱动、创新驱动和共享驱动阶段的轨迹前行，那么，在三大产业发展日新月异、民众环境意识越来越强、新的经济发展模式和个人成长模式推陈出新的创新驱动阶段，区域政府就不仅需要理念、技术和管理创新，更需要制度创新来确保区域的竞争优势。因为在创新驱动阶段，经济发展呈现灵活、迅捷、多样的特点，政府只有使制度、政策与之相匹配，才能紧随创新驱动时代的脉搏，引领经济发展方向，保持经济的持久活力。全方位、全过程、全要素的理念、技术、管理和制度创新，将是这一阶段区域竞争的必然选择。

为了进一步说明创新驱动的重要性，我们以本书第五章涉及的、大家还相对陌生的逆生性资源——碳排放交易资源为例，来分析中国是如何应对碳排放问题的。中国是全球温室气体排放最多的国家之一。由中国碳论坛(China Carbon Fourm，CCF)和国际咨询公司(International Coach Federation，ICF)联合开展的《2015年中国碳价调查》显示，中国碳排放峰值将出现在2030年。要应对碳排放问题，中国有两种路径选择：一是被动应对，把它当作累赘和负担，花费大量成本去减排；二是把它当作要素驱动阶段向投资驱动阶段发展时的一种必然现象，根据逆生性资源的特性，大胆开展理念、技术、管理和制度创新，用碳排放权交易的方式控制排放量，并制定国家乃至国际交易标准，捆绑人民币结算，借助"一带一路"倡议，推动人民币从支付结算货币转变为国际储备货币或锚货币。借助第二种路径，中国将不但能够控制碳排放量，而且可以探索人民币国际化的实现路径。

未来十年是中国减排的关键期，但据报道，美欧等发达国家极力要求在 2020 年前后开征碳税与碳关税——恰逢中国碳排放量向峰值攀升的阶段。一旦征收碳关税，并按照美欧的标准确定税额，中国的出口产品将会因碳排放量过高而面临高额关税这一贸易壁垒。换言之，未来五至十年将是中国企业转型发展的关键时期。如果没能利用好这一时间段转型升级，中国企业不仅将面临高昂的碳排放配额费用，还有可能面临高排放量带来的出口受挫。因此，我们应加快探讨研究，尽早建立由中国主导的亚洲或全球碳交易市场，这个市场应该是一个既包括碳交易现货市场，又包括碳交易期货市场健全的碳交易体系。这个体系能够形成具有威慑力的倒逼机制，督促企业加快绿色转型的进度。同时，通过产业政策、税收政策等，政府可以引导、鼓励企业积极采用低碳技术，提供绿色环保的服务，生产低碳产品。这些举措能够全面提升中国企业在世界产业链中的地位，使中国外贸完成绿色化升级。

对中国的经济发展而言，处理好碳排放问题具有如下意义。

首先，碳排放权交易是优化中国产业区域配置的一种制度创新。

国内外实践表明，相比碳税政策和单纯的行政强制减排，碳排放权交易是在市场经济框架下解决气候、能源等综合性问题最有效率的方式。碳交易的本质是通过市场机制来解决碳排放的负外部性，将外部成本内化为排放主体的内在成本，进而实现减排，并在全球范围内优化配置碳资源的一种制度安排。碳交易能通过市场手段促进减排成本向碳收益转化，引导金融资源更好地向低碳经济领域倾斜，从而使社会整体减排成本最小化，这有利于加快各国产业结构的转型升级和经济发展方式的转变。

中国地域辽阔，区域经济发展不平衡，一些地方政府存在盲目追求区域生产总值增长的发展导向。由于自然环境的限制和生态保护的需要，不少中西部欠发达地区不适合发展高强度制造业。加快碳交易市场体系建设，能够鼓励欠发达地区通过保护生态环境、开展森林碳汇等方式实现碳减排，同时促使高耗能的经济发达地区通过购买碳减排量的方式扶持欠发达地区发展，这能够将现有的不平衡的发展模式转化为市场化的生态与经济协调发展的格局，从而促进区域协调发展，优化产业区域配置。

其次，标准化的碳交易市场体系建设是中国 21 世纪海上丝绸之路管理创新的重要切入点。

目前，亚洲地区仅日本、印度等国开展了规模较小的碳交易活动，东盟十国在碳交易领域尚无探索，可以说，基于强制减排机制的碳交易市场在亚洲地区刚刚萌芽。加快推进中国的碳交易市场体系建设，形成覆盖东南亚等国家和地区的区域性碳交易体系，是中国构建 21 世纪"海上丝绸之路"重要的管理创新切入点，有利于展现中国与周边国家和地区"共享机遇、共迎挑战、共同发展、共同繁荣"的诚意和决心，有利于在中国与东南亚国家和地区之间建立服务于低碳经济发展的金融体系，有利于增强中国金融市场的辐射力和影响力。

最后，"碳排放权交易捆绑人民币结算"的技术创新可开辟人民币国际化"弯道超车"的新路径。具体分析如下。

第一，国际货币应具备三种基本职能：其一，在国际贸易中充当结算、支付货币；其二，成为其他国家或地区货币当局的储备货币；其三，成为其他国家或地区货币当局调剂外汇货币市场的锚货币。一国货币要想成为国际货币甚至关键货币，通常遵循"结算、支付货币—储备货币—锚货币"的基本路径，成为能够被国际货币体系内多数国家接受并具有跨境流动便利性的货币。在现行国际货币体系下，国际货币主要包括美元、欧元、日元、英镑等，其中美元是关键货币。

第二，以能源绑定货币结算往往是一国货币崛起为国际货币的助推剂。这是因为能源贸易量在总贸易量中所占的比重很高：第一次世界大战前后，以煤炭为主的能源贸易量从居于棉花、小麦之后第三的位置一跃位居第二；第二次世界大战之后，在高盛编制的大宗商品指数（Goldman Sachs Commodities Index，涵盖 24 种大宗商品）体系中，能源（包括原油、布伦特原油、RBOB 汽油、燃料油、瓦斯油和天然气等）占所有大宗商品美元权重达 64.51%。[①] 在国际贸易和金融的发展过程中，一国经济活动与能源贸易的结合度成为决定该国货币地位的重要因素；而一国货币的崛起又往往受到它与国际大宗商品，尤其是与能源的结算、支付的绑定程度的直接影响。

第三，工业革命前，能源与货币的绑定关系尚未清晰。16 世纪，国际贸易中心从地中海地区尤其是意大利，转移到欧洲西北角的比利时和荷兰。尔后的一个世纪，荷兰在世界贸易中建立了霸权地位，荷兰盾在国际贸易中成为关键货币。但当时的国际贸易以木材、鱼类、粮食、毛皮、香料、棉纺织品和丝绸、瓷器等为主，因为当时的人类生产是以手工作坊为主，所以国际贸易以柴米衣用为主，缺乏能源需求，能源与货币的绑定关系尚未显现。

第四，工业革命催生了煤炭与英镑的绑定关系。18 世纪最后的 25 年，英国取代荷兰成为世界领先的贸易强国，伦敦取代阿姆斯特丹成为最重要的金融中心。蒸汽机的问世引起了一系列技术革命，并实现了手工劳动向动力机器生产的飞跃，煤炭成为近代工业的主要"食粮"。工业革命及机器大工业的产生和发展，促使能源需求急剧增长。1840 年，英国率先完成工业革命，并最早成为以煤炭为主体能源的国家。19 世纪中叶，英国的煤炭产量已占世界总产量的三分之二左右，英国不但在世界范围内成为供给

---

① 王颖，管清友，2009. 碳交易计价结算货币：理论、现实与选择 [J]. 当代亚太，(01)：110-128.

煤炭的主要国家，而且完全左右了世界煤炭市场。煤炭交易捆绑英镑结算，使英镑成为国际贸易中的关键货币，在金本位制中，英镑占据了显赫的地位，许多国家的央行选择英镑而非黄金作为储备货币。当时有90%的国际结算使用了英镑。[①]

第五，石油和美元的绑定关系。美元之所以能取代英镑成为关键货币，是受益于两次世界大战期间核心能源的更迭，即石油取代了煤炭。19世纪后半叶，内燃机革命使石油成为工业革命新高潮的"血液"。20世纪20年代，随着内燃机的普及，石油需求旺盛，石油贸易迅速扩大。第二次世界大战期间，美国成为盟国的主要能源（石油）供应者。第二次世界大战后，美国几乎掌握了世界原油产量的三分之二。[②] 也正是在这一时期，即20世纪70年代，美国与沙特达成"不可动摇协议"，将美元确立为石油唯一的计价货币。世界前两大石油期货市场——芝加哥期货交易所和伦敦国际石油交易所，都以美元作为计价、结算、支付的货币单位。这些都使美国对作为大宗商品的石油拥有国际定价权，从而在国际货币格局中建立美元本位制。

第六，2001年，美国著名国际金融学家、诺贝尔经济学奖获得者罗伯特·蒙代尔提出"货币稳定三岛"的大胆构想，即美元、欧元、人民币三足鼎立，在全球范围内形成稳定的货币体系。蒙代尔认为：应维持欧元兑美元汇率的稳定，将其固定在一定区间内，比如1欧元兑1.2美元至1.4美元；随着人民币逐步可兑换，将人民币纳入美元、欧元的固定汇率机制中，创建美元、欧元、人民币三位一体的"货币区"；其他各国货币与此货币区形成浮动汇率；这既有利于稳定的国际货币体系的形成，又使各国

[①] 王颖，管清友，2009. 碳交易计价结算货币：理论、现实与选择［J］. 当代亚太，(01)：110-128.

[②] 同上。

贸易的结算、支付关系能够灵活发展。蒙代尔的构想侧面反映出，在现有的国际货币金字塔中，一方面，现行的美元本位的国际货币体系亟待改革，另一方面，以人民币为代表的他国货币如何"弯道超车"，成为国际货币甚至关键货币，成为国内外探索的一个重要课题。

第七，碳排放权交易与人民币的绑定。煤炭与英镑的绑定、石油与美元的绑定都催生了两种货币的崛起，展示了一条简单而明晰的货币地位演化之路。这启示我们，应推动碳排放权交易和人民币的绑定：首先，创新发展和低碳经济将成为未来世界各国的经济增长模式，随着清洁能源技术的新突破、新利用和新组合，以低碳为特征的新的能源贸易，如碳信用、碳商品、碳排放权等的交易，会蓬勃兴起；其次，中国是全球最大的温室气体排放国之一，且被认为是最具潜力的排放市场，中国也有越来越多的企业参与碳排放权交易；最后，根据世界银行的测算，全球碳交易总量在 2020 年有望达到 3.5 万亿美元，碳排放权交易市场将超过石油市场成为世界第一大交易市场。在国际货币先后经历了"煤炭—英镑""石油—美元"体系之后，中国如能抢占先机，以"碳排放权交易捆绑人民币结算"的技术创新为载体，与东南亚等国家和地区建立服务于低碳经济发展的金融体系，就可开辟一条人民币"弯道超车"实现国际化、在能源贸易中崛起的新路径。

综上，在由创新经济竞争主导的经济增长阶段，世界各国的区域政府既要以技术创新引领经济发展，又要全面地、创造性地处置经济发展给区域社会带来的危害因素。在这一阶段，区域政府需要根据经济的实际运行状况，科学地开展理念、技术、管理、制度创新，这将促进区域经济科学、可持续发展，在创新驱动阶段取得可喜的成效，即实现基于提高"全要素生产率"的增长。

所谓全要素生产率的增长，是 20 世纪 50 年代诺贝尔经济学奖获得者罗伯特·索洛提出的概念,其实质是技术进步率,即除去所有有形生产要素(劳动、资本、土地等)以外的纯技术进步带来的生产率的增长。换句话说,全要素生产率的增长就是在所有的有形生产要素的投入量保持不变时,那些无形资源的变动带来的生产量的增加,它是长期经济增长的重要动力。所谓的纯技术进步,包括知识、教育、技术培训、规模经济、组织管理、政策制度等方面的改善,它是指那种非具体化的技术进步带来的生产效率的提高。因此,一个区域的理念、技术、管理和制度创新是区域提高全要素生产率的重要方式。全方位的创新可以驱动基于提高全要素生产率的区域经济增长,而这种经济增长才是有质量的、可持续的增长。在这一阶段,区域的人才、资本、技术、管理、政策等各类资源向技术、管理、组织和制度创新领域的倾斜和汇集,将形成新的经济增长点,使区域财政由支出为主转向收入为主,这也是这一阶段的主要特征。

四、由竞争与合作经济主导的增长阶段

对于区域政府来说,区域经济增长经过由产业经济竞争、城市经济竞争和创新经济竞争主导的不同发展阶段后,就进入竞争与合作经济主导阶段。区域经济将经历更为深刻的转化过程:从依赖本区域资源转向探索域外,开发各类国际经济资源(如太空资源、深海资源、极地资源等),切换经济发展模式;从单纯通过企业竞争配置产业资源,到区域政府相互竞争,参与配置城市资源和其他新生成性资源;从单一市场机制发挥作用,到有为政府与有效市场相结合,构建区域经济增长的投资新引擎和创新新引擎。在这一转化过程中,区域间的竞争必然涉及如何维护经济治理体系的公平、公正原则的问题。一方面,需要保护各区域的经济利益和区域间的经济秩序,也需要维持和扩大开放型经济体系;另一方面,各区域在开拓经济

新领域的过程中，为应对新问题，需要制定新规范，会不断产生跨区域的新挑战，这客观上会导致区域间竞争与合作共存的格局。因此，在区域经济增长的第四阶段，即共享驱动阶段，竞争与合作经济将占据主导地位。

在此阶段，区域产业体系已升级为具有区域竞争力的现代产业体系。一是传统产业完成改造提升，互联网、大数据、人工智能和实体经济深度融合，制造业从加工生产环节向研发、设计、品牌、营销、再制造等环节延伸、智能化发展；二是战略性新兴产业不断壮大，新一代信息技术和生物技术、新能源、新材料、高端装备、节能环保设备、3D打印、智能机器人、新动能汽车等产业蓬勃发展，逐渐形成具有区域竞争力的新兴产业集群和产业集聚带；三是现代服务业加快发展，金融、物流、航运、旅游、文化、会展等生产性、生活性服务业正向专业化、高品质化转型。区域的产业经济竞争推动着区域间产业的优势互补、紧密协作和联动发展。

在此阶段，区域基础设施已形成区内互联互通、区外通道顺畅的功能完善的网络。一是现代化的综合交通运输体系已形成，以沿海主要港口为重点的港口、航道、疏港铁路、公路等基础设施服务能力强，以航空枢纽为重点的空域资源利用效率高，以高速公路、高速铁路和快速铁路等为骨干的综合运输通道畅通；二是以物联网、云计算、大数据等信息技术集成应用为重点的智能交通系统日趋完善；三是智能城市基础设施、城市软件基础设施、城乡一体化中的能源基础设施和水利基础设施等逐渐完善。区域的城市经济竞争推动着区域间基础设施的互联互通、布局合理和衔接顺畅。

在此阶段，区域通过技术创新，已形成集聚创新资源的开放型区域协同创新共同体。一方面，区域技术创新高地和新兴产业重要策源地已逐渐形成，技术创新走廊的建设，人才、资本、信息、技术等创新要素的区域流动，大数据中心和创新平台的建设，高校、科研团体、企业等技术创新活动的开展，以及创新基础能力的提升和产学研创新联盟的发展等，都在不断拓展和深化；另一方面，致力于提升科技成果转化能力的各类制度和政策环境正在优化，区域创新体制机制改革，科技、学术、人才、项目等区域合作的便利化，科技成果转化、技术转让、科技服务业合作、知识产权保护和运用，以及科技、金融、产业融合创新政策，科技、管理、制度、理念融合创新举措等都在不断深化。区域的创新经济竞争推动着区域间的创新合作、协同创新和融合发展。

在上述讨论基础上做进一步分析，区域经济的竞争驱动或者说区域的竞争型经济增长，在客观上形成了人类社会的四种共享产品或公共产品。第一是思想性公共产品。比如对市场机制运作体系的重新认识，即市场竞争不仅存在于产业经济的企业竞争中，而且存在于城市经济的区域政府竞争中，成熟市场经济应该是有为政府与有效市场相融合的经济体系等。第二是物质性公共产品。比如，信息化与工业化、城市化、农业现代化、国际化的结合，相关的软硬件基础设施建设推动了区域公共交通、城市管理、教育、医疗、文化、商务、能源、环保等物质条件的改善与提升。第三是组织性公共产品。比如，传统的城市建设如摊大饼，现代化的城市发展则要求组团式布局，因此区域经济秩序的架构在从摊大饼模式走向组团式布局时，就实现了组织管理的改革创新。第四是制度性公共产品。比如，"让区域带来更多发展机遇""让经济增长成果普惠共享"等原则指导下的制度安排，使区域的劳动、就业、保障和社会政策等进一步完善，其成果具有共享性。由此可见，在区域由竞争与合作经济主导的增长阶段，即共享驱动阶段，区域政府间应遵循的基本原则是：第一，改革引领，创新发展；第二，统筹兼顾，协调发展；第三，保护生态，绿色发展；第四，合作共赢，开放发展；第五，惠及民生，共享发展。总之，构建竞争与合作相融合的创新型、开放型、联动型、包容型和共享型区域经济体系，将是这一阶段的可持续的经济增长方式。

五、区域经济竞争梯度推移模型

在世界各国区域经济发展的历史进程中,区域经济竞争呈现出梯度推移的模型,如图 6-1 所示。

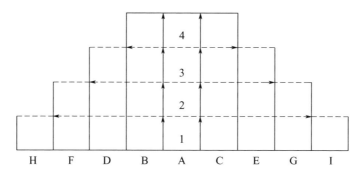

图 6-1 区域经济竞争呈现出梯度推移的模型

图 6-1 中,A 至 I 表示不同的区域,1 至 4 表示区域经济发展的四个阶段,即 1 是由产业经济竞争主导的增长阶段,2 是由城市经济竞争主导的增长阶段,3 是由创新经济竞争主导的增长阶段,4 是由竞争与合作经济主导的增长阶段。如前所述,第一阶段属于区域经济发展的初始阶段,在此阶段,技术水平是较低的,资本积累较少,区域更多是依靠劳动力、自然资源等生产要素在数量上的简单扩张来形成增长动力,因此呈现出要素驱动的特征,其经济增长方式具有基础性和普及性,这是区域政府竞争的第一个层次。第二阶段属于区域经济发展的扩张阶段,此阶段以城市硬件基础设施的大量投资为起点,以城市软件基础设施和城乡一体化的软硬件基础设施的大量投资为过程,以智能城市的开发和完善为终结,区域经济增长由此出现一个又一个高潮,因此呈现出投资驱动的特征,其经济增长方式中政府参与的痕迹明显,这是区域政府竞争的第二个层次。第三阶段属于区域经济发展的高质量阶段,在此阶段,技术创新作为主导力量,

引领着理念、组织和制度的全面创新,从而使经济增长模式不断推陈出新,经济发展的质量获得全方位提升,呈现出创新驱动的特征,推动着区域政府经济竞争向高端化发展,这是区域政府竞争的第三个层次。最终,区域政府竞争将迈向第四阶段,即竞争与合作相融合的高级阶段,在此阶段,区域经济将沿着"竞争为主→竞争与合作共存→合作共赢为主"的轨迹前行,呈现出共享驱动的特征。此时,在区域经济竞争中形成的思想性、物质性、组织性和制度性公共产品,将成为区域间普惠共享的经济增长成果,推动各区域经济社会的协同进步。

与上述四个经济发展阶段相对应,存在着四种经济学说。

一是产业效应说,即在由产业经济竞争主导的经济增长阶段,由于区域经济发展在空间上并不同步,往往是一些具备产业发展内在因素和外在条件的区域率先发展,这些区域的产业逐渐集聚、经济不断增长,并与产业发展滞后的区域相互影响,使产业发展需要的各种生产要素不断从不发达区域向发达区域集聚,形成区域竞争优势和产业效应。因此,在这一阶段,区域政府要在竞争中脱颖而出,就应大力招商引资、引进项目、完善产业链、鼓励进出口、拓展国内外市场,加强对产业经济的规划引导、扶持调节、监督管理等政策配套。

二是城市扩展说,即在由城市经济竞争主导的经济增长阶段,区域经济增长的动力主要来自多层次的城市基础设施的投入和城乡一体化的扩展,具体包括核心城市软硬件基础设施的投资、城乡一体化基础设施的建设和智能城市的开发运用等。处于多层次城市系统中的各区域政府,对城市基础设施投资建设,应遵循"政府推动、企业参与、市场运作"的原则来配套政策,唯其如此,才能推动城市功能的延伸、扩展,改善并优化区域经济发展环境,建设完善的城市经济系统,确立区域竞争优势,从而促进区域经济在此阶段实现可持续增长。

三是创新驱动说，即在由创新经济竞争主导的经济增长阶段，处于创新驱动阶段的区域（一般都是经济较为发达的区域），其产业部门、产品、技术、生产方式和商业营销模式等方面会出现一系列创新活动，以此为基础还会延伸出组织管理方式、制度政策措施等一系列创新活动。随着时间推移，这类源于经济发达区域的创新又会逐渐向经济落后区域传递。在这一阶段的区域经济竞争中，区域政府应及时、有效地推动各项有利于创新的政策措施，从而促进区域经济发展，建立区域经济优势。

四是协同发展说，即在由竞争与合作经济主导的经济增长阶段，竞争会使产业资源和城市资源向经济发达区域不断集中，但经济发达区域的增长天然地受到这一阶段区域内在因素和外在条件的制约，因此区域间会形成各类共享性的公共产品，从而保障各区域经济和社会的持续进步。因此在这一阶段，区域政府的各类经济政策和措施应沿着"竞争→竞争合作→合作共赢"的轨迹，促进各区域协同发展。

在上述分析的基础上，我们再来详述区域经济梯度推移说。图6-1所呈现的区域经济梯度推移模型有以下四个特点：一是区域经济竞争最早是由率先推动产业经济、城市经济、创新经济发展的经济发达区域启动，随着时间的推移及各区域内在因素和外在条件的变化，区域经济竞争从以发达区域为主逐渐向欠发达区域横向推移，即从图6-1中的A、B、C区域向D、E、F、G、H、I区域横向推移；二是随着经济发展水平的逐渐成熟和经济增长阶段的不断升级，区域经济竞争逐渐从产业经济纵向扩展至城市经济、创新经济等领域，即从图6-1中的阶段1向阶段2、3、4纵向推移；三是在由产业经济、城市经济和创新经济竞争主导的阶段，率先推出有效的政策措施的区域，其经济发展将具有领先优势，各区域政策措施的力度和效用差异，将使其在区域间梯度经济结构中居于不同的位置，图6-1中A、B、C区域即优于其他区域；四是经济增长阶段的升级，即从产业经济竞争主导，到城市经济竞争主导，再到创新经济竞争主导，最后到竞争与合作经济主导，是个漫长的历史进程。但人类经济社会共同创造的各类公共产品，终将驱动共享经济的普及，促成区域间经济的协同发展。竞争与合作相互作用，共同推动经济增长，尽管各区域的经济发展存在差异，但呈现横向有序推移、纵向协同发展的趋势，最终使合作共赢成为主流。

　　最后，需要补充说明两点。第一点需要说明的是，本章涉及的竞争型经济增长的四个阶段论与迈克尔·波特教授在《国家竞争优势》一书中所说的"经济发展四个阶段"理论有什么联系和区别？联系在于，笔者认同并借鉴了迈克尔·波特教授将国家经济发展分为四个阶段的方法论，即存在生产要素导向阶段、投资导向阶段、创新导向阶段和富裕导向阶段。区别在于，迈克尔·波特教授的国家经济发展四个阶段方法论中的竞争主体是企业，而笔者在本书中阐述的四个阶段论的竞争主体是区域政府。由此出发，笔者划分了世界各国区域经济增长的四个阶段，即由产业经济竞争主导的增长阶段（以要素驱动为主）、由城市经济竞争主导的增长阶段（以投资驱动为主）、由创新经济竞争主导的增长阶段（以创新驱动为主）、由竞争与合作经济竞争主导的增长阶段（以共享驱动为主）。在此基础上，笔者对区域政府在不同竞争阶段采取的政策措施、呈现的财政支出特点及其效果做了分析。第二点需要说明的是，划分区域经济增长的四个阶段在理论上是可行的，但在现实中，这四个阶段是难以截然分开的，历史进程也证明了这一点。笔者之所以强调区域经济增长的阶段性，是想着重强调这一阶段区域经济增长的主导特征和路径，由此说明区域政府在这一阶段采取政策措施应有的放矢。但我们也应清晰地认识到，区域经济增长的四个阶段是相互渗透、层叠推进的。因此，笔者认为区域政府在某一阶段的政策措施应有所侧重，但决不否认区域政府为下一发展阶段做政策准备、进行培育和引导的重要性。

第七章

政府超前引领

政府超前引领，即让企业做企业该做的事，让政府做企业做不了和做不好的事。二者都不能空位、虚位。政府超前引领，就是政府遵循市场规则、依靠市场力量，发挥对产业经济的导向、调节、预警作用，对城市经济的调配、参与、维序作用；对民生经济的保障、托底、提升作用；也是政府运用规划、投资、消费、价格、税收、利率、汇率、法律等政策手段，开展理念、制度、组织、技术创新，有效推动供给侧或需求侧结构性改革，形成经济增长领先优势，促进经济科学、可持续发展。

一、区域政府竞争政策

在第五章《区域政府竞争》中，笔者详细地论述了区域政府竞争的类型、方式和涉及的资源。而区域政府竞争政策，就是在此基础上为建立本区域的经济领先优势、促进区域可持续发展而制定的系列指导原则和相应措施。区域政府竞争政策贯穿于区域政府工作的全过程，政策手段主要集中在调节区域财政支出结构，即社会消费性支出、投资性支出与转移性支出的比例、额度等，其效用主要体现在区域财政收入目标函数的实现状况，最终目标是区域民众安居乐业、社会稳定、经济可持续增长。

进一步的展开，区域政府竞争政策由以下要素构成。

一是竞争政策的主体。竞争政策主体的行为是否规范，对于竞争政策的效果具有关键影响。如果只重视政策目标与政策工具，而忽视了政策主体的行为偏好，那么在政策执行的过程中，政策主体往往会违背政策目标、滥用政策工具、造成不良后果。因此，在区域政府竞争研究中，我们应重视对竞争政策主体的行为规范的分析，这将有助于厘清并克服政策执行偏差现象，从而提高政策的执行水平。

二是竞争政策的内容。从广义上讲，即区域政府对可经营性资源（产业经济）的规划、引导、扶持、调节、监督、管理政策，对非经营性资源（民生经济）的基本托底、公平公正、有效提升政策，以及对准经营性资源（城市经济）的调配、参与、维序政策；从狭义上讲，专指区域对以城市基础设施建设为主体的城市经济的规划、参与和管理政策。需要指出的是，区域竞争政策与竞争相关的法律是不同的。竞争相关的法律主要指区域政府针对市场竞争主体（如企业）滥用市场支配地位或权力的行为建立的一套市场管制法则，如《反限制竞争法》《反不正当竞争法》等；而区域竞争政策是区域政府为保护和促进本区域市场竞争制定的一系列指导原则和相应措施，它不仅包括推动和促进区域有效竞争的相关措施，也包括限制不正当竞争的相关措施。从这个意义上说，竞争相关的法律是区域竞争政策的一个组成部分，后者的范围要比前者宽泛得多。二者相辅相成，既建立区域竞争优势，又维护区域竞争秩序，从而实现区域三类资源的有效配置、经济和社会利益的最大化。

三是竞争政策的目标。区域政府对产业经济发挥引导、调节、预警作用的目标是维护市场机制的公平与效率；对城市经济发挥调配、参与、维序作用的目标是促进经济增长、改善区域环境；对民生经济发挥保障、托底、提升作用的目标是维护社会稳定、促进和谐发展。这三类竞争政策的终极目标是使区域环境宜居、宜业、宜游，区域经济可持续增长，取得领先优势。可见，区域政府的政策措施对区域的经济发展、城市建设和社会民生都是十分重要的。

四是竞争政策的手段。首先是财政手段，除了常规的税收手段外，区域政府的财政政策、支出结构、公债发行、财政补贴等各种手段的配套运用，尤其是财政投资性支出、社会消费性支出和转移支付支出的比例和额度，将是区域政府竞争的主要财政手段。其次是金融手段，除了国家层面的利率、汇率等货币手段外，区域政府竞争可使用的金融手段多数是设立项目基金，进行担保与再担保，搭建金融、科技、产业融合平台，推动惠普金融等。再次是环境手段，其至少包括三个层次：第一是基础设施的建设与完善；第二是教科文卫和社会治安条件的改善与提升；第三是社会信用体系和制度的建设与健全。再次是效率手段，其主要体现在两方面：一是政策体系配套带来的功能效率；二是管理机制创新带来的时间效率。最后是法制手段，最核心的是产权保护制度相关的法律法规，如知识产权保护法等，当然还包括前述市场管制法律等。这五大手段密切联系，相互制约，都是区域政府竞争的重要政策手段。需要指出的是，许多区域政府更强调财政与金融手段的重要性，而忽略环境和效率手段，但在现实中，环境和效率直接影响到区域政府竞争的成败，因此不可忽视。

五是竞争政策的效应。竞争政策的效应取决于区域政府运用的竞争政策手段，不同的竞争政策手段的效应是不同的。在现实中，不同的政策手段彼此交叠，互相影响。在研究中，笔者进行了简化，即假设法律手段通过其他四种手段发挥作用，而其他四种政策手段产生的效应是相互独立的。这样我们可以得到竞争政策效应的公式为

$$Y = f(T) + f(E) + f(P) + f(L) \qquad (7-1)$$

其中，Y 表示竞争政策效应，$f(T)$ 表示财政手段带来的竞争政策效

应，$f(E)$ 表示金融手段带来的竞争政策效应，$f(P)$ 表示环境手段带来的竞争政策效应，$f(L)$ 表示效率手段带来的竞争政策效应。当某一手段对竞争效应的贡献达到一定程度后，其竞争政策效应将呈现减弱趋势，而其余手段的影响力度会相对加强。

进一步的分析，我们可以认为，财政手段主要集中于调整投资性支出，金融手段主要集中于调整消费性支出，环境和效率手段主要集中于调整转移性支出。同时，与财政收入目标函数中的研究方法类似，各政策手段对竞争政策效应的贡献在不同的发展阶段也会有明显的区别。由此，我们将公式(7-1)拓展如下：

$$Y = \varphi_1(Y_1, Y_0) \times T + \varphi_2(Y_2, Y_0) \times E + \varphi_3(Y_3, Y_0) \times P + \varphi_4(Y_4, Y_0) \times L$$

(7-2)

在特定的财政支出结构下，财政手段乘数、金融手段乘数、环境手段乘数和效率手段乘数分别为 $\varphi_1(Y_1, Y_0)$、$\varphi_2(Y_2, Y_0)$、$\varphi_3(Y_3, Y_0)$ 和 $\varphi_4(Y_4, Y_0)$。

以上乘数是可变的，可以有不同的形式。它们依赖于初始的经济水平及不同经济发展阶段的门槛值或目标值(Y_i)，而在不同发展阶段，财政支出结构有明显的差异，由此应当采取不同的政策手段。

举例来说，若经济发展处于要素驱动阶段，环境手段乘数及效率手段乘数更大，此时竞争政策效应更多依赖于环境手段和效率手段的作用。与之类似，当经济发展处于投资驱动阶段时，投资性支出对经济发展的贡献力度更大，即基础设施建设对经济发展水平影响更大，也就是说，财政手段乘数相对更大，此时的竞争政策效应更多受益于财政支出结构相关的政策。

总之，采取何种手段来建立区域竞争优势与该区域经济发展水平等因素息息相关，因而区域政府竞争不能仅仅简单地采取财政手段，而应根据实际情况，综合运用多种手段来实现其竞争目标。

六是竞争政策的"时滞"因素。在区域政府竞争政策系统与区域政府竞争经济环境的对接之中，存在着某种特定因素。认识并转化这种因素，从而通过竞争政策手段（工具）最终达成竞争政策目标（期望值），是区域政府的重要职责之一。区域政府竞争政策发挥作用的过程就是这一传导机制的复杂演变过程，这其中就存在着竞争政策的"时滞"问题。

所谓"时滞"有两种：一是内部时滞（Inside Lag），即启动政策的时间（Time to Initiate the Policy）；二是外部时滞（Outside Lag），即政策显效于经济的时间（Time for the Policy to Work on the Economy）。内部时滞又可分为认知时滞（Recognition Lag – See the Problem）、决策时滞（Decision Lag – Decide to Act）和行动时滞（Action Lag – Undertake the Action）；外部时滞则主要由环境因素影响产生。相机抉择竞争政策的时滞如图7-1所示。因此，在区域政府竞争政策从手段（工具）到目标的转换过程中，区域政府"自动"启动应对措施，针对不同的时滞问题采取相应对策，从而实现期望的政策目标，提高区域政府竞争力，就变得十分重要。

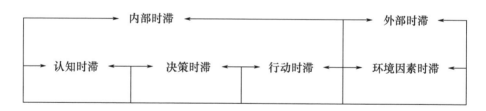

图7-1 相机抉择竞争政策的时滞

区域政府在产业发展、城市建设、社会民生等三大领域的竞争政策，世界各国都有不同探索。中国作为发展中国家，在改革开放的过程中也作出了积极尝试。下面就以笔者工作过的中国广东省的情况为例，并对比美国、英国、德国、韩国等的情况，具体分析区域政府在这三大领域的政策举措。

(1) 产业发展。

早在 2005 年,中国广东省佛山市顺德区的区域生产总值就达到 601 亿元人民币,第二产业占比为 61%,而其中家用电器和家用电子产品又占其工业总产值的 70%,并且家电行业主要由美的、科龙、格兰仕三家巨头垄断。面对这一状况,为避免因单一产业、个别企业经营不善而引发区域性经济危机的风险,顺德政府结合实际,科学地提出并实施了"三三三"产业发展战略:引导和扶持第一、第二、第三产业协调发展;在每一个产业中,引导和扶持三个以上的支柱行业;在每一个行业中,引导和扶持三个以上的龙头企业;完善产业链,形成产业集群,促进可持续发展。[①] 面对大量中小微企业成长过程中基础弱、资金短缺等问题,顺德政府创新思维,设立中小微企业信用担保基金,即区域政府安排定额财政专项资金,与专业担保机构和商业银行联手合作,为那些因缺乏足够抵押物而难以从银行获取贷款的成长型中小微企业提供担保和贷款。[②] 实践证明,顺德政府在经济领域的引导、调节和预警,促进了区域第一产业精细发展、第二产业优化发展、第三产业加快发展,促进了传统产业的改造提升、新兴产业的培植壮大和高新技术产业的迅猛成长,形成大中小企业梯度发展,产业集群优势互补的态势。至今顺德仍然在中国 2800 多个县域经济体中保持着领头羊的地位。

西方发达国家也在加大力度引导、促进和调节产业经济发展。美国国家制造创新网络(National Network for Manufacturing Innovation,NNMI)[③]就是美国实施其"再工业化"战略的重要举措之一。在国际金融

---

① 陈云贤,2011. 超前引领——对中国区域经济发展的实践与思考 [M]. 北京:北京大学出版社.
② 陈云贤,邱建伟,2013. 论政府超前引领——对世界区域经济发展的理论与探索 [M]. 北京:北京大学出版社.
③ NNMI,现称为美国制造业计划(Manufacturing USA)。

危机后，美国发布了《重振美国制造业框架》，通过了《美国制造业促进法案(2010)》；2011年6月启动了先进制造业伙伴计划(Advanced Manufacturing Partnership，AMP)；2012年3月启动了NNMI，由多个具有共同目标、相互关联但又各有侧重的制造业创新研究院(Innovation Manufacturing Institute，IMI)[①]负责——美国投入了10亿美元在全国各地率先建立15个IMI，2013年7月又进一步提出10年内使IMI达到45个，并在2015年财年预算案中推进实施。NNMI主要有以下特点：一是以国家战略目标为导向进行建设，根据区域和产业需求，相对独立地组织研发项目；二是以资源优化和再布局为核心，通过"自上而下"和"自下而上"的结合实现已有创新资源的整合；三是以公私合作为保障，联邦政府提供相对稳定的前期支持，大学、私营机构等跟进；四是以网络化治理为支撑，每个IMI链接区域、联邦和国际创新资源，NNMI通过建立领导理事会总体推动IMI之间的协调合作。由此，在政府与市场的接续中，在优化政府投资与协调多方利益关系的过程中，政府发挥了投资引导作用，实现了杠杆效应，引领了产业研发方向，促进了高端制造业布局，加速了创新和商业化进程。

除了美国，英国的知识转移伙伴计划(Knowledge Transfer Partnership，KTP)也值得关注。该计划于2003年出台，通过支持企业和学术机构之间的伙伴关系，以掌握一定知识和技术的人才为媒介，实现知识、技术、技能从研究机构向企业转移，从而帮助企业提升创新能力。KTP的资金既来源于政府和公共机构的公共资金，又来自于企业的配套资金，KTP设立资金申请标准和审批程序，确立实施和验收评价体系。KTP拓展了对企业提供的服务，带动了企业的创新投入，整合了人才、企业、机构等创

---

① IMI是一种产学研合作伙伴关系，由美国联邦或者地方政府支持成立。每个IMI组织都聚焦于特定的领域，重点是将公私资源结合在一起，营造更加有活力的国家创新生态系统，目标是更快地把发明转化成产品，同时加速中小企业的发展。

新资源，促进了产业结构的提升与发展。

（2）城市建设。

截至 2006 年，中国广东省佛山市借助改革开放之势，用 3 倍的建设用地增加率换取了 30 倍的经济增长，同时也直面严峻现实——土地供需矛盾凸显已成为未来城市发展的主要瓶颈。佛山政府在实践中不断摸索，于 2007 年出台《关于加快推进旧城镇旧厂房旧村居改造的决定》（简称《三旧改造》），2009 年出台《佛山市"三旧"改造专项规划（2009—2020）》，正式推出全市"三旧"用地 25.3 万亩，按照"政府出政策、所有者（使用者）出土地，开发商出资金"的市场化改造模式，头三年就成功引入社会资金 357 亿元人民币，启动"三旧"改造项目 730 个，项目占地约 3 万亩，新增建筑面积达 2399 万平方米。"政府推动、企业参与、市场运作"的城乡"三旧"改造，迅速改善了区域建设面貌，大大提升了土地使用效率，同时促进了土地利用结构和产业结构的调整与完善，被广东省和国家推广为"佛山经验"[①]。紧接着，2010 年，佛山政府提出"四化融合，智慧佛山"发展规划，以信息化带动工业化，以信息化提升城镇化，以信息化加快国际化，全面提升佛山的城市综合竞争力。通过大力发展智能交通、智能环保、智能土地监控、智能治安、智能城管、智能教育、智能医疗、智能文化、智能商务、智能政务等，佛山政府全面实现了城市安全、高效、便捷、绿色、和谐的目标，推动了区域的工业化转轨，加速了城市化进程，提升了国际化程度。

在城市治理的现代化过程中，政府扮演着重要角色，这也是西方发达国家绕不开的话题。如德国"工业毒都"鲁尔区的涅槃即是一例。鲁尔工业区在为德国经济作出巨大贡献的同时也带来了严重污染，就如何治理污

---

① 陈云贤：《超前引领——对中国区域经济发展的实践与思考》，第 128 - 131 页；《珠三角 辞三旧》，《人民日报》，2016 年 5 月 23 日。

染问题，北威州和德国政府制定纲要，从 1968 年到 1979 年，再到 1989 年，漫长的"三部曲"——产业结构调整，发展新兴产业，工业遗产的生态改造、生态修复、环境改善之后，鲁尔区最终实现了区域文化传承、产业转型升级、基础设施改造、城市提升发展的统一，这个老工业区成为宜居、宜商、宜发展的新型城市工业区。

（3）社会民生。

2016 年，中国广东省政府提出十大民生实事：巩固提升底线民生保障水平；加大对困难弱势群体帮扶力度；强化低收入住房困难群体住房保障；改善农村生产生活条件；改善基层医疗卫生服务；促进教育资源公平均衡配置；促进创业就业；加强污染治理和生态建设；强化公共安全保障；抓好防灾减灾。[①] 可谓件件具体，事事落实。而始于 20 世纪 70 年代的韩国"新村运动"是另一经典案例。面对当时农民比例约占 70%、农业一度处于崩溃边缘的现状，韩国政府提出开展复兴农业的"新村运动"，通过政策引导和物资支持，扶持农村建设项目上马，支持农协自办合作金融，全力推进新村建设，创造出闻名遐迩的"汉江奇迹"，实现了经济腾飞。韩国的经验对一国解决民生问题，尤其是城乡严重失衡问题具有典型意义。

二、竞争政策的溢出效应

区域政府竞争政策在理论上可以分为五种类型：第一种是在区域内和区域外市场上，都实施极端宽松、自由放任的竞争政策；第二种是在区域内和区域外市场上，都实施极其严格的竞争政策——大多数区域竞争政策介于以上两者之间，区域政府经常使用所谓"推理规则"（the Rule of Reason），即考虑其他区域反竞争行为的利得和效率，比较后作出选择；

[①] 《广东省政府工作报告》，2016 年 1 月 25 日。

第三种是在区域内市场上使用"推理规则",在区域外市场上实行宽松的竞争政策;第四种是在区域内和区域外市场上均按"推理规则"制定竞争政策;第五种是分别在区域内和区域外市场上实行严格的或宽松的竞争政策。

从经济学的角度来看,区域政府竞争政策无论属于哪一种类型,都会对区域内和区域外市场产生两种影响——类似内部经济、内部不经济和外部经济、外部不经济。

经济的外部影响或外部经济,即经济的外部性,又称溢出效应,原指在产业经济中,作为微观单位的企业或消费者的行为决策对其他企业或其他消费者产生有利或不利的影响。它又分为正外部性(Positive Externality),即某个微观经济单位的行为活动使他人或社会受益,而受益者无须花费代价和负外部性(Negative Externality),即某个微观经济单位的行为活动使他人或社会受损,而造成负外部性的个体企业或人却没有为此承担成本,是一种经济力量对另一种经济力量的"非市场性"的影响。

在此,我们有必要回顾马歇尔、庇古和科斯等经济学家的相关研究。1890年,英国"剑桥学派"的创始人、新古典经济学派的代表马歇尔出版《经济学原理》,提出了"外部经济"的概念。在马歇尔看来,一个企业除了经济学界公认的土地、劳动和资本三种生产要素外,还要拥有一种要素,即"工业组织"。工业组织的内容相当丰富,包括分工、有关产业的相对集中、大规模生产以及企业协作管理等。马歇尔用"内部经济"和"外部经济"这一对概念来说明第四类生产要素的变化是如何导致产量的增加。

从马歇尔的论述中可见,内部经济是指企业内部的各种因素带来的生产费用的节约——这些影响因素包括劳动者的工作热情、工作技能的提高、内部分工协作的完善、先进设备的采用、管理水平的提高和管理费用的减少等；外部经济是指企业外部的各种因素带来的生产费用的减少——这些影响因素包括企业离原材料供应地和产品销售市场的远近、市场容量的大小、运输通信的便利程度以及其他相关企业的发展水平等。也就是说，马歇尔把企业内部分工带来的效率提高称作内部经济，把企业间分工带来的效率提高称作外部经济。

第二位值得一提的是庇古，他于1912年出版了《财富与福利》一书，并在1920年易名为《福利经济学》再版。庇古首次用现代经济学的方法，即福利经济学的角度，在马歇尔提出的"外部经济"概念基础上扩充了"外部不经济"的概念，将外部性问题的研究从外部因素对企业的影响转向企业或个人对其他企业或个人的影响。这种转变正好与外部性的两种类型，即正外部效应与负外部效应相对应。

庇古通过分析边际私人净产值与边际社会净产值的背离来阐释外部性。他指出，边际私人净产值是指个别企业在生产中追加一个单位生产要素所获得的产值，边际社会净产值是指从全社会来看在生产中追加一个单位生产要素所增加的产值。边际私人净产值与边际社会净产值之间存在下列关系：如果在边际私人净产值之外，其他人还得到利益，那么，边际社会净产值就大于边际私人净产值；反之，如果其他人受到损失，那么，边际社会净产值就小于边际私人净产值。庇古把生产者的某种生产活动带给社会的有利影响叫作"边际社会收益"，把生产者的某种生产活动带给社会的不利影响叫作"边际社会成本"。由此，庇古把外部性概括为边际私人成本与边际社会成本、边际私人收益与边际社会收益的不一致。当存在负外部效应时，就会产生外部成本，比如某一厂商的环境污染导致另一厂商为了维持原有产量，必须增加诸如安装治污设施等所需的成本支出。边际私人成本与边际外部成本之和就是边际社会成本。当存在正外部效应时，就会产生外部收益，比如企业决策所产生的收益并不是由本企业完全占有的，也为社会所分享。边际私人收益与边际外部收益之和就是边际社会收益。在现实中，既然边际私人收益与边际社会收益、边际私人成本与边际社会成本存在背离，政府就应采取经济政策消除这种背离：对边际私人成本小于边际社会成本的部门征税，即存在外部不经济效应时，政府应向企业征税；对边际私人收益小于边际社会收益的部门进行奖励、发放津贴，即存在外部经济效应时，政府应给企业以补贴。庇古认为，通过这种征税和补贴，就可以实现外部效应的内部化。这种政策建议后来被称为"庇古税"。

1991年的诺贝尔经济学奖获得者、新制度经济学的奠基人科斯则对庇古税进行了批判，其观点集中在三个方面。第一，外部效应往往不是一方侵害另一方的单向问题，其具有相互性。以化工厂与居民区之间的环境纠纷为例，在没有明确化工厂是否有污染排放权的情况下，只要化工厂排放废水就对它征收污染税是不妥的。因为也许建化工厂在前，建居民区在后。这种情况下，化工厂就可能拥有污染排放权。要限制化工厂排放废水，也许不应由政府向化工厂征税，而是由居民区向化工厂"赎买"。第二，在交易费用为零的情况下，庇古税根本没有必要。因为这时通过双方的自愿协商，就可以产生资源配置的最佳结果。既然在产权明确界定的情况下，自愿协商同样可以达到最优水平，即实现和庇古税一样的效果，那么政府又何必多管闲事呢？第三，在交易费用不为零的情况下，解决外部效应的内部化问题，要通过各种政策手段的成本—收益的权衡比较才能确定。也就是说，庇古税可能是有效的制度安排，也可能是低效的制度安排。上述批判构成了科斯定理：如果交易费用为零，无论权利如何界定，都可以通过市场交易和自愿协商达到资源的最优配置；如果交易费用不为零，制度安排与选择是重要的。这就是说，解决外部性问题，既可以根据成本—收益的总体比较来进行制度安排，也可以用市场交易即自愿协商的方式来替代庇古税。

在马歇尔、庇古和科斯研究的基础上，许多经济学家对外部性理论的发展做出了重要贡献。根据外部性表现的不同形式，目前形成了七种不同角度的外部性分类。第一，从影响效果来说，外部性可以分为外部经济（或称正外部经济效应、正外部性）和外部不经济（或称负外部经济效应、负外部性）。第二，从产生领域来说，可以把外部性分成生产的外部经济性、消费的外部经济性、生产的外部不经济性和消费的外部不经济性四种类型。第三，从产生的时空来说，外部性可以分为代内外部性和代际外部性。通常的外部性是一种空间概念，主要是从即期考虑资源是否合理配置，即主要是指代内外部性的问题。而代际外部性的问题主要是解决人类代际之间行为的相互影响，尤其是要消除前代对后代、当代对后代的不利影响。可以把这种外部性称为"当前向未来延伸的外部性"。代际外部性同样可以分为代际外部经济和代际外部不经济，这种分类源于可持续发展理念。第四，从产生的前提条件来说，外部性可以分为竞争条件下的外部性与垄断条件下的外部性。第五，从稳定性来说，外部性可以分为稳定的外部性与不稳定的外部性。其中，稳定的外部性是指可以掌握的外部性，人们可以通过各种协调方式，使这种外部性内部化。不稳定的外部性是指它的不确定性及其副作用的暴露需要一个潜伏期，而人们很有可能被这种潜伏期所蒙骗。第六，从方向来说，外部性可以分为单向的外部性（指一方给另一方带来的外部经济或外部不经济）与交互的外部性（指所有当事人都有权利接近某一资源并可以给彼此施加成本）。第七，从根源来说，外部性可以分为制度外部性（实质就是社会责任与权利的不对称）和科技外部性（比如网络自身的系统性、网络内部信息流及物流的交互性，以及网络基础设施长期垄断所导致的网络经济的外部性等）。

可以看出，一方面，在诸多经济学家的努力下，外部性理论研究已成为现代经济学研究的一个新热点；另一方面，也存在对外部性概念的质疑，一些人认为外部性概念模糊不清、同义反复等。在此，笔者不想去评论外部性理论的对错，也不想在本章使用它的原意，即用其分析产业经济中某一微观单位如企业或个人的行为活动对其他微观单位的影响。笔者思考的是：能否将外部性即溢出效应的内涵和方法应用到区域政府竞争领域？区域政府的竞争政策是否会产生溢出效应？有哪几类溢出效应？解决这些溢出效应的基本思路或办法是什么等问题。

区域政府竞争政策的主体、内容、目标、手段（工具）、效应及政策时滞，构成一个完整的体系，相互联动，互为补充。其中，能够产生经济外部性或政策溢出效应的，主要是在区域政府竞争的政策工具环节，根据竞争政策的工具类型，政策溢出效应可分为财政手段的溢出效应、金融手段的溢出效应、环境手段的溢出效应、效率手段的溢出效应和法制手段的溢出效应。

财政手段包括制定财政预算、调整支出结构、发行公债、进行财政补贴及调节税收等。在货币供应量不变的条件下，如果政府增加对城市基础设施的投入，就会增加对货币的需求量，从而引起利率水平的上升，这直接带来两方面的溢出效应：一方面是会加大区域内私人部门的融资成本，导致区域内私人投资的萎缩，此时区域内的私人投资者将权衡融资成本与未来可能的投资收益来作出选择；另一方面是会吸引和加快区域外私人投资的涌入，此时区域外的私人资本面对该区域的高利率水平和投资带来收益的双重诱惑，将会大量、快速地涌入这一区域，参与城市基础设施建设等项目。金融手段除国家层面的利率、汇率等货币工具之外，区域政府大多会设立项目基金、进行担保与再担保、搭建平台、推动普惠金融等。金融手段会产生两方面的溢出效应：一方面，它可以促使区域内潜在的生产要素变为现实的生产要素，促使产业发展和产业结构合理化、提升经济总量；另一方面，它将影响区域的消费需求和投资需求，这既包括间接影响区域内个人的消费支出，也包括直接刺激区域内的私人投资需求，吸引区域外更多私人投资的涌入。从一定的角度看，区域政府运用金融手段和财政手段产生的外部性有雷同之处。环境手段包括完善区域内的城市基础设施软硬件系统、健全社会信用体系等。效率手段体现在区域内政策体系完善与管理机制创新带来的功能效率和时间效率提升上。法制手段既包括区域产权的保护，又包括维护区域市场的公平公正。它们共同的溢出效应主要包括吸引区域外人、财、物和信息流的大量涌入，以及形成区域内"四流合一"的运行机制，从而促进区域投资环境优化，推动区域经济可持续增长。在区域间经济从非均衡到均衡的发展过程中，区域政府如能及时有效地运用竞争政策工具，就将先人一步，实现区域经济总量的增长和经济质量的提高。

概括地讲，区域政府竞争政策的溢出效应又可以概括为三类。

第一，区域供给侧与需求侧效应的外部性。区域政府的不同政策工具首先产生供给侧效应，它表现为区域经济的总供给量增加、供给结构改善，然后又带动了需求侧效应的产生。一般来说，区域政府会首先投资于城市基础设施，再进入高新技术投资、风险投资和城乡一体化投资等领域，这些投资既增加了有效供给，改善了供给结构，又通过投资乘数的作用，产生扩张效应，增加了总需求，从而带动了需求侧效应——首先是带动商品供给需求，其次是带动产业发展需求，两者叠加又产生了对人、财、物和信息流的需求，这些共同推动经济增长。区域供给侧与需求侧效应的外部性，集中体现在该区域对区域外人、财、物和信息流的吸引、集聚，以及"四流合一"运作机制的形成与运用上。

第二，区域经济存量与增量效应的外部性。在第四章笔者已论述过，区域政府的竞争首先发生在城市准经营性资源的转换过程。为了发挥市场配置资源的决定性作用，同时更好地使政府财政资金起到"四两拨千斤"的作用，区域政府不但会对区域原有的存量资产进行产权改造，使它符合市场经济竞争机制的要求，还会在一开始就为区域新增资产搭建股份制、公私合营等产权结构载体，并充分运用 BOT、TOT、PPP、PPC 等灵活多样的融资、合作方式，以及通过发行债券、助力企业上市、鼓励兼并收购等手段，促进项目公司做强做大，最终推动区域经济增长。可以说，区域经济存量与增量效应的外部性主要依赖于该区域先于其他区域的理念、技术、组织和制度创新机制。

第三，区域从非均衡到均衡效应的外部性。区域政府的竞争行为对区域经济的影响，如政府补贴与产业发展、财政支出与城市建设、社会保障与民生权益等的关系，都处于区域经济从非均衡到均衡的发展过程中。区域从非均衡到均衡效应的外部性，直接表现在两方面：一方面区域内民众日益增长的对美好生活的需求与不平衡，不充分的发展之间的矛盾正在逐步得到缓解，区域内宜居、宜业、宜游的环境优势正在逐渐确立；二方面区域间的经济增长已经形成符合二八定律的格局。

区域间经济发展的"二八"现象，是一个值得深化研究的区域政府竞争的外部性课题。二八定律是意大利经济学家帕累托发现的。他认为，在任何一组东西中，最重要的只占其中一小部分，约 20%，其余 80% 尽管是多数，却是次要的，因此该理论又称二八定律。到现在为止，它已经被广泛地应用于社会学、企业管理学等学科与实践之中。

在管理学中，二八定律通常指一个企业 80% 的利润来自 20% 的项目。推而广之，很多经济学家认为，20% 的人手里掌握着 80% 的财富，如图 7-2 所示，剩下 80% 的人拥有 20% 的财富。也可以认为，20% 的企业掌握着 80% 的资源，剩下 80% 的企业拥有 20% 的资源。

区域政府竞争的外部性使区域间经济发展呈现出符合二八定律的格

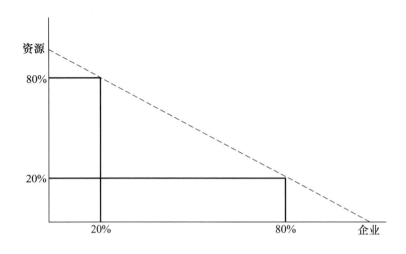

图 7-2　二八定律图

局，因此我们应该重视研究 20% 与 80% 的关系及互动过程，从而推动区域间经济协调、可持续发展。

三、创新是区域政府竞争的关键

区域政府竞争的实质目标，一是经济增长，二是区域富强，三是民众幸福——从经济学角度看，就是要实现区域产业发展、城市建设和社会民生的实质进步。如果用一个坐标系来表示，纵坐标是年份，横坐标是区域现代化进程（包括产业发展、城市建设、社会民生等），那么，根据产业发展、城市建设和社会民生的进步过程，各区域既可以在这一坐标系中找到自己的现实位置，又可以了解自身的现代化进程属于第六章所阐述的区域经济增长的哪个阶段，如图 7-3 所示。

在这个坐标系中，区域政府的超前引领将使本区域在区域政府竞争和区域经济发展竞争中脱颖而出，成为二八定律中的关键少数。而区域政府的理念、技术、组织和制度创新又是区域政府超前引领的核心和区域政府

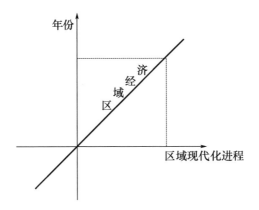

图 7-3　区域现代化进程与区域经济发展

竞争的关键。

区域政府理念创新，要求区域政府在行使公权力、管理区域的过程中，对产业发展、城市建设和社会民生进步过程中不断出现的新情况、新问题进行有前瞻性的理论分析和思考，对区域的经济社会现象作出有预见性的判断，对历史经验和现实探索进行新的理论升华和总结，从而指导区域经济制度、组织形式和技术手段的创新与发展。如在不同的经济增长阶段，区域政府需要不断革新有为政府理念、政务公开理念、管理效能理念等，才能发挥区域政府的超前引领作用，推动区域政府的管理体制、管理行为、管理方法和管理技术创新，从而为区域发展提供正确的引导和巨大的动力。

区域政府技术创新，要求区域政府在集中区域资源的过程中发挥积极作用。区域政府应直接或间接参与重大科技专项研究项目，助力区域技术创新能力建设，推动技术进步，增进区域的技术发明。其具体举措主要包括两个方面：一是为区域企业提高技术创新能力创造一个有利的外部环境，如加强专利体系和产品标准化体系建设等；二是直接采取政策措施激励区域技术创新，如设立科技基金，对关键科技领域进行研发资助，搭建产学研一体化平台，设立科技孵化器、科技园区和科技走廊等，推动区域科技发展。

区域政府组织创新，要求区域政府在组织结构、组织方式和组织管理等方面进行创新，从而提升区域产业发展、城市建设、社会民生的组织保障机制，促进区域经济发展和社会进步。其中，管理创新是组织创新的重要内容，它不仅要求区域政府在具体的行动之前把握好方向、对行动的可行性及结果作出预测，而且要求区域政府从宏观上对区域经济发展的战略目标、实现路径、资源的调配方式以及保障和监督措施等进行科学规划与调节。

区域政府制度创新，要求区域政府通过创设新的、更有激励作用的制度和规范体系，改善资源配置效率，实现区域经济和社会的持续发展。它的核心内容是区域政府根据区域产业发展、城市建设和社会民生的进步进程，配合区域的理念、技术和组织创新，推动区域社会、经济和管理制度等的革新。制度创新的实质是支配人们的经济社会行为和互动的规则的变更，是经济组织与外部环境相互关系的变更，其目标是更好地激发人们的积极性和创造性，促进区域资源的优化配置和社会财富的不断增长，最终推动区域经济和社会的进步。制度创新同时又能够推动区域创新型政府的建设，从而促进区域政府发挥超前引领作用。

在实践中，区域政府超前引领和区域政府竞争的焦点在于区域政府竞争政策工具的形成、应用与完善。区域政府的理念、技术、组织和制度创新需要载体，这载体主要就是各区域政府在竞争中使用的政策工具，即财政、金融、环境、效率和法制手段，这些政策工具的创新就是区域政府理念、技术、组织和制度创新的具体化和实质化。竞争政策工具创新力度的大小和推动速度的快慢，将直接影响区域经济现代化的进程。

为了深入理解创新在区域政府竞争中的关键作用，我们以欧盟和中国在温室气体减排领域作出的创新为例，具体探讨这一问题。首先是欧盟的探索。在2001年美国宣布退出《京都议定书》后，欧盟面对严峻现实采取了有力措施，通过创新政策工具，把碳排放负担转化为碳排放权交易。这一新型金融工具使逆生性资源得到有效处置，同时也使欧盟一举成为国际气候行动的领导者。碳排放权交易也很快成为欧盟应对气候变化不可或缺的重要政策工具和各成员国履行减排承诺的最主要手段。

欧盟主要通过以下措施打造其在全球碳市场体系中的核心竞争力：一是在欧盟内部建立统一的碳交易市场，以增强欧盟内部减排配额的流动性；二是通过清洁能源发展机制（CDM）打通与发展中国家碳交易的兼容系统，以降低自身的减排成本。2005年1月，欧洲碳排放交易体系（EU-ETS）正式运行，成为目前世界上最大的碳交易市场。2005—2012年，欧盟碳市场年交易额从100亿美元直线上升到1500亿美元，年均增长率达47%，2012年欧盟碳交易金额占全球配额交易市场的99.3%，掌握着国际碳市场的主要定价权。EUETS分为四个实施阶段，现已进入第三阶段（2013—2020）。欧盟的碳排放总量要求（必须保证）每年以不低于1.74%的速度下降，以确保2020年温室气体排放比1990年至少低20%；在此阶段中，50%以上配额采取拍卖方式分配，到2027年将实现全部配额的有偿拍卖分配。

目前，欧洲气候交易所上市交易的现货品种有欧盟碳排放配额（EUA）和核证减排量（CER）；衍生品种主要有核证减排量期货合约、欧盟碳排放配额期货合约、核证减排量期权合约和欧盟碳排放配额期权合约。

从创新政策工具到实现实质性发展、从现货交易到期货交易，欧盟的碳排放交易市场已经走在世界前列，形成了强有力的区域竞争力。与此同时，欧盟的碳排放交易市场也促进了欧洲碳金融产业的发展。随着碳排放权的商品属性的加强和市场的不断成熟，很多投资银行、对冲基金以及证券公司等金融机构甚至私人投资者竞相加入这一市场，碳排放管理已经成为欧洲金融服务行业中成长最为迅速的业务之一。这些金融机构和私人投资者的加入使得碳市场的容量不断扩大，流动性进一步加强，市场也愈加透明，这又吸引了更多的企业参与其中。可以说，欧盟的区域政策工具创新有力地提高了欧洲金融产业乃至欧洲经济的竞争力。

其次是作为全球最大温室气体排放国之一的中国的尝试。中国被许多国家看作最具潜力的减排市场。2011年，国家发展改革委确定北京、天津、上海、广东、深圳、湖北、重庆开展碳排放权交易试点。2012年，七试点省市研究编制试点方案，开展各项基础准备工作；2013年6月18日，深圳市碳排放权交易启动；2013年11月26日，上海市碳排放权交易启动；2013年11月28日，北京市碳排放权交易启动；2013年12月20日，广东省碳排放权交易启动；2013年12月26日，天津市碳排放权交易启动；湖北省、重庆市随后启动。2015年9月8日，由中国碳论坛（CCF）和国际咨询公司（ICF）联合开展的《2015中国碳价调查》发布。调查认为，中国碳排放峰值将出现在2030年，同时，随着时间的推移，未来碳价将逐步告别低位。

面对这一实际状况，中国正在加快建立全国碳排放权交易市场。它分为三个阶段：第一阶段是2014年至2016年的前期准备阶段，这是中国碳市场建设的关键时期。第二阶段是2016年至2019年的正式启动阶段，中国将全面启动涉及碳市场要素的所有工作，检验碳市场这个"机器"的运转情况。2017年末，全国性的碳交易体系框架已经搭建好。第三阶段是2019年以后，中国将启动碳市场的"高速运转模式"，使碳市场在温室气体减排领域发挥最核心的作用。

中国碳市场体系建设的目标是，通过国际自愿和国内强制减排的结合，将碳交易强制纳入全国统一的交易市场，建立健全包含现货和期货在内的碳市场体系，构建国家级交易平台和世界级交易平台，加强与国际碳市场的交流合作，最终在国际碳市场尤其是亚洲碳市场获得定价权或能源话语权。可能的创新性政策工具有三个：一是以标准化建设为抓手，完善碳排放标准及基础交易机制——既以碳排放强度为基础规范总量控制目标、规范初始排放权配额分配机制、规范排放许可机制，又以标准化为目标，规范排放和交易登记机制、规范监控与核证机制；二是合理设计碳期货交易标准及交易机制，包括建立完善的交易、结算机制和有效的风险管理机制等；三是加强法制建设，包括建立健全全国碳资产财产权保护法，制定与健全碳现货与期货市场的国家乃至国际监管准则等。未来十年将是中国减碳的关键期，不断创新和优化政策工具，将使中国在区域经济发展中取得主动地位。

四、超前引领与凯恩斯主义的本质区别

世界各国政府对经济的超前引领，在现实中至少需要具备三个条件。第一，与时俱进。这主要指区域政府创新急需"跑赢"新科技。日新月异的科技发展衍生出新资源、新工具、新产业、新业态，将对原有的政府管理系统产生冲击。新科技带来生产生活的新需求和高效率，同时也带来区域政府治理应接不暇的新问题（如大数据的应用），使政府决策难以再拍脑袋行事。因此，政府要在产业发展、城市建设、社会民生三大职能中，或者说在非经营性资源、可经营性资源、准经营性资源的调配中有所作为，其理念、政策、措施均应与时俱进。第二，全方位竞争，即区域政府超前引领需要运用理念、制度、组织和技术创新等方式，在社会民生事业（优化公共物品配置，有效提升经济发展环境）、产业发展（引领、扶持、调节、监管市场主体，有效提升生产效率）和城市建设发展（遵循市场规则，参与项目建设）中，全方位、系统性地参与全要素、

全过程竞争。这种竞争以企业竞争为基础，但不仅仅局限于传统概念上的商品生产竞争，而是涵盖了实现区域经济与社会全面可持续发展的目标规划、方法路径、政策措施和最终成果的全过程。第三，政务公开，包括区域政府决策、执行、管理、服务、结果和重点事项（领域）信息公开等。政务公开透明能够保障社会各方的知情权、参与权、表达权和监督权，在区域产业发展、城市建设、社会民生等重要领域提升资源的调配效果。透明、法制、创新、服务和廉洁型的区域政府，将有利于激发市场活力和社会创造力，促进区域经济增长、繁荣富强和民众幸福。

政府超前引领的内容包括：第一，政府超前引领的前提是依靠市场规则和市场机制；第二，政府超前引领的原则是市场决定资源配置，政府对产业经济发挥导向、调节、预警作用，对城市经济发挥调配、参与、维序作用，对民生经济发挥保障、托底、提升作用；第三，政府超前引领的手段是运用规划、投资、消费、价格、税收、利率、汇率、法律等政策，开展理念、制度、组织、技术创新；第四，政府超前引领的目的是推动供给侧或需求侧结构性改革，形成经济增长的领先优势和科学、可持续的发展路径。

其中，政府超前引领的关键在于创新。在区域的投资、建设、管理中，区域政府只有做到理念、技术、组织和制度的超前引领，才能充分发挥自身准宏观与准微观的双重作用，真正促进区域经济发展与社会进步。如前所述，理念上的超前引领构成区域政府在要素驱动阶段的实质竞争力，组织上的超前引领是投资驱动阶段竞争的关键，技术与制度上的超前引领是创新驱动阶段竞争的制胜点，全面的超前引领是财富驱动阶段竞争的必然选择。

政府超前引领理论与凯恩斯主义的本质区别如下。第一，行为节点不同。政府超前引领主要体现为事前行为，与凯恩斯主义的事中、事后政府干预不同，产生的政策效果也不一样。第二，调节侧重点、政策手段不同。凯恩斯主义的侧重点在于需求侧，超前引领的侧重点在于政府对产业资源、城市资源、民生资源的引导、调节和监督；与凯恩斯主义主要运用财政政策手段干预经济不同，政府超前引领的政策手段则是全方位、全过程的，且在不断创新发展。第三，也是更重要的是，政府的作用不同。政府超前引领理论提出，政府具有双重属性，区域政府是市场竞争主体之一，成熟的市场经济是政府超前引领与市场经济发展相融合的经济，政府在市场经济中的竞争作用不可忽视；而凯恩斯主义在理论上是把政府置于市场之外，这种不彻底的市场理论和政府经济行为导致了凯恩斯主义理论及其实践的局限性。第四，运行模式不同。古典经济学和新古典经济学最主要的特征是市场（看不见的手）、侧重供给（商品、价格、供给调节），凯恩斯主义经济学最主要的特征是政府干预、侧重需求（投资、消费、出口三驾马车拉动）。而政府超前引领理论与古典、新古典经济学和凯恩斯主义经济学既有联系又有区别，其运行模式是，政府引领（干预）与侧重供给相结合，既秉持市场决定资源配置的经济原则，又要求政府在其中发挥引导、调节、监督作用，政府超前引领作用于经济活动的全方位、全过程之中。

针对第四点，我们有必要着重分析一下两者在运行模式上的核心区别。凯恩斯主义最典型的经济运行模式是"政府干预＋需求侧调节"，而需求侧调节的主要工具是财政政策。正如第三章所阐述的，凯恩斯认为：20世纪30年代经济危机的根源在于有效需求不足（包括消费需求不足和投资需求不足），因此政府必须伸出"看得见的手"，加强对经济的干预和调节；具体手段是采取财政政策，特别是赤字政策，以增加公共开支，同时应通过金融政策，降低利率，刺激消费，增加投资，来提高有效需求，实现充分就业的均衡状态。美国总统罗斯福于1933年上任后，赞同凯恩斯的主张，并反对政府不干预经济的自由主义主张，实施新政：一方面通过扩大政府支出，提高消费倾向，来扩大消费需求；另一方面通过降低利率，提高资本边际效率，增加货币数量，来扩大投资需求。这就是典型的凯恩斯主义经济运行模式：政府干预＋需求侧调节。如果说罗斯福新政的反危机、反萧条政策取得了成功，笔者得说，它只是侧重需求侧总量调节的短期政策的成功。

相比凯恩斯主义，政府超前引领运行模式的典型特征是"政府引领（干预）＋供给侧推动"，即在市场决定资源配置的基础上，政府发挥引导、调节、监督作用，全方位、全过程地引领区域经济科学、可持续发展。具体内容包括如下。

第一，开拓资源生成领域。政府超前引领理论派生出了资源生成理论，而生成性资源又可被细分为三类——原生性资源、次生性资源和逆生性资源。原生性资源是天然存在，但由于历史和科技水平的限制，人类社会还未开发或正在探索的资源，如太空资源、深海资源、极地资源等；次生性资源是天然不存在，但随着历史和科技水平的发展，由人类社会的投资建设形成的资源，如城市软硬件基础设施乃至智能城市等；逆生性资源是在前两类资源的开发、建设过程中形成的资源，如前面谈过的碳排放权交易资源等。因为各类生成性资源具有动态性、经济性、生产性和高风险性四大特征，所以一方面它们的开发、利用必须以一定的条件为前提，另一方面它们又从供给侧成为推动区域或全人类社会发展、经济增长的新引擎——这是私人企业做不了或做不好的，必须由政府伸出有形之手来推动的事情。

第二，重视竞争政策的效应。区域政府除了参与开拓资源生成领域外，还应结合供给侧需求，不断创新、完善其政策工具，如财政、金融、环境、效率和法制手段等，以提高区域政府的财政支出供给效应、金融扶持供给效应、环境配套供给效应和规章制度的供给效应，从而有效推动以供给侧为主的结构性改革，形成区域经济增长的领先优势，促进区域可持续发展。

第三，全方位、全过程引领。政府超前引领不仅发生于区域经济发展的要素驱动阶段，而且作用于投资驱动、创新驱动和财富驱动阶段。此时的区域政府是具有准宏观和准微观双重属性的政府，是参与市场竞争与企业共同组成市场竞争双重主体的政府，是在成熟市场经济中与有效市场相融合的有为政府。以超前引领为主导的有为政府，通过"政府引领（干预）＋供给侧推动"的经济运行模式，将在区域经济竞争中赢得领先优势，促进区域的经济转轨和社会转型。

需要说明的是，政府超前引领运行模式中的"供给侧推动"，与西方经济学中的供给学派不是一回事。西方经济学中的供给学派建立了"供给经济学"，坚持信奉19世纪初开始风靡的"供给创造自己的需求"的萨伊定律，认为从整体经济来看，购买力永远等于生产力，供给是实际需求得以维持的唯一源泉。供给学派反对国家干预，信奉自由放任的新保守主义，认为凯恩斯主义充其量只适用于20世纪30年代大萧条时期的特殊情况。供给学派的重要特点是重视政府政策的经济效应分析，比如减税的政策效应、消减社会福利支出的政策效应、稳定币值的政策效应以及精简规章制度的政策效应等。美国总统里根就是以供给学派学说作为竞选纲领得以连任总统的。但历史经验表明，无论凯恩斯主义还是供给学派，都难以在根本上解决西方固有的周期性经济萧条和危机。

当然，供给经济学与政府超前引领运行模式中的供给侧推动存在一定的共同点，这主要表现在两方面：一是两者都将供给侧作为理论的主要出发点；二是两者都重视政策的经济效应分析。但两者的区别是更为本质和主要的。其一是理论基础不同。供给学派信奉萨伊定律，片面强调供给管理，宣称与需求管理彻底决裂，而政府超前引领中的供给侧推动，则是在资源生成理论基础上研究区域资源的优化配置问题，它使区域经济活动的两方面——供给与需求，相互依存，协调运行，从而推动了产业经济、城市经济和民生经济的科学、可持续发展。其二是政府作用不同。供给学派忽视甚至否认政府干预的作用，信奉自由放任的新保守主义；而政府超前引领中的供给侧推动的前提，就是在市场配置资源的基础上，充分发挥政府干预和超前引领的作用。其三是政策目标不同。供给学派的政策目标是治理滞胀；政府超前引领中的供给侧推动的政策目标是在产业经济、城市经济和民生经济不断发展的基础上，使区域环境宜居、宜业、宜游，区域经济赢得领先地位，实现可持续增长。其四是政策手段不同。供给学派迷信减税政策，手段单一，不重视政策的全面配套；政府超前引领中的供给侧推动既注重财政、金融手段，又重视环境、效率和法制手段的配套运用，从而推动区域经济发展、城市建设和民生改善的全方位、全过程的进步。可以说，"政府引领（干预）＋供给侧推动"的区域经济运行模式是一场区域生产方式的变革。它从供给侧入手，利用生成性资源，扩大有效供给，并运用政策手段，提高区域供给结构的合理性，使供给体系更好地适应需求结构的变化，提升全要素生产率。可以说，这一模式是世界各国市场经济发展的方向，有助于政府与市场关系逐步走向成熟。

五、政府超前引领理论的颠覆性创新

政府超前引领理论是经济学理论体系的重大创新。除了以企业为代表的微观经济和以国家为代表的宏观经济，政府超前引领理论提出还存在以区域为代表的中观经济。这不仅解答了世界众多国家尤其是中国的经济奇迹的成因，而且丰富和完善了现有经济学体系。如果说市场经济理论奠定了微观经济学的基础，凯恩斯主义把经济学划分为微观经济学和宏观经济学，那么政府超前引领理论则将经济学划分为宏观经济学、中观经济学和微观经济学。政府超前引领理论不仅可以填补经济学理论体系的空白，指导世界各国经济体制改革的方向，而且通过将区域经济、区域政府纳入经济理论体系中，可以创造出多层次的市场体系，从而增强世界各国经济的稳定性。下面我们从以下三个方面具体阐释政府超前引领理论的意义。

首先，政府超前引领理论扩大了市场的作用范围。如前所述，政府超前引领派生出资源生成理论，而生成性资源又可被细分为三类——原生性资源、次生性资源和逆生性资源。以次生性资源领域的城市基础设施投资、开发、建设为例，伴随着时代发展，其外延也在不断扩大——不仅包括公路、铁路、机场、通信、水电煤气等硬件公共设施，而且包括教育、科技、医疗卫生、体育、文化等软件公共设施，伴随着城市现代化和城乡一体化的发展，还发展到智能城市和城乡基础设施的开发、建设等。与之类似，原生性资源的外延也在不断拓展：仅从太阳系范围来说，在月球、火星和小行星等天体上，有丰富的矿产资源；在类木行星和彗星上，有丰富的氢能资源；在行星空间和行星际空间，有真空资源、辐射资源、大温差资源；利用航天器飞行，还可派生出轨道资源和微重力资源等。逆生性资源也是如此，前面我们已详细分析过的碳排放权交易资源即是一例。区域政府在遵循市场规律的基础上开发、利用和管理这三类资源，从而把市场经济的作用范围从产业经济领域扩展到了资源生成领域。

其次，政府超前引领理论构建了全新的多层次的市场体系。如前所述，在市场横向体系中，不仅有产业经济中的市场主体——企业，而且有城市经济中的市场主体——区域政府和企业，还有国际经济（包括太空经济和海洋经济）中提供准经营性资源、开发新资源市场的主体——国家政府和企业。这说明，市场不仅仅存在于产业经济中，而且存在于其他经济形态中；多层次的市场竞争体系共同构成现代市场经济，其中，产业经济是市场经济的基础领域，城市经济和国际经济是市场经济的生成性领域，它们既相互独立，又相互联系，属于现代市场经济中不同层面的竞争体系。除了上述横向体系，还存在现代市场纵向体系，包括市场要素体系、市场组织体系、市场法制体系、市场监管体系、市场环境体系、市场基础设施六个方面。现代市场纵向体系的六个方面职能，又会作用于现代市场横向体系的各个领域。也就是说，在历史进程中逐渐完善的现代市场纵向体系，不仅会作用于作为世界各国经济基础的产业经济领域，而且随着各类生成性资源的开发、利用，也会逐渐作用于各国的城市经济甚至深海经济和太空经济领域。不同的领域、不同类型的经济产生不同的参与主体，这些都需要建立并不断完善多层次的现代市场体系，对经济活动予以支持，对经济主体予以规范。而政府超前引领理论所构建的不同于传统市场理论的多层次市场体系，将对世界各国的经济发展具有理论意义。

最后，政府超前引领理论阐明了政府在市场经济中的全方位作用。如前所述，政府有为应该包含三个方面的内容：第一，能对非经营性资源有效调配并配套政策，维护社会和谐稳定，提升和优化经济发展环境；第二，能对可经营性资源有效调配并配套政策，维护市场公开、公平、公正，有效提高社会整体生产效率；第三，能对准经营性资源有效调配并参与竞争，推动城市建设、经济与社会的全面、可持续发展。概言之，政府有为体现在对三类资源的调配、政策配套、目标实现上，而有为政府有三个标准：尊重市场规律，遵循市场规则；维护经济秩序，稳定经济发展；有效调配资源，参与区域竞争。

综上，政府超前引领理论有效解决了堪称"经济学中的哥德巴赫猜想"的"政府与市场关系"难题，提出"强市场"机制和"强政府"作用。前者指市场决定产业经济、城市经济的资源配置，市场法则对产业经济、城市经济的竞争起着根本性作用；后者指政府在按市场规律办事的基础上，承担起城市经济的主要参与者、产业政策的主要实施者和民生福祉的主要提供者的角色。因此，政府超前引领理论是有为政府与有效市场相结合的经济运行模式，对现有经济学体系，尤其是市场经济理论具有颠覆性创新意义，有助于世界各国找到经济发展的新引擎，推动世界经济的科学、可持续发展。

第八章

经济增长新引擎

此前笔者已经阐述过,生成性资源具有动态性、经济性、生产性和高风险性的特征。其中的高风险性是指对生成性资源的开发,投资规模大、周期长、成本高、市场窄小、各种不确定因素多,因此世界各国的区域政府应该成为该类资源开发的第一参与者或投资者。同时,对生成性资源的开发还应根据其所属的不同领域有不同的侧重。如前所述,将生成性资源主要分为三类:第一类是原生性资源,比如太空资源、深海资源、极地资源和地球深探资源等;第二类是次生性资源,也就是本书重点探讨的区域准经营性资源,即城市基础设施软硬件的投资、开发乃至智能城市的建设等;第三类是逆生性资源,比如本书涉及的碳排放权交易资源等。这三类生成性资源的开发和利用,对世界各国的区域经济增长具有至关重要的引擎作用。在本章,我们从经济学的角度阐述城市基础设施的投资开发及其引擎作用。

一、金德尔伯格陷阱与内生增长理论

为了讨论世界各国区域经济发展新引擎的构建问题,我们有必要先回顾一下两个经济学理论——金德尔伯格陷阱与内生增长理论。

金德尔伯格陷阱由美国著名政治学家、哈佛大学教授约瑟夫·E. 奈提出。他于 2017 年撰文指出,马歇尔计划的构建者之一、后执教于麻省理工学院的查尔斯·金德尔伯格认为,20世纪30年代的灾难起源于奉行孤立主义的美国在第一次世界大战后取代英国成为全球最大强权,但又未能像英国一样承担起提供全球公共物品的责任,在全球合作体系中继续搭便车,其结果是全球体系崩溃,陷入萧条、种族灭绝和世界大战。

奈指出,在国际上,小国缺少提供全球公共物品的动力。因为小国贡献太小,对于自己能否受益影响甚微,所以搭便车对它们而言更为合理。但大国能看到自己贡献的效果,也能感受到其所带来的好处。因此大国有理由带头,不然就会有全球公共物品不足的问题。

奈认为,美国候任总统唐纳德·特朗普在制定对华政策的时候,应该当心前车之鉴:其一是修昔底德陷阱,即如果一个现存的大国(如美国)视一个崛起的大国(如中国)为威胁,战争将变得不可避免;其二,也是特朗普更需注意的,是金德尔伯格陷阱,即中国在国际上不是展示强大,而是示弱。[1]

然而如果我们仔细研究实际情况的话,中国在全球治理体系中发挥了与国际地位相当的建设性作用,并实现了从资金供给到制度建设再到理念创新的阶段性发展。从2008年开始,中国开始为全球治理贡献更多资金,包括注资推动"清迈倡议"多边化、注资国际货币基金组织和世界银行。不仅如此,中国也开始在制度建设上为全球治理作出贡献,其标志性事件就是2013年中国提出"一带一路"倡议并启动亚洲基础设施投资银行建设,2014年中国又提出建设金砖国家新开发银行。而从2016年开始,特别是以20国集团杭州峰会为起点,中国开始在全球治理中贡献思想和理念。从资金到制度再到理念,中国在一步步成为一个成熟的、负责任的大国。

在金德尔伯格看来,全球公共物品包括国际贸易体系、国际货币体

---

[1] https://oversea.huanqiu.com/article/9CaKmJZFiX.

系、资本流动、宏观经济政策和危机管理机制等。诺贝尔经济学奖得主、美国哥伦比亚大学教授斯蒂格利茨则认为，全球公共物品包括国际经济稳定、国际安全、国际环境、国际人道主义援助和知识五大类。

在此，我们暂且不论金德尔伯格陷阱带来的政治和意识形态争议，仅从经济学角度分析，它至少存在三方面问题需解决：其一，全球公共物品是什么？或者说什么类型的产品才能被视为全球公共物品？其二，谁来提供全球公共物品？其三，以什么方式提供或以什么方式接受此类全球性公共物品？

暂时搁置上述问题，我们再来看内生增长理论。内生增长理论是产生于 20 世纪 80 年代中期的一个宏观经济理论分支。其核心思想是认为经济能够不依赖外力推动而实现持续增长，内生的技术进步是保证经济持续增长的决定因素。该理论强调不完全竞争和收益递增。

自亚当·斯密以来，整个经济学界围绕着驱动经济增长的因素争论了长达两百多年，最终形成的比较一致的观点。一个相当长的时期里，一国的经济增长主要取决于下列三个因素：一是随着时间的推移，生产性资源的积累；二是在一国的技术知识既定的情况下，资源存量的使用效率；三是技术进步。但是，20 世纪 60 年代以来最流行的新古典经济增长理论，把技术进步等作为外生因素来解释经济增长，并由此得出当要素收益递减时长期经济增长将停止的结论。而在 20 世纪 90 年代成型的新经济学即内生增长理论则认为，长期增长率是由内生因素解释的。也就是说，劳动投入过程包含着由正规教育、培训、在职学习等形成的人力资本，物质资本积累过程包含着由研发、创新等活动形成的技术进步，因此该理论把技术进步等要素内化，得出因技术进步的存在，要素收益会递增，因而长期增长率是正确的结论。对此，新古典经济增长理论和内生增长理论的政策导向就出现了分歧。

随着理论的发展，不少经济学家意识到，内生增长理论面临的最大问题就是如何进行实证分析。这种实证研究事实上是沿着两条技术路线进行的：一条是进行国别研究，寻找内生增长的证据；另一条是根据一国的长时段数据，研究经济增长因素，或者单独讨论某个具体因素，如对外开放、税收、平等、金融进步、教育支出和创新等对于经济增长的作用。

在此，笔者不想用过多笔墨去介绍内生增长理论的相关模型、现代发展，以及所谓新熊彼特主义的复兴。笔者只是想重述，研究一国经济增长因素的传统经济学家，即使在现阶段仍然还局限在亚当·斯密所阐述的产业经济中，仍然在产业经济内寻找增长的新动力，仍然认为技术进步是内生增长的决定因素。

笔者不想评论内生增长理论的对错与否，只是想指出：第一，经济的内生增长，应该是指一个国家的经济可持续发展；第二，对经济内生增长因素的讨论不能总是局限在产业经济中，而应该涵盖三类经济领域，即产业经济、民生经济和城市经济；第三，笔者不反对传统经济学家从产业经济的资源稀缺角度去寻找内生增长的动力（比如技术等），但我们在现阶段更应该从城市经济中的资源生成角度去寻找内生增长的动力；第四，三类资源中的新生成性资源——当前主要是以城市基础设施软硬件投资建设乃至智能城市开发运营为主体的城市经济，之后还会有太空、深海、极地、网络等新兴领域经济等，它们既是社会准公共物品，又是国际准公共物品，更是世界新的经济增长极，或者说是世界经济发展的新引擎。

以国际援助这一全球公共物品为例，它与三类资源、三类经济是相互联系的，也可分为社会型、经济型和环境型三类。与各国民生经济相关联的国际援助，带有公益性，可以把它称为社会型国际援助；与各国产业经济相联系的国际援助，带有商品性，可以把它称为经济型国际援助；与各国城市经济相联系的国际援助，可以把它称为环境型国际援助。比如国际赈灾、救济、扶贫、医疗、教育等，属国际社会公益性质，即为社会型国际援助，是通过联合国等组织机构无偿提供给国际社会的；比如三大产业的相关产品，属国际市场商品性质，是通过国家间的进出口贸易和相关制度安排，按市场规则提供给国际社会的，即为经济型国际援助；再比如国家间的基础设施软硬件投资建设，具有援助性质或商业性质或二者兼有，则属环境型国际援助。至于采取何种方式来提供，则是根据国与国之间的关系等多种因素来决定。

至此，沿着三类资源、三类经济的分类、定性及政府政策的配套方式，延伸到国际援助的分类、定性与供给上来，这将有效解决金德尔伯格陷阱中何为全球公共物品，全球公共物品从何处来又到何处去的问题。以基础设施投资建设为主体的新生成性资源领域，既是全球性准公共物品，又是世界各国乃至全球经济发展的新引擎。

二、城市化主导的经济增长时代的来临

在世界各国，包括中国，都上演着大国竞雄、城市竞秀的情景。城市，是国家参与全球竞争的主体、丈量大国创新实力的标尺，以及解码市场与政府互动之道的窗口。笔者曾任市长、市委书记的广东省佛山市，就正对标着国内经济总量类似的成都、武汉、杭州、南京、青岛、长沙、无锡、宁波、大连、郑州等同行者。这些城市互为坐标，努力构建一个城市创新的"样本池"，探索城市经济可持续增长的新路径。

参照其他大城市的有力举措，佛山市作出了诸多规划部署：第一，无锡、宁波、佛山是三座制造业大城市，应坚守实体经济，主攻智能制造，佛山尤其要加速打造"中国制造 2025"；第二，参照成都、武汉、南京培育新工业集群的经验，佛山要在智能装备、新能源汽车等领域培育新的经

济增长极；第三，背靠"超级城市"广州，佛山要构建与广州相联结的同城服务；第四，佛山应参与招商竞逐，争取世界 500 强企业入驻；第五，佛山应开展金融创新，全力服务实体经济；第六，佛山应把城镇化发展、产业与城市融合作为城市竞争的新支点；第七，区域的竞争与合作已进入"城市群时代"，参考武汉、成都努力建设枢纽城市——加速建设重大交通枢纽的经验，佛山应建设立体交通，全力推动新一轮基础设施建设；第八，佛山应加快建设智能城市，构建宜居、宜业、宜游的新服务体系，找到激发城市经济增长潜力的新"钥匙"……

从佛山市推而广之，作为中国三大经济圈的京津冀、珠三角和长三角，都在全面实施城乡规划、推进基础设施建设、规划产业布局、落实环境保护、提升公共服务水平等，以促进区域一体化和区域经济可持续发展。这些举措取得了显著效果，当前三大经济圈的基础设施一体化有序推进，地域间分工合作程度提升，新型城镇化稳步推进，国家海绵城市建设、国家地下综合管廊建设等均在有序进行。同时，中国其他区域城市群也在促进区域协调发展、培育新经济增长极方面不断努力，实施了许多成效显著的重大举措。

除了区域政府的努力探索，中央政府也着力推动大科学工程、重大科技专项、重大科技平台等基础领域投资建设。同时，互联互通的农村交通基础设施网络建设，也正在形成有序的新结构，推动城乡一体化的发展。交通基础设施建设、市政基础设施建设、能源基础设施建设、水利基础设施建设、信息基础设施建设、环保基础设施建设等，正为培育新的经济增长点奠定牢固的基础，并将持续产生巨大的经济效应和社会效应。

城市化主导经济增长的时代已经到来。对中国来说，2013 年是一个重要拐点，那种主要依赖产业经济的"工业化超前、城市化滞后"的状况开始改变，城市化成为经济增长的新动能，并反过来逐步推动着产业经济的转型升级。

从世界范围看，近半个多世纪，全球人口在向大城市集聚。城市规模和经济效率、人均城市产出与城市人口规模有明显的正相关关系，城市规模越大，生产率越高。美国、日本、韩国、新加坡、澳大利亚、加拿大等都是如此，其经济活动聚集在大的都市圈，大城市的经济产出更大。

从城市发展角度，政府和社会资本合作（PPP）是一种政府与市场结合的有效方式。达霖·格里姆赛等学者在《PPP革命——公共服务中的政府和社会资本合作》一书中提出，PPP方式最大的优点在于将市场机制引入到基础设施的投融资领域，其具体效果包括：第一，引入竞争机制，促进了政府诚信建设；第二，缓解政府财力不足导致的资金短缺困境，加快基础设施建设和公共事业发展；第三，充分发挥外商及民营企业的能动性和创造性，提高项目运营效率和服务质量；第四，有效促进了市场法律法规制度的完善；第五，促进了技术转移；第六，培养了专业人才；第七，促进了金融市场的发展；第八，对外商及民营企业而言，减少资本金支出，实现"小投入做大项目"；第九，利用表外融资的特点，减轻投资者的债务负担；第十，利用有限追索权的特点，合理分配风险，加强对项目收益的控制，保持较高的投资收益率（对比完全追索权）。

此外，中国在"一带一路"建设的过程中，将以"丝路驿站"为代表的产业园区（即以海港、空港、内陆无水港等核心交通节点建设为切入点，以临港的产业园区为核心和主要载体，系统解决制约东道国产业转移的软硬件短板问题）打造成支持经贸互联互通和产业发展的大平台，并在这一过程中总结出卓有成效的PPC（港口公园式城市）开发模式。这一模式的核心是港口的开发、建设、经营。通过管理先行，产业园区跟进，配套城市功能的开发等，东道国区域将实现联动发展，进而形成一个较为完善的港口、物流、金融园区生态圈。PPC成为"一带一路"沿线国家商贸流通和互联互通建设的一张新名片，"基础设施建设＋产业园区配套"的国际经济合作也成为国际经济增长的新模式。

基础设施建设在经济发展中的重要性日益提升。2016年，毕马威国际会计师事务所曾就未来五年世界性基础设施建设提出十大趋势：第一，宏观风险环境已经开始转化；第二，投资竞争加剧；第三，政府将清除基础设施投资的障碍，以促进更大的经济和社会利益；第四，城市设施管理更加多样化；第五，技术变革加速影响基础设施建设；第六，城市安全成为城市建设的重要议题；第七，基础设施建设存在公私合营的发展空间；第八，各类机构通过金融创新，将推动基础设施投资的迅速崛起；第九，基础设施建设将进入负债投资运营时代；第十，中国和印度日益活跃，发展迅速。毕马威国际会计师事务所的报告是对全球基础设施建设的观察和研判，揭示了世界经济增长的可能路径。

《二十国集团(G20)经济热点分析报告(2016—2017)》也揭示了基础设施建设的重要性，认为二十国集团经济运行的显著亮点是基础设施的投资建设，这是驱动世界经济复苏并可持续增长的重要引擎。报告指出：第一，当前新兴和发展中经济体的基础设施供给明显不足，存在巨大缺口，而发达经济体的现有基础设施又逐步老化，各国都有很大的基础设施建设需求；第二，在全球经济不景气、缺乏投资效率的时期，加强基础设施投资，尤其是推动并优化高质量投资，无论在短期还是长期，都将为经济增长提供强大的动力支持，也有利于创造就业和提高生产力；第三，作为新增长战略的一部分，增加基础设施投资也是二十国集团共同关注的焦点，是二十国集团峰会的重点议题，2014年11月召开的二十国集团领导人峰会同意成立为期四年的全球基础设施中心，致力于为政府、私人部门、开发银行和其他国际组织提供分享知识的平台和网络，促进各方合作，以改善基础设施市场的运行和融资状况；第四，世界银行2014年10月也宣布要建立一个全球基础设施基金，旨在促进复杂的公私合作经营的基础设施项目的实施，同时推动私营部门在基础设施投资中发挥作用；第五，近年来金砖国家经济合作、亚洲区域经济合作也都非常重视基础设施领域的共同建设，并取得了务实合作成果，建立了金砖国家新开发银行、亚洲基础设施投资银行等；第六，据全球基础设施中心预测，到2030年，基础设施投资市场将存在10万亿至20万亿美元的投资缺口，对全球经济发展前景将带来不利影响。因此，2016年，全球基础设施中心发出倡议，号召各国政府重新把注意力放在基础设施投资领域，开拓极具投资潜力的发展机遇，提振全球经济，等等。可以预见，在区域或全球经济一体化深入发展的情况下，对跨区域、跨国界互联互通的基础设施的需求将日益增长，全球基础设施建设正迎来一轮新的发展机遇。基础设施投资的快速增长，将成为驱动世界经济复苏和可持续增长的重要引擎。[1]

在本书第五章中，分析了以基础设施软硬件投资建设乃至智能城市开发运营为主体的城市经济发展具有的规模效应、集聚效应和邻里效应。在世界各国经济增长进入城市化发展、城镇化发展、城乡一体化发展的新阶段，全球基础设施投资建设将各个国家凝聚为利益共同体。对于这一世界经济增长的新引擎，各国都需要投入资源、相互协调、制定规则、有序推进，使之发挥出应有的重要作用。

---

[1] 李建平，李闽榕，赵新力，等，2016. 二十国集团（G20）经济热点分析报告（2016—2017）[M]. 北京：经济科学出版社.

三、构建全球经济发展新引擎

1948 年，拉格纳·纳克斯把贸易比作 19 世纪的增长引擎，借以说明用进口替代工业化战略的合理性。2012—2014 年金融危机爆发期间，全球贸易年增长率不到 4%，远远低于危机前 7% 左右的平均增长率，于是，又有世界银行官员提出如何"重启"全球贸易引擎的问题。笔者认为，世界各国的经济发展基本都遵循从要素驱动阶段到投资驱动阶段，再到创新驱动阶段的路径。许多国家，尤其是那些石油、天然气、矿产、农产品等自然资源丰富的经济体，以土地、劳动力等有形要素驱动经济增长，已经发展到了极致并呈现出不可持续性。

因此，要在新世纪实现经济增长，需要新的引擎。笔者认为，由"有为政府＋有效市场"构成的现代市场体系中，发动供给侧结构性新引擎（而非需求侧"贸易引擎"），将在竞争中充分发挥企业对产业资源、政府对城市资源的配置作用。这类供给侧结构性新引擎包括结合了有形与无形要素的投资引擎、创新引擎和规则引擎，将对全球经济治理与发展起到重要作用。

（一）构建全球投资新引擎

投资驱动型增长，既取决于供给侧产品和产业资源的配置与竞争状况，又取决于供给侧政府调配城市资源和推动基础设施建设的竞争表现。它能给各国带来资本增长，促进技术革新和市场机制深化发展，并增加岗位就业，因而具有长期可持续性。为了构建全球投资新引擎，我们应采取如下措施。

第一，推进供给侧结构性改革，这又包括以下两个方面。

（1）推动新型工业化。所谓新型工业化，就是坚持以信息化带动工化，以工业化促进信息化，就是科技含量高、经济效益好、资源消耗低、环境污染少、人力资源优势得到充分发挥的工业化。它涉及以下三个方面。一是扶持、引导传统产业改造、提升。科学技术进步在应用领域的落地，能够将消耗资源、环境的旧工业改造为循环发展的新工业。各国扶持、引导企业进行技术改造，能盘活巨大的存量资产，优化、提升产业效益，拉动需求，进而推动经济增长。二是扶持、培植战略性新兴产业和高技术产业。各国应在信息工业基础上发展智能工业这种增量资产，智能工业是以人脑智慧、计算机网络和物理设备为基本要素的新型工业结构，它具有绿色发展方式的增长形态。各国应着重扶持、培育企业核心和关键技术的研发创新、成果转化及产业化，应培植优势产业和主导产业，构建完善的产业链和现代化服务网络。三是各国应借助市场竞争，推动企业兼并收购、整合重组，不断淘汰旧工业，推进新型工业发展，将工业化推向更高水平，提升企业的核心竞争力。它是实现供给侧有效投资、新旧动力转换的重要手段之一。

（2）加快农业现代化。农业现代化指从传统农业向现代农业转化的过程和手段。在这一过程中，农业日益被现代化工业、现代化科学技术和现代经济管理方法武装起来。各国应运用现代化发展理念，将农业发展与生态文明建设结合起来，使落后的传统农业转化为符合当代世界先进生产力水平的生态农业。具体而言，农业现代化的内涵既包括土地经营规模的扩大化，又包括"农民的现代化"。各国应引导农民摆脱愚昧、落后状态，成为"有文化、有技术、会经营"的新式农民。以组织方式而言，不管是大农场，还是小规模家庭经营，各国都应扶持农民合作组织或帮助分散农户与市场对接，实现产前、产中、产后服务一条龙，以及购买生产资料、开展农产品储存、加工、运输和销售的运营一条龙。此外，各国还应促进适度规模经营、适度城镇化，推进农业技术教育职业化等。总之，农业现代化包括农业生产手段先进化、生产技术科学化、经营方式产业化、农业服务社会化、产业布局区域化，以及农业基础设施、生态环境、农业劳动者水平和农民生活的全面现代化。农业现代化能为工业化和城市化创造稳定的社会环境，降低社会成本，繁荣各国经济。

第二，加大基础设施投资建设，这包括以下三个方面。

（1）推进新型城镇化，它既是以城乡统筹、城乡一体、产业互动、节约集约、生态宜居、和谐发展为基础特征的城镇化，也是大中小城市、小城镇、新型农村社区协调发展、互促共进的城镇化。发达国家城镇人口一般占80％以上。随着各国城乡一体化进程的加速和以城市为中心的城镇体系的形成，以人为核心的新型城镇的规划与建设，城乡基本公共服务如教育、医疗、文化、体育等设施的建设，以及休闲旅游、商贸物流、信息产业、交通运输的发展等，都将为世界各国提供新的增长潜力。

（2）推进基础设施现代化。它包括能源、交通、环保、信息和农田水利等基础设施的现代化。比如促进城市综合交通建设，构筑区域便捷交通网络；加快推进海绵城市建设，增强城市防灾减灾能力；构建并完善排水防涝体系，有效解决城市内涝风险；推进城市黑臭水体整治，重塑城市水资源环境品质；健全区域公园绿地体系，共享绿色城市生活；构建城市地下综合管廊，统筹管线有序高效运作；加强城市供水设施建设，健全供水安全保障体系；有序优化城市能源供给，大力促进城市节能减排；提升垃圾污水设施效能，实现资源节约循环利用；提升信息基础设施建设，推动智能城市发展；等等。这方面的投资回旋空间大、潜力足，能有效推动各国经济增长。

（3）推进智能城市开发建设。智能城市是一个系统，也称网络城市、数字化城市、信息城市。它由人脑智慧、计算机网络、物理设备等基本要素建构，推动城市管理智能化，具体包括智能交通、智能电力、智能建筑、智能环保、智能安全等基础设施的智能化，智能医疗、智能教育、智能家庭等社会生活的智能化，以及智能企业、智能银行、智能商店等社会生产的智能化。智能城市系统能全面提升城市生产、生活、管理、运行的现代化水平，将进一步为各国开拓新的经济增长点。

第三，加大科技项目投入。例如"美国制造业创新网络计划"，首期投入 10 亿美元，十年内建立 45 个制造业创新研究院；再比如英国的"知识转移伙伴计划"，以及基于信息物理系统推动智能制造的德国工业 4.0 战略。这些举措能整合人才、企业、社会机构的创新资源，引领产业研发方向，促进产业提升发展。世界各国对大数据、云计算、物联网等的投入，以及对纳米技术、生物技术、信息技术和认知科学等的投入，将促进各国经济的可持续提升。

第四，提升金融配套能力。各国既需要配套政策，引领金融行业服务于实体经济，又需要通过政策创新，推进金融、科技、产业三者的融合。投资新引擎离不开金融体系的改革、创新和发展。

（二）构建全球创新新引擎

无论是区域还是国家，乃至世界，当其进入经济发展模式的转换时期，经济形式从通过企业竞争配置产业资源发展到通过区域政府竞争配置城市资源，经济增长引擎从单一的市场机制发展到"有为政府＋有效市场"机制，这些全球经济发展的新情况必然导致一系列新问题，比如如何维护全球经济治理体系的公平、公正原则，如何保护发展中国家在全球经济秩序中的利益，如何维持或提升经济体系的开放程度以抵制保护主义，如何制定规范、应对经济新领域（如网络领域）的挑战。为了应对这些挑战，现存的协调、治理全球经济秩序的公共机制或公共物品（包括思想性公共物品、物质性公共物品、组织性公共物品和制度性公共物品），就需要予以创新和完善。

第一，推进思想性公共物品即理念的创新。首先，市场应是有效市场。现代市场纵向体系是由六个子系统组成的完整体系。一些国家过分强调市场要素与市场组织的竞争，而忽视法制监管体系的建设、市场环境体系和市场基础设施的健全，这都将偏离公开、公平、公正的市场原则。其次，政府应是有为政府。各国政府不仅应对可经营性资源即产业资源的配置实施规划、引导、扶持、调节、监督和管理，而且应对非经营性资源即社会公共物品基本托底，确保公平公正、有效提升，还应对准经营性资源即城市资源的配置进行调节并参与竞争。最后，世界各国追求的成熟市场经济模式应是"强式有为政府＋强式有效市场"，即在市场经济大系统中，通过企业竞争配置产业资源，通过政府竞争配置城市资源。各国政府应在全球经济增长中发挥重要作用。

第二，推进物质性公共物品即技术的创新。当前科技发展的最典型路径是信息化与工业化、城镇化、农业现代化融合，促进基础设施现代化，用中国的流行表达即"互联网＋"。政府通过建设结合了有形要素与无形要素的智能城市，向社会提供智能化的公共交通、城管、教育、医疗、文化、商务、政务、环保、能源和治安服务，为社会经济和民生事业提供安全、高效、便捷、绿色、和谐的发展环境。这不仅能造福民众，还将推动城市乃至国家加快工业化转轨、城市化转型和国际化提升，进而促进新兴国家的崛起。

第三，推进组织性公共物品即管理的创新。就组织管理而言，小到一座城市，大到一个国家乃至世界，都有相通之处。传统的城市建设和组织框架如"摊大饼"，即使有了一环、二环、三环、四环甚至五环道路，仍然还容易发生红绿灯失效、公路堵塞、交通不畅、空气污染、效率低下等问题。现代城市的发展需要科学规划的组团式布局，这就像网络发展会重塑空间秩序、全球供应链发展能"抹掉国界"一样，组团式的城市发展架构能有效解决传统摊大饼式城市管理带来的系列问题。世界经济秩序的组织管理如城市架构一样，需要从摊大饼模式向组团式布局改革并不断创新发展，但这需要相应的新规则和必要的"基础设施"投资，才能形成合理布局，促进世界和谐、可持续发展。

第四，推进制度性公共物品即规则的创新。国家的建设有概念规划、城乡规划和土地规划这三位一体的规划系统作为引领，在这一框架下形成战略规划、布局定位、标准制定、政策评估、法制保障等既体系严谨又层次细分的具体方针。全球经济治理有《联合国宪章》及联合国贸发会议、经济合作与发展组织（Organization for Economic Co-operation and Development，DECD）和世贸组织等的规章机制作为框架，世界各国围绕着"让全球化带来更多机遇"和"让经济增长成果普惠共享"而努力。可见规则在全球经济发展中的重要性。面对当前的新形势，我们需要创新经济增长理念和相关制度性规则，促进各国财政、货币的结构性改革，保持经济发展、劳动、就业和社会政策的一致与相互配合。只有需求管理和供给侧改革并重，短期政策与中长期政策结合，社会经济发展与环境保护共进，共商、共建、共享全球经济治理格局，全球经济才能健康、可持续增长。

（三）构建全球规则新引擎

构建创新（Innovative）、活力（Invigorated）、联动（Interconnected）、包容（Inclusive）的"四I"世界经济，需要完善全球经济治理体系。与各国非经营性资源相对应的是国际公共物品供给体系，与各国可经营性资源相对应的是国际产业资源配置体系，与各国准经营性资源相对应的是世界城市资源配置体系，它们各自遵循客观存在的规则运行。完善的全球经济治理体系需要相应的国际规则，具体如下。

第一，国际安全秩序规则——和平、稳定。这已是世界各国的共识，是国际公共物品供给体系的基本保障。世界各国应共同努力，加强国际安全合作，捍卫《联合国宪章》的宗旨和原则，维护国际关系的基本准则，营造和平、稳定、公正、合理的国际安全秩序，构建健康有序的经济发展环境。

第二，国际经济竞争规则——公平、效率。这是世界各国产业资源配置体系中企业竞争的基本准则。比如二十国集团制定了"促进贸易和投资开放"指导原则，包括减少关税和非关税贸易壁垒，减少对外国直接投资的壁垒和限制，实施贸易便利化措施以降低跨境交易成本，适当减少贸易和投资的边境限制，促进更广泛的跨境协调，通过多边、诸边和双边协议最小化对第三方的歧视性措施等。再比如"促进竞争并改善商业环境"指导原则，包括强化及落实竞争法律，减少开办企业和扩大经营的行政及法律障碍，促进公平的市场竞争，实施高效的破产程序，减少妨碍竞争的限制性规定，减少额外的监管合规负担，并对监管政策进行有效监督，加强法治，提高司法效率，打击腐败等。这些无不是各国在引导、规范企业竞争时需要遵循的公平与效率规则。

第三，国际共同治理规则——合作、共赢。这是城市资源配置体系中政府间竞争所需要遵循的基本准则。城市资源存在有形和无形两类要素，其中，新型城镇化，智能城市开发，对以能源、交通、环保、信息和水利等为主体的基础设施现代化的投资，将是世界各国经济增长的新引擎，能带来资本扩大、就业增加、技术革新、市场深化、经济可持续增长、社会受益、环境改善、国力提升等效果。由于各国城市化进程、政策举措和制度安排不一，其投资驱动增长的效果与竞争力不一。但政府间的竞争应该是合作竞争，应该是可持续发展的竞争，应该是共同提升全球经济治理体系的竞争和共同创新经济增长方式的竞争。其基本原则应是合作共赢。构建以合作共赢为核心的创新型、开放型、联动型和包容型世界经济体系，将促进增长方式的持续创新，提升全球经济治理水平，进而造福于各国，造福于世界。

四、案例阅思

本章着重分析了生成性资源的经济新引擎功能,下面通过几个案例,详细解析基础设施建设、乡村振兴、城市发展、资源钻探等领域对经济增长的带动作用。

第一个案例是美国在基础设施建设领域重启巨额投资。[①]

早在 2016 年,特朗普在胜选演说中就表示:"我们将修整我们的城市,重建高速、桥梁、隧道、机场、学校,还有医院。我们将重建基础设施,当然,我们会成为第一。我们会让数百万民众参与到这项工作中来。"特朗普对中国的基础设施建设评价很高,认为中国的桥梁建设和高铁是美国学习的对象。2019 年 4 月 30 日,美国两党就推进两万亿美元巨额基建计划达成共识:"投资这个国家的未来",使特朗普的规划开始落地实施。

其实,美国历史上曾有过基建狂魔时代。最典型的就是 1933 年开始的罗斯福新政,通过大力兴建基础设施项目,增加就业、刺激消费和生产,如通过民间资源保护队计划开辟了 740 多万英亩国有林区和大量国有公园,又如设立了公共工程署和民用工程署,在全国兴建了 18 万个小型工程项目。到第二次世界大战前夕,美国联邦政府支出近 180 亿美元,修建了近 1000 座飞机场、12000 多个运动场、800 多座校舍与医院,创造了大量就业机会。另一个典型时期是第二次世界大战后的 20 世纪 50 年代,在艾森豪威尔总统的倡导下,美国开始建造州际高速公路体系,还建立了横跨美国的铁道、大型水坝和电话网络,极大地刺激了经济发展。

---

① 本部分参见杨林:《美国两万亿美元重启基础设施建设:中国经济将受益》,http://www.sohu.com/a/311699959_114502? spm＝smpc.author.fd-d.13.1568095275084OCwWeHc,2019 年 5 月 4 日。

但是，目前美国大部分基础设施都有半个世纪以上的历史，如今过去了近70年，多数已经到了设计的使用期限，需要大修大补或重建。美国土木工程师协会在2017年的报告中把美国的基础设施整体状况评为"D+"级。D级是指："基础设施条件处在较差和尚可之间，大多情况下低于标准水平，很多设施已接近使用寿命。相当一部分设施出现明显损坏。基础设施的条件和服务能力非常令人担忧，有出现故障和毁坏的巨大风险"。

那么重启基建的钱从哪来？一是汽油税。自艾森豪威尔以来，汽油税就是美国联邦政府投资高速公路、桥梁和公共交通的主要资金来源。但美国汽油税率多年没有增加，导致实际价值仅相当于二十年前的四成。美国商会和美国货运协会主动呼吁提高1993年以来没有变动的联邦汽油税，以便为道路建设融资。二是通过政府和社会资本合作方式（PPP）融资。美国计划由各州、地方和城市当局自行决策并筹集资金；以收费公路和放松监管等条件吸引私人投资者，打造一个汇集州、地方政府和私营部门投资的总额高达1.8万亿美元的"基建资金池"，用于基础设施建设。三是美国大规模减税所带来的海外资金回流。根据特朗普的减税方案，未来十年将减免税收大约1.4万亿美元，将美国的公司税从35％大幅降低至20％。此前因为35％的企业税，大量美国企业将利润留在海外。随着大幅减税，这些资金将回流美国。四是来自中国的资金。截至2019年2月，中国持有美国国债1.13万亿美元，中国的外汇储备长期以来都有很大比例投资在美国国债。如果转而投资美国的基础设施建设，将拥有更高收益。而且目前美国已经基本没有进行大规模基础设施建设的基建公司，美国的基础设施必然会有很大比例由中国的基建公司承建。

美国重启基础设施建设又会对世界经济产生怎样的影响？众所周知，经济增长主要由投资、消费所拉动，美国的大规模基础设施建设将带来投资的大幅增长，进而带动消费。由于美国是全球最大经济体，这种投资和消费的增长会拉动全球经济。尤其是中国，中国不仅有全球最强大的基础设施建设企业和庞大的建设工人队伍、高素质的管理人员和技术人员，而且是美国消费品的主要生产来源国。中国的工程机械企业也已经具有了全球竞争力，有 12 家中国企业上"2018 全球工程机械制造商 50 强"榜单。中国的基础设施企业和工程机械企业将直接受益于美国的基建投资。

第二个案例是关于乡村振兴。①

中国政府于 2018 年 9 月颁布了《乡村振兴战略规划（2018—2022 年）》（以下简称《规划》）。《规划》共分十一篇三十七章，按照产业兴旺、生态宜居、乡风文明、治理有效、生活富裕的总要求，对实施乡村振兴战略作出阶段性谋划。其中值得重点关注的是第三篇、第六篇、第九篇。

第三篇《构建乡村振兴新格局》包括了统筹城乡发展空间（强化空间用途管制、完善城乡布局结构、推进城乡统一规划），优化乡村发展布局（统筹利用生产空间、合理布局生活空间、严格保护生态空间），分类推进乡村发展（集聚提升类村庄、城郊融合类村庄、特色保护类村庄、搬迁撤并类村庄），坚决打好精准脱贫攻坚战（深入实施精准扶贫精准脱贫、重点攻克深度贫困、巩固脱贫攻坚成果）等内容。

第六篇《建设生态宜居的美丽乡村》包括了推进农业绿色发展（强化资源保护与节约利用、推进农业清洁生产、集中治理农业环境突出问题），持续改善农村人居环境（加快补齐突出短板、着力提升村容村貌、建立健全整治长效机制），加强乡村生态保护与修复（实施重要生态系统保护和修复重大工程、健全重要生态系统保护制度、健全生态保护补偿机制、发挥自然资源多重效益）等内容。

---

① 本部分参见《中共中央 国务院印发〈乡村振兴战略规划（2018—2022 年）〉》，《南方日报》，2018 年 09 月 27 日。

第九篇《保障和改善农村民生》包括了加强农村基础设施建设（改善农村交通物流设施条件、加强农村水利基础设施网络建设、构建农村现代能源体系、夯实乡村信息化基础），提升农村劳动力就业质量（拓宽转移就业渠道、强化乡村就业服务、完善制度保障体系），增加农村公共服务供给（优先发展农村教育事业、推进健康乡村建设、加强农村社会保障体系建设、提升农村养老服务能力、加强农村防灾减灾救灾能力建设）等内容。

中国政府的此一举措，不仅有效打好了"三农"问题的精准脱贫攻坚战，改善了农村民生，而且在加快农业现代化、促进城乡一体化过程中，加强农村基础设施建设，完善城乡布局结构，推动乡村振兴，推进了城乡经济的新的增长。

第三个案例是关于城市发展。

全球权威的世界城市研究机构 GaWC（全球化和世界城市研究网络）将全球城市分为 Alpha（一线城市）、Beta（二线城市）、Gamma（三线城市）和 Sufficiency（自给自足城市）四个等级。该机构 2018 年发布的世界级城市名册中，中国广州与洛杉矶、多伦多、马德里、苏黎世等国际城市一并入选 Alpha 级别。①

GaWC 评价标准有 132 页，主要包括国际性（为人熟知），积极参与国际事务且具影响力，相当大的人口，重要的国际机场（作为国际航线的中心），先进的交通系统（如高速公路及/或大型公共交通网络，提供多元化的运输模式），亚洲城市要吸引外来投资并设有相关的移民社区、西方城市要设有国际文化社区，拥有国际金融机构、律师事务所、公司总部（尤其是企业集团）和股票交易所并对世界经济起关键作用，拥有先进的通信设备（如光纤、无线网络、流动电话服务，以及其他高速电信线路，有助于跨国合作），拥有蜚声国际的文化机构（如博物馆和大学），有浓厚的文

---

① 参见《广深双双跻身世界一线城市》，《南方日报》，2018 年 11 月 15 日。

化气息(如电影节、首映、热闹的音乐或剧院场所,又如交响乐团、歌剧团、美术馆和街头表演者),有强大而有影响力的、着眼于世界的媒体,有强大的体育社群(如体育设施、本地联赛队伍,以及举办国际体育盛事的能力和经验),近海城市应拥有大型且繁忙的港口,等等。

广州于 2000 年进入 Gamma 级(第 109 位),2016 年排名第 40 位,2018 年首次进入 Alpha 级别(位居世界城市第一梯队,排名第 27 位)。广州的成功来源于多项要素,而激发区域经济创新活力并加速与世界连接的"枢纽广州",立下了不可磨灭的贡献。广州以建设枢纽型网络城市为目标规划的"三大战略枢纽"中,就有两个与城市基础设施和交通直接相关,即建设国际航运、航空战略枢纽,它们加速了广州与周边区域和国家间的生产要素流动,激活了创新动力,促进了经济增长。①

第四个案例是关于资源钻探。

目前有不少国家已经开始积极进行地球深部探测、太空探测、海洋探测等工作,并取得了初步成果。

在地球深部探测方面,以中国为例,2018 年 6 月,中国"地壳一号"万米钻机在科学钻探二井工程中成功应用,完钻井深 7018 米,创造了亚洲国家大陆科学钻井新纪录,标志着中国成为继俄罗斯和德国之后,第三个拥有实施万米大陆钻探计划专用装备和相关技术的国家。中国计划进一步实施特深井科学钻探工程,推进地球深部探测发展。②

在太空探测方面,以日本为例,2009 年,日本根据 2008 年制定的《宇宙基本法》出台了首个"宇宙基本计划",将航天开发定位为国家战略。③ 此后该计划不断更新完善,涉及军事航天、民用航天、航天工业基

---

① 参见《解析广州晋升世界一线城市发展密码》,《南方日报》,2018 年 11 月 23 日。
② 参见《"地壳一号"万米钻机成功首秀 完钻井深创新纪录》,《人民日报》,2018 年 6 月 4 日。
③ 参见《日本出台首个"宇宙基本计划"》,《科学时报》,2009 年 6 月 3 日。

础及国际合作等内容。可见，在世界第三次工业革命浪潮后，人类开始进入太空，除了美国、俄罗斯等国，日本也已加入这场太空角力。

在海洋探索方面，各国也有不少积极进展。英国《经济学人》2018年5月刊发系列文章，认为随着科学技术的不断发展，人类社会对于海洋资源的开发和利用迎来了新的机遇，其中，海底采矿和远洋养殖两个领域前景良好。比如，太平洋克拉里恩-克利珀顿断裂带面积约600万平方千米，数以万亿计拳头大小的矿物结核散布其间，每个结核都以骨头、贝壳或岩石为核心，经由数千万年的缓慢凝聚形成，学界认为其中蕴藏的镍、钴和锰超过了陆地的已探明总量。海底采矿将开拓人类获取矿产的新路径，而远洋养殖将破解近海养殖污染严重等难题。目前，比利时、挪威等国已展开探索试验，探索开发、利用全球海洋资源的新方式，推动各国的经济新增长。

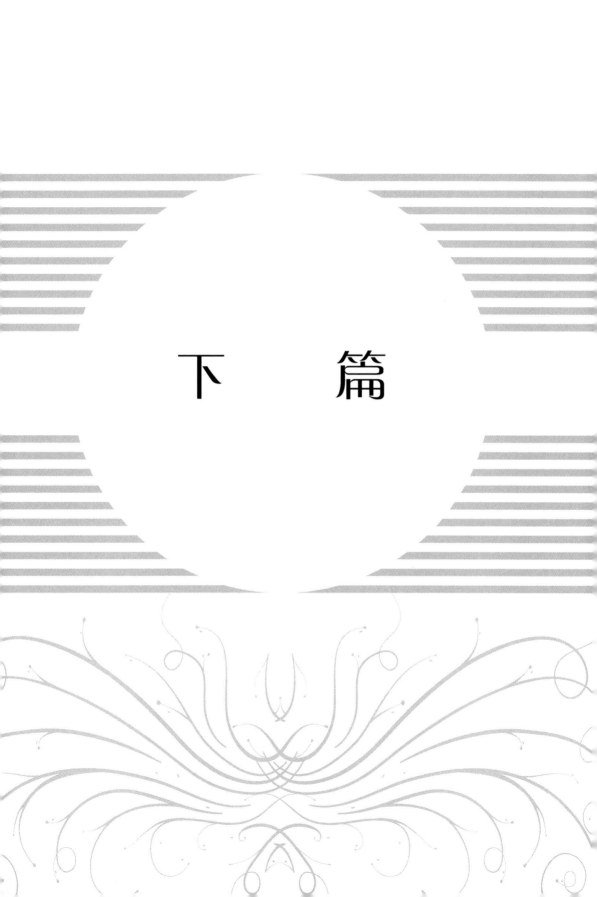
下篇

第九章

市场竞争双重主体论

笔者在第五章中详细阐释了企业竞争与区域政府竞争之间的联系和区别,并且具体论述了区域政府的"羊角竞争理论"(或称"三类九要素竞争理论")。在现代市场经济中,企业作为主体,主要参与产业经济领域的竞争。区域政府作为主体,主要参与城市经济领域的竞争。企业和区域政府作为市场竞争的双重主体,互相联系,互为支撑,共同构筑起现代市场经济体系。

一、现代市场经济体系

(一)现代市场横向体系

在前面的系列分析之后,本章节的目的是要进一步阐明市场横向体系中,不仅有产业经济中的市场主体——企业,而且有城市经济中的市场主体——区域政府,还有国际经济中提供准经营性资源即公共物品的市场主体,包括在太空经济中开发太空资源和在海洋经济中开发海洋资源的主体——政府或企业。这就是说:首先,市场不仅仅存在于产业经济中,而且存在于其他经济形态中;其次,市场横向体系(包括产业经济、城市经济、国际经济)中存在双重竞争主体——企业和政府;最后,产业经济是市场经济的基础领域,城市经济和国际经济(包括随着时代发展而生的太空资源、深海资源等)是市场经济的生成性领域,二者相互独立又相互联系，分属现代市场经济中不同层面的竞争体系。多层面的市场竞争体系共同构成了现代市场经济。

传统的市场理论又被称为厂商均衡理论，专门研究在不同类型的市场上厂商如何决定其产品的价格和产量。于是就有了四种基本市场类型的划分：完全竞争市场、垄断竞争市场、寡头垄断市场和完全垄断市场。由此，传统市场理论分析了市场、厂商与行业，成本、收益与产量，乃至完全竞争市场、完全垄断市场、垄断竞争市场和寡头垄断市场的厂商均衡，等等。综合此前的论述可知，首先，传统的市场理论主要聚焦于产业经济，或者说是在产业经济中阐述其理论；其次，亚当·斯密的《国富论》作为经济学和市场经济理论的开山之作，无疑是部伟大的著作，但由于时代的局限性，亚当·斯密在批判了重商主义和重农学派之后，主要着笔于产业经济来研究商品、价格、供求、竞争与市场，而未能涉及新生成性资源和新生成性经济领域的经济运行问题；再次，凯恩斯为应对 20 世纪 20 年代的英国工人大失业和 20 世纪 30 年代初的美国乃至世界经济大萧条，试图撬动城市经济即基础设施投资建设这一新的领域来拉动有效需求，但囿于产业经济中的市场理论，而难以解释政府在参与、干预城市基础设施投资建设中的作用；最后，如前所述，市场失灵或政府失灵反映出的实践与理论的矛盾，其实质不是市场的问题，而是传统市场理论的问题，不是植根于产业经济的市场理论不完善的问题，而是囿于这一理论去界定、解释、分析新生成性资源领域的经济运行，必然会出现自相矛盾的状况。

狭义城市经济理论主要研究的是：在城市基础设施软硬件乃至智能城市的投资、建设、运营和管理过程中，作为公共物品提供者的政府，为什么既是市场规则的维护者，又变成了投资的参与者、项目的竞争者？在作为基础设施的公共物品中，为什么有一部分变成了市场体系里的可经营性项目，推动着区域经济的发展？在这一理论中，城市经济拥有与产业经济不同的市场主体、项目、价格和供求关系。而作为市场横向体系中的一个重要领域，由生成性资源形成的城市经济正在实践和理论的双重层面发挥出越来越重要的作用。

接下来，还有同属生成性资源的国际经济资源（如深海经济资源、太空经济资源）开发等课题。一方面，这些新的生成性资源扩大了市场的范围，需要我们去开拓并优化配置；另一方面，我们需要根据这些新情况去充实市场理论，完善市场规则。近来，不断有媒体报道：是时候把航天当一门大生意来做了。[①] 据悉，中国长征火箭公司将打造商业发射服务、亚轨道飞行体验、空间资源利用三大业务板块。比如商业发射服务方面，该公司将推出太空星网、太空顺风车、太空班车、太空专车等。亚轨道飞行体验方面，该公司将针对游客的年龄、身体状况以及兴趣的不同，推出地面失重模拟训练、360度全方位VR体验、亚轨道太空遨游等不同的产品和服务。中国长征火箭公司背靠强大的中国航天工业，对标美国太空探索技术公司，计划逐步注入资产，引入战略投资者，助推中国火箭商业化时代的来临。在这个投资回报率一直很高的领域，大国之间已经展开了竞争。在这种情况下，"航天经济学"应如何立意？如何发展？成效几何？航天经济面临着这个问题，更广义的太空经济更是如此，这类新情况一方面不断扩展着市场领域，另一方面又呼唤着对与产业经济不同的投资主体和游戏规则的解读。

（二）现代市场纵向体系

传统市场体系主要包括四个层面的含义：首先，从流通对象来看，传统市场由商品市场和生产要素市场构成；其次，从空间范围来看，由不同区域范围的各级地域性市场构成；再次，从机构设置来看，由各种市场组

---

① 《是时候把航天当一门大生意来做了》，《南方日报》，2016年10月31日。

织以及市场中介组织构成；最后，从具体方式来看，由现货交易市场、远期交易市场和期货交易市场构成。

与之相比，现代市场体系则强调市场构成的体系性，尤其是功能结构的体系性，即市场功能结构首先是利益调节体系，其次是竞争体系，最后是信息传播体系。因此，现代市场纵向体系至少应该包括以下六个方面内容。

第一，市场要素体系。它既由各类市场（包括商品市场、要素市场和金融市场等）构成，又由各类市场的最基本元素即价格、供求和竞争等构成。

第二，市场组织体系。它是市场要素与市场活动的主体或组织者的集中地，包括各种类型的市场实体（比如零售市场、批发市场、人才市场、劳务市场、金融市场等）、各类市场中介机构（包括咨询、培训、信息、会计、法律、产权、资产评估等服务机构），以及市场管理组织（比如各种商会、行业协会等）。

第三，市场法制体系。市场经济具有产权经济、契约经济和规范经济的特点，因此，规范市场价值导向、交易行为、契约行为和产权行为等的法律法规的整体就构成了市场法制体系。它包括市场相关的立法、执法、司法和法制教育等。

第四，市场监管体系。它是建立在市场法律体系基础上的、符合市场经济需要的政策执行体系，包括对机构、业务、市场、政策法规执行等的监管。

第五，市场环境体系。它主要包括实体经济基础、企业治理结构和社会信用体系三大方面。对这一体系而言，重要的是建立健全市场信用体系，以法律制度规范、约束信托关系、信用工具、信用中介和其他相关信用要素，以及以完善市场信用保障机制为起点建立社会信用治理机制。

第六，市场基础设施。它是包含各类软硬件的完整的市场设施系统。其中，市场服务网络、配套设备及技术、各类市场支付清算体系、科技信息系统等，是成熟市场经济必备的基础设施。

现代市场纵向体系及其六个子体系具有如下特点。

第一，现代市场纵向体系的形成，是个渐进的历史过程。以美国为例，在早期的市场经济发展中，美国主流认可自由放任的经济理念，市场要素体系与市场组织体系得到发展和提升，反对政府干预经济的理念盛行。1890年，美国国会颁布美国历史上第一部反垄断法《谢尔曼法》，禁止垄断协议和独占行为。1914年，美国颁布《联邦贸易委员会法》和《克莱顿法》，对《谢尔曼法》进行补充和完善。此后美国的反垄断制度和监管实践经历了近百年的演进与完善，整个市场形成了垄断与竞争、发展与监管动态并存的格局。20世纪90年代开始，美国信息通信、网络技术爆发式发展，市场创新驱动能力和基础设施升级换代成为市场竞争的主要表现。与此同时，美国政府反垄断的目标不再局限于简单防止市场独占、操纵价格等行为，专利保护以外的技术垄断和网络寡头垄断也被纳入了打击范围。这一时期，通过完善市场登记、结算、托管和备份等基础设施，提高应对重大灾难与技术故障的能力，提升市场信息系统，完善信用体系建设，实施市场监管数据信息共享，等等，美国的市场环境体系和市场基础设施得到了进一步提高与发展。这一切将市场体系推向现代高度，市场竞争发展到了全要素推动和系统参与的飞跃阶段。

第二，现代市场纵向体系的六个方面是统一的。一方面，六个市场子体系相互联系、相互作用，有机结合为一个成熟的市场经济体系。在市场经济实际运行中，缺少哪一个子系统，都会导致市场在那一方面产生缺陷，进而造成国家经济的损失。在世界各国市场经济的发展过程中，这样的典型案例比比皆是。另一方面，在六个市场子体系内，各个要素之间也是相互联系、相互作用、有机统一的。比如在市场要素体系中，除了各类商品市场、要素市场、金融市场互相联系、互相作用外，在要素市场之中，规范和发展土地市场，逐步建立城乡统一的劳动力市场，积极发展技术市场，努力提升产权（包括技术产权）交易市场，等等，都是相互促进、共同完善现代市场体系的重要举措。

第三，现代市场纵向体系的六个方面是有序的，有序的市场体系才有效率。比如商品、要素、项目的价格机制的有序，即在商品、要素、项目投资价格的形成过程中，应充分发挥市场在资源配置中的基础性作用，根据市场反映的供求关系、资源稀缺和资源生成状况来定价，从而推动现代市场体系有序运转。又如商品、要素、项目的竞争机制的有序。竞争是市场经济的必然产物，也是实现市场经济的必然要求。只有通过竞争，商品、要素、项目的价格才会产生市场波动，资源才能被配置到最有效率的企业、区域或环节中，从而实现市场主体的优胜劣汰。分割市场、封锁市场、垄断市场，都是现代市场体系必须要扫除的障碍。再如商品、要素、项目的开放机制的有序。现代市场体系是开放的，商品、要素、项目对不同区域、行业、国内外投资者都是开放的，各方可以自主进入，自由选择供求，自主投资开发；但这种开放又必定是渐进的、安全的、稳定有序的。这又再次表明，现代市场纵向体系的六个方面既相互独立又相互制约，比如市场的竞争与监管，自由与法治等，是对立统一的完整系统。

第四，现代市场纵向体系六个方面的功能是脆弱的。其原因如下。首先，认识上的不完整。由于市场主体（即商品市场、要素市场、项目市场的参与主体）有自己的利益要求，所以在实际的市场运行中，它们往往只讲自由、竞争和需求，避讲法治、监管和均衡，这导致现代市场纵向体系六个方面的功能出现偏颇。其次，政策上的不及时。市场的参与主要依靠各类投资者，市场的监管主要依靠各国区域政府。但在政府与市场既对立又统一的历史互动中，由于传统市场经济理论的影响，政府往往是无为的，或滞后的，或在面临世界经济大危机时采用"补丁填洞"的方式弥补，等等，这使得现代市场纵向体系六个方面的功能无法全部发挥。最后，经济全球化的冲击。在立法、联合执法、协同监管措施还不完善的全球市场体系中，存在大量监管真空、监管套利、市场投机、不同市场跨界发展，以及制假、欺诈、偷骗等问题，因此现代市场体系的健全及六个方面功能的有效发挥，还需要一个漫长的过程。

第五，现代市场纵向体系的六个方面职能，正在或即将作用于现代市场横向体系的各个领域。也就是说，在历史进程中逐渐完整的现代市场体系，不仅会在作为各国经济基础的产业经济中发挥作用，而且伴随着各类生成性资源的开发和利用，也会逐渐在城市经济、国际经济（包括深海经济和太空经济）中发挥作用。不同领域、不同类型的商品经济、要素经济和项目经济，产生了不同的参与主体，它们需要现代市场纵向体系六个方面的功能不断提升、完善。而这又需要当代经济理论，尤其是现代市场理论的不断提升与完善。

（三）重新认识市场失灵

市场失灵是源自新古典经济学的概念，因此当前对市场失灵的分析也主要集中在产业经济领域。通过此章对现代市场纵向体系六个方面功能结构的理论分析，以及通过美国现代市场体系成长发育的历史进程的案例分析，我们可以看到市场规则的完善远远滞后于历史进程。在1776年建国后早期的经济发展中，美国主流认同自由放任理念，此阶段美国主要是建立与完善市场要素体系和市场组织体系。1890年后，美国颁布第一部反垄断法，尤其在1929—1933年美国大萧条和世界经济大危机之后，美国的市场法制体系和市场监管体系才得以逐渐完善。20世纪90年代开始，面对混业经营和网络技术、信息通信手段的爆发式发展，美国的市场环境体系和市场基础设施才逐步得到提升。可见，现代市场纵向体系六个方面功能的完整和有序，乃至完善的市场机制、市场规则的形成，在这两百多年间，是远远落后于美国市场经济的实际历史进程的。在理论与实践上，现代市场纵向体系六个方面融为一体的完整市场功能，至今还没被充分地认识和运用，这不能不在客观上导致市场失灵。这类市场规则的滞后性之中，市场法制与监管系统的滞后是尤为突出的。可以说，在美国从完全竞争市场到垄断竞争市场，到寡头垄断市场，再向完全垄断市场发展的过程中，美国的法制与监管系统一直在走一条"危机导向""补丁升级"的"补丁填洞"之路。直至今日，当美国由垄断竞争市场走向寡头垄断市场的时候，如何对寡头垄断市场实行有效的法制监管，仍然存在理论和实践上的重重争议。法制与监管作为现代市场纵向体系的重要部分，是完整市场机制不可或缺的环节，而类似美国的"补丁填洞"的法制监管办法，无法为各类投资者创造公开、公平、公正的市场环境，这也必然会导致市场失灵。其次，社会公众需求的实现始终滞后于市场主体（即厂商或其他投资主体）利益的满足。市场产生竞争，竞争促进均衡，但在现实中，这一均衡主要是厂商均衡，即厂商在产品与价格、成本与收益、供给与需求三个层次上的短期或长期均衡。而社会公众需求与厂商利益的均衡在其中是基本缺位的，社会公众的利益主要靠各国政府的二次分配来保障，市场主体维护其利益的行为，可能对此造成障碍，这也会导致市场失灵。由于上述原因，可以说，现代市场经济体系的脆弱与市场失灵已成为常态。

现实中，围绕产业经济是否需要政府制定产业政策来"规划、引导；扶持、调节；监督、管理"，始终存在争议。共识是：市场发挥不了作用的地方，需要政府来发挥积极的作用，这样的地方就是市场失灵之处。比如，2001年诺贝尔经济学奖获得者约瑟夫·斯蒂格利茨在2014年提出了"学习型社会理论"，着重阐释了经济学关于市场失灵的最新发现。他认为：首先，创新活动（无论是模仿性的还是自主性的）具有很强的正外部性，以致在某些情况下成为全行业的公共物品，造成企业的行动激励受限；其次，信息搜寻和扩散也具有公共物品的性质，因此，单纯依靠市场机制的运作难以保证其被充分提供；最后，新兴产业在初期发展阶段存在市场不足甚至市场缺失的情形，这不仅涉及其自身产品的市场，也涉及相关投入品的市场，因此，为推动新兴产业的发展，需要非市场力量在鼓励创新、提供信息和培育市场方面发挥一定的积极作用，而政府干预就是最为重要而又效果显著的非市场力量。因此，斯蒂格利茨提出，政府干预有可能弥补市场不足，矫正市场失灵，其具体方式如下：一是产业政策与贸易政策，它们将有助于在产业范围内促进知识积累和扩散；二是财政和金融政策，它是产业政策实施所需的抓手；三是投资政策，政府通过补贴促进知识的生产和扩散；四是知识产权制度建设，它为知识发明者、生产者和扩散者提供正向激励。因此，为促进"学习型社会"的发展，产业政策是不可或缺的。① 北京大学的相关教授也承认产业政策的必要性，并提出着力探究实施产业政策的五大最优条件：一是产业政策必须顺应市场，顺势而为；二是鼓励竞争，这一点与新内生经济增长理论大师阿吉翁提出的"产业政策与竞争政策相结合"理论是一致的；三是谨慎干预，即政府不是发展主义者所幻想的领航员，而应该成为脚踏实地的服务生，要做好服务生，关键在于精准地抓住服务点；四是要有退出机制，需要研究产业政策退出机制的政治经济学；五是建立评估制度。当然，合理的政策评估体制和问责制度的建立，本身又是一个政治经济学的难题和课题。② 可见，斯蒂格利茨等学者仍然认为：第一，政府与市场是相隔离的；第二，市场

---

① 顾昕：《重新认识市场失灵：诺奖得主斯蒂格利茨论产业政策》，https://www.thepaper.cn/newsDetail_forward_1594001，2017年1月5日。
② 同上。

失灵以及弥补市场失灵的政策措施仍主要存在于产业经济领域。应该说，这一观点代表了当今世界经济学界对市场失灵的主流看法。

但笔者认为，当今世界各国经济发展中出现的各种理论与实践问题，不是市场或市场经济的问题，而是缺少现代市场理论、现代市场经济还不够完善的问题，现实的发展需要一种新的经济学体系。在此之前，笔者分析了现代市场横向体系包括产业资源领域、正在被持续开发的城市资源领域和将要开发的国际资源（如太空资源和深海资源等）领域，现代市场纵向体系则包括市场要素体系、市场组织体系、市场法制体系、市场监管体系、市场环境体系、市场基础设施等六大子系统。横向与纵向结合，形成完整的现代市场体系，六大子系统功能的充分实现，形成完整的现代市场机制。因此，在这一现代市场体系结构内，存在三种市场失灵。一是"市场机制缺陷性"失灵。它主要体现在当前大家热议的产业经济中。如前所述，现代市场纵向体系六个方面功能的有效实现需要整体性和有序性，如果其功能存在缺陷或缺失，现代市场体系的脆弱性就会显现，而六个子系统发展的偏颇也会导致不同的脆弱性。此种市场失灵在世界各国经济发展的不同阶段时常显现。二是"市场机制空白性"失灵。此种情形常出现在新生成性资源领域的投资、开发、建设中。传统经济学理论里缺乏"资源生成""生成性资源"的概念，因此难以处理以基础设施投资建设为主体的城市经济的开发运用，产业经济理论在这里陷入矛盾之中，反而责怪政府干预了市场，这使各国的新生成性资源领域（包括以后会大力发展的太空经济、海洋经济等领域）的投资、开发、建设缺乏市场理论的指导，市场运行机制在其中缺位。三是"市场机制障碍性"失灵。由上可知，不管是产业经济，还是资源生成领域的投资开发经济，都需遵循现代市场机制，即现代市场纵向体系六个子系统要充分发挥其功能作用。然而，由于产业经济主体或资源生成领域的投资开发主体受利益驱动，容易制造与市场规则相违背的人为性障碍，从而妨碍市场的公开、公平、公正。

现代市场横向体系的各个领域都需遵循现代市场纵向体系六大子系统的规则，在商品、要素、项目市场中，让价格、供求、竞争等机制发挥作用，让竞争主体在这六大功能结构中服从市场规则，遵循市场配置资源原则，实现市场的公开、公平、公正。因此，我们只有弄清楚市场失灵的类型，才能对症下药，有的放矢，有效应对，才能真正发挥市场配置资源的作用，同时更好地发挥政府作用。

二、成熟有为政府

（一）政府超前引领

笔者认为，成熟有为政府应该做好超前引领，即企业做企业该做的事，政府则做企业做不了、做不好的事，二者都不能缺位、虚位。正如前面所述，政府的超前引领，就是遵循市场规则，依靠市场力量，做好产业经济的引导、调节、预警；城市经济的调配、参与、维序；民生经济的保障、托底、提升。这需要政府运用规划、投资、消费、价格、税收、利率、汇率、法律等手段，进行政策、理念、制度、组织、技术创新，有效推动供给侧或需求侧结构性改革，形成经济增长的领先优势，推动科学、可持续发展。

如第七章所述，在理论上，政府超前引领与凯恩斯主义政府干预有着本质区别：第一是行为节点不同；第二是调节侧重点、政策手段不同；第三，也是更重要的是，政府的职能角色不同；第四是运行模式不同。此处不再详述。

在实践层面，当前世界各国多数正处于经济转轨、社会转型或探索跨越"中等收入陷阱"的关键时期，通过政府超前引领促进产业转型、城市升级，成为世界各国区域政府探讨的发展路径之一。以 2010 年前后笔者在广东省佛山市任市长、市委书记的经历为例，下文尝试探讨政府超前引领的具体举措。

2009 年，佛山市面积 3797.72 平方公里、常住人口 687.47 万人，地区生产总值 4852.88 亿元人民币，在中国大中城市中排名第 11 位，人均国内生产总值为 72167 元人民币（当年约 1.1 万美元），产业发展进入工业化后期和后工业化初期。在产业转型、城市化加速、国际化程度提升的新形势下，如何加快产业转型和城市升级，对佛山来说是十分迫切的问题。佛山市政府结合实际，深入调研，先行先试，探索出运用政策措施促进产业转型、城市升级的五种路径。

第一，"双转移"和"腾笼换鸟"。佛山市政府积极实施"双转移"（即产业转移和劳动力转移）战略，运用银行贷款、政府贴息、金融担保等政策措施，推进"三个一批"政策，实现"腾笼换鸟"，引领产业加快转型。所谓"三个一批"，具体举措如下。

一是关转一批，即政府加快淘汰落后产能，关停或整治了污染大、能耗高的陶瓷、水泥、漂染、铝型材熔铸、玻璃等行业累计 1200 多家企业，其中直接关停高能耗、高污染企业 649 家。同时，政府引导劳动密集型企业向后发地区转移，近年，佛山市约有 460 个项目转移到广东省一些山区市的产业园区，既为佛山的产业转型升级腾出了发展空间，又为转入地的经济发展注入了动力。

二是提升一批，即政府促进信息化与工业化融合，服务业与制造业配套，推动传统产业向重型化、创新化、高端化转型。以陶瓷产业为例，2007 年佛山全市有 400 多家生产企业，经过三年改造提升，保留的 50 家企业全部实现清洁生产和生产工艺再造，从生产基地发展为多功能基地，包含总部和会展、研发、物流及信息中心等。这三年期间，佛山市陶瓷产量减少40%，但产值、税收增长33%，能耗下降25%，二氧化硫排放量减少20%。

三是培植一批，即政府通过招商选资，主攻光电、新材料产业和现代服务业，培育了新医药、环保、电动汽车产业，促进了新能源（太阳能光伏）、新光源（液晶显示器）等一批新兴产业的迅速成型。这些举措有效降低了传统产业的比重，佛山市也成为国家新型工业化产业示范基地和国家级电子信息（光电显示）产业示范基地。同时，借助"三旧"（旧城镇、旧厂房、旧村居）改造，佛山发展新城市、新产业、新社区，既提高了土地利用效率，又促进了产业转型、城市转型和环境再造。

第二，引进大项目、促进产业升级。佛山市政府在推进产业转型、城市升级的过程中，注重招商引资，采用政策措施推动金融投资（如私募股权投资、风险投资等），重点瞄准战略性新兴产业、先进制造业、现代服务业的龙头项目，通过投资、引进具备国际水平的大项目，迅速培育新的产业集群，抢占产业发展的战略制高点。如通过引进奇美电子平板显示模组项目，吸引芯片、面板、模具、塑料等上游配套厂商以及下游的电视整机厂商前来投资，形成液晶平板显示器的完整产业链，带动佛山市家电产业升级；通过引进彩虹有机液晶显示屏项目，带动第三代显示器产业发展；通过引进一汽大众项目，带动整个汽车配件制造业向产业集群和完整的产业链条发展。

这一时期，佛山市引进了世界500强企业中47家的投资项目87个，国内500强企业中99家的投资项目167个，形成了一批在国内同行业中具备龙头地位的骨干企业，在技术、标准和品牌上均有引领示范作用，这有效提升了佛山市的产业结构和城市发展水平。

第三，推动科技进步、自主创新。这一时期，佛山市有工商登记注册企业34.7万多家，其中工业企业超过10万家，但亿元以上产值企业只有

2200多家，亿元以下产值的中小企业占了99%以上。鉴于这种产业结构状况，佛山市政府促进金融、科技、产业融合发展，不断创新，制定了夯实基础、创造品牌、注册专利、制定标准、输出品牌的引导和激励政策，鼓励和支持企业自主打造行业标准、国家标准乃至国际标准，形成自己的核心技术，以自身的品牌、专利、标准为依托，委托其他企业为佛山企业做贴牌生产。

这一时期，佛山市政府每年拿出10亿元资金，通过直接奖励的方式引导企业加强科技投入、自主创新。2008年，这一举措带动企业投入220多亿元，增长47%；2009年，在国际金融危机的影响下，仍然带动企业投资308多亿元，增长39%。通过这类政策措施，佛山市政府推动科技进步、自主创新，引领产业转型、城市升级，使佛山成为"建设创新型国家十强市""中国品牌经济城市"和"中国品牌之都"，成为广东省地级市中唯一的国家驰名商标和著名品牌示范城市。2010年前后，佛山累计专利申请量达到13万件，专利授权量8.6万件，均位居中国地级市第一，拥有中国驰名商标42件、中国名牌产品65个，在中国大中城市中排名第四位。

第四，运用金融政策，建设产业高地。佛山市政府借助资本力量和金融政策手段，促进企业与资本市场有效结合，做大做强。对内，佛山实施了三项金融发展计划：一是通过推动企业上市的"463"计划①，使佛山的上市企业从2007年的13家增加到2010年的26家，并形成了由102家企业组成的上市梯队。同时，政府支持企业并购也促进了产业转型升级。二是通过培育股权投资基金、中小企业担保基金、人才基金等，推动实业与金融的有效对接。这一时期，佛山共有各类基金15支，股权投资基金规

---

① "463"计划指从2008年开始，4年内至少推动佛山100家企业实施股份制改造或正式启动上市程序，推动其中60家企业在境内外成功上市，融资总额力争达到300亿元。

模约 12 亿元，其中地方政府投入的引导资金为 1.26 亿元，带动民间资本约 11 亿元，加快了企业在中小板、创业板的上市步伐，准备申报的企业有 45 家，辅导改制或拟改制的企业有 30 多家。三是通过金融创新，如发展村镇银行、小额贷款公司等，为产业转型、升级发展提供金融支撑。对外，借助联合国工业发展组织将佛山确立为中国唯一的产业集群与资本市场有效运作示范城市的契机，佛山市积极引入外来银行进驻位于佛山的广东省金融高新技术服务区。这一时期有 28 个项目签约进驻，总投资 65.79 亿元。仅 2009 年 10 月开始实施《〈内地与香港关于建立更紧密经贸关系的安排〉补充协议六》[①] 以来，就有四家港资银行进驻佛山。这些举措使企业的转型升级获得资本市场的有力支持，同时帮助企业建立起与国际接轨的管理机制，尤其使民营企业建立起现代企业制度，实现转型发展，形成新的活力。民营经济对全市经济增长的贡献率达到 61.8%。

第五，推动"四化融合，智慧佛山"建设。佛山市政府紧跟全球信息技术革命和建设智慧城市的浪潮，通过金融政策手段，推动"四化融合，智慧佛山"建设，引领城市未来发展，这成为贯穿佛山市"十二五"时期产业转型升级的战略突破口。其具体举措如下。

一是促进信息化与工业化融合，大力培育与信息化相关联的光电显示、射频识别技术，以及物联网、工业设计、服务外包等新兴产业，改造、提升传统产业。如顺德区龙江镇有 1700 多家家具企业，产值超亿元的企业才几家，而维尚集团采用三维视觉效果技术，提供个性化定制，改变传统家具企业"以货待购"的销售模式，变买方市场为卖方市场，仅两

---

① 《补充协议六》于 2009 年 5 月 9 日签署，并于当年 10 月 1 日正式启动，旨在进一步提高内地与香港地区的经贸交流与合作水平。根据协议，内地在法律、建筑、医疗、研究和开发、房地产、人员提供与安排、印刷、会展、公用事业、电信、视听、分销、银行、证券、旅游、文娱、海运、航空运输、铁路运输、个体工商户等 20 个领域进一步放宽市场准入的条件。其中有很多具体措施在广东省"先试先行"。

三年销售规模就超过了3亿元。又如美的集团用物联网技术将家用电器改造提升为智能家电，取代了传统家电，带来了家电产业的新革命。

二是促进信息化与城镇化融合，积极探索推进电信网、电视网、互联网三网融合，发展智能交通、智能治安、智能城管、智能教育、智能医疗、智能文化、智能商务、智能政务等智能服务和管理体系，形成无处不在的"U佛山"，促进城市实现从管理到服务、从治理到运营、从局部应用到一体化服务的三大跨越，使佛山市成为宜居、宜商、宜发展的智慧家园。

三是促进信息化与国际化融合。在微观层面，政府引导企业以物联网、互联网和射频识别等信息技术为依托，建立国际化的研发、生产、销售和服务体系，提高开拓国际市场的能力，如依托物联网把佛山打造成为陶瓷、家电的国际采购中心。在宏观层面，政府通过建设跨部门、跨行业、跨地区的"电子口岸"即大通关信息平台，为企业提供电子支付、物流配送、电子报关、电子报检等"一站式"通关服务，为企业进入国际市场铺就了"高速公路"。

2010年上半年，佛山市地区生产总值达2651亿元，增速13.8%，且先进制造业、高新技术产业和现代服务业比重不断提高，逐渐具备现代产业体系的优良结构，形成向先进城市发展的趋势。佛山市的实践证明，政府有效运用政策措施进行超前引领，是促进地方产业转型、城市升级的制胜路径，能够有力促进区域经济的科学、可持续发展。[1]

因此，对于社会经济发展，成熟有为政府需要超前引领，政府超前引领是区域竞争与发展的关键。而竞争需要创新，创新就是竞争力，持续的创新就是持续的竞争力，政府创新是世界各国区域政府竞争的核心。正如

---

[1] 宋菁：《智慧佛山：分权逻辑下的转型路径》，《中国民营科技与经济》，2011年第7期，第50-55页。

第七章所述，"理念超前引领"是区域经济发展处于要素驱动阶段时的重要竞争力；"组织超前引领"是区域经济发展处于投资驱动阶段时竞争的关键；"制度与技术超前引领"是区域经济发展处于创新驱动阶段时的竞争制胜点；"全面超前引领"是区域经济发展处于财富驱动阶段时竞争的必然选择。

（二）重新认识政府失灵

如前所述，亚当·斯密在《国富论》中提出"看不见的手"和"守夜人政府"理论，被古典经济学、新古典经济学发扬光大。凯恩斯面对英国经济萧条、工人失业和1929—1933年美国乃至世界的经济大危机，提出了国家干预经济的系列主张与具体措施，从此政府对经济的干预调节成了西方国家的重要政策，并被后凯恩斯主义扩大化。20世纪70年代末，西方国家经济陷入滞胀，菲利普斯曲线难以解释失业增加、经济停滞不前和高通胀率并存的滞胀现象，"政府失灵"的概念油然而生，并开始成为主流经济学研究的焦点问题。

政府失灵，又称政府失败或政府缺陷，按传统的经济学观点，是指个人对公共物品的需求得不到很好地满足，公共部门在提供公共物品时趋向于浪费和滥用资源，致使公共支出规模过大或者效率降低，政府的活动或干预措施缺乏效率，或者说，政府作出了降低经济效率的决策或不能实施改善经济效率的决策。传统经济学认为其主要表现形式包括：第一，由于行为能力和其他客观因素制约，政府干预经济活动达不到预期目标；第二，政府干预经济活动达到了预期目标，但效率低下，或者说成本昂贵，导致资源并未得到充分有效的利用；第三，政府干预经济活动达到了预期目标，也有较高的效率，但都带来不利的、事先未曾预料到的副作用；第四，某些外部性问题或国际性经济贸易问题，一国政府无能力解决，如核利用中的污染问题、国际贸易纠纷问题等。传统经济学认为政府失灵的主要原因包括：第一，公共决策过程中的缺陷导致公共政策低效甚至偏离公共目标；第二，公共政策执行的低效率引起了政策失灵；第三，公共政策自身的不确定性导致干预失灵；第四，寻租造成了政府失灵；第五，政府在调控经济的过程中所固有的缺陷导致了"政府失灵"等。

在此，笔者不去评论上述观点正确或完善与否，而是尝试从实践出发，通过各国对三类资源的有效配置来分析、评估区域政府在资源配置、经济发展中扮演的角色和发挥的作用。

每个国家或区域都存在三类资源，而如何配置这三类资源则界定了有为政府的类型。如前所述，对非经营性资源（民生经济），政府的配套政策应遵循"公平公正、基本托底、有效提升"原则；对可经营性资源（产业经济），政府的配套政策应体现"规划、引导；扶持、调节；监督、管理"原则；对准经营性资源（城市经济乃至太空经济、海洋经济等），政府的配套政策应遵循"既是竞争参与者，又是调配、监督者"的原则。也就是说，国家或区域政府在配置三类资源的过程中，应根据各类资源的不同特点，配套相匹配的政策，促进社会经济的均衡、高速发展，而这类政策亦即政府行为，就是有为政府的应有之义。

政府在市场经济中应有所作为，然而在现实中存在三种政府失灵。一是"民生经济不足型"政府失灵。此类政府把民生经济当作一种负担，既没有基本托底，又没有有效提升，更没有考虑到公平、公正的民生基础对营造稳定、和谐、宜商、宜居、宜业、宜游的投资环境的重要作用。此类政府失灵是政府"缺知型"的失灵。二是"产业政策缺失型"政府失灵。它既包括对产业经济的"规划、引导、扶持"政策的缺失，又包括对产业经济的"调节、监督、管理"政策的缺失。区域政府如果缺乏上述两方面的政策，或者只偏重其中一类政策，就会出现放任自流或干预失当的状况。此类政府失灵是政府"错知型"的失灵。三是"城市建设空白型"政府失灵。比如缺少或几乎没有通过城市建设（基础设施软硬件的投资建设乃至智能城市的开发运营）促进区域经济增长的政策措施。或者存在某些基础设施的投资建设，但规模小，布局分散，政府既没有作为主体之一参与竞争，又没有作为主要监管者在其中发挥调节作用。又或者，政府参与竞争，但没有遵循市场规则，而是为了行政政绩，只负责投入，不在乎收益，只注重建设，不重视经营，只考虑公益性，而忽视效益性，这造成了城市基础设施大量耗损、城市建设低质运作、城市管理无序运行等问题。此类政府失灵是政府"无知型"的失灵。

世界各国的区域政府均具有准宏观和准微观的双重属性（世界各国政府在全球经济一体化运行中同样具有此双重属性），在市场经济体系中与企业一起成为双重竞争主体。政府如何通过理念、组织、技术和制度创新，做到超前引领，避免或减少政府失灵，从而形成现代市场经济中"有为政府＋有效市场"的最佳模式，是世界各国政府都需要面对的课题。我们应促进有为政府与有效市场的有机结合，助力全球经济全面、科学、可持续发展。

三、市场竞争双重主体

（一）区域政府与企业都是资源调配的主体

按照传统的西方经济学的解释，无论是国家政府还是区域政府，政府应该做市场做不了的事，意即只在市场失灵的情况下才进行边缘性调控，行为上应当是消极被动的，维护市场秩序是政府的主要职责。然而，正如笔者前述分析的，也正如世界各国经济发展的实践表明的那样，在现代市场经济体系中，不论国家政府还是区域政府，都具有准宏观和准微观的双重属性。仍以各国区域政府为例，一方面，区域政府代理国家政府，对本区域经济进行宏观管理和调控，扮演"准宏观"的角色；另一方面，区域政府代理本区域的社会非政府主体，调配本区域的资源，通过制度、组织、技术等创新，与其他区域政府展开竞争，以实现本区域经济利益最大化，即扮演"准微观"的角色。

"准"意味着不属于某个范畴，却在一定程度上承担或具备了某种与该范畴相同的职能或属性。综合政府和企业的相同点可以发现，区域政府不是企业，但其具有一定程度上的企业行为特征。区域政府"准微观"角色的内涵，正如第四章所阐述，主要表现在如下方面。第一，区域政府具有较强的经济独立性，为实现本区域经济利益最大化，努力开展理念、制度、组织和技术创新。区域管理者在竞争中培养的改革魄力和超前思维具有鲜明的熊彼特所说的"企业家精神"。第二，区域政府的组织管理可以吸收和借鉴企业丰富的管理理论和优秀的实践经验，建立高效运转的内部管理模式。第三，区域政府充分尊重市场决定资源配置的主导作用，按照市场规律发挥管理职能，展开区域政府间"三类九要素"的竞争，使区域政府准微观作用得以充分发挥。

区域政府和企业属于两个不同的主体范畴。企业是微观经济主体，区域政府则是中观经济主体。区域政府和企业有明显的区别——生产目的、生存方式、管理方式和绩效标准都不同，但区域政府行为与企业行为又有相似性：

第一，区域政府与企业都是资源调配的主体。正如科斯所述，企业本质上是一种可以和市场相互替代的资源配置机制。企业的内部管理就是通过计划、组织、人事、预算等一系列手段对企业拥有的资源按照利润最大化原则进行配置。区域政府也拥有一定的公共资源，合理配置和利用这些公共资源以取得最大的产出效率，也是区域政府的重要职责。在第四章和第五章中，笔者已阐述过，区域政府竞争的目标函数是财政收入决定机制，在以收定支的原则下，区域政府通过财政支出结构优化调节投资性支出、消费性支出和转移性支出，通过财政四两拨千斤的杠杆作用，运用规划引导、预算支出、组织管理和政策配套等方式，使自身成为区域资源调配的主体。可见，区域政府与企业一样，都具有资源调配的功能，只是在范围和目的等方面存在差别。

第二，竞争机制在区域政府之间与企业之间始终存在并成为区域经济发展的源动力。企业之间的竞争是市场经济发挥作用的表现：在完全竞争市场条件下，企业要在竞争中取胜，就必须在制作成本上保持竞争优势；在垄断竞争市场中，企业要靠自己的特色即所谓的特有价值、核心竞争力才能生存下去；在寡头垄断市场，市场似乎被大寡头所控制，但在寡头之间仍然存在博弈关系，其生存竞争仍然激烈；等等。可以说，企业竞争是产业经济发展的源动力。而区域政府之间的竞争也是市场经济发挥作用的表现，正如第五章所述，它集中表现在区域间三类九要素的竞争上：区域政府通过对项目、产业链配套、进出口、基础设施投资、人才科技扶持、财政金融支持以及政策、环境和组织管理配套等的竞争，推动着区域产业经济、城市经济和民生经济的可持续增长。可以说，区域政府竞争也是区域经济发展的源动力。

第三，区域政府和企业都必须在尊重市场规则的前提下活动。在市场经济环境下，企业要不断探索市场规律、准确判断市场形势，以便决定企业内部资源如何调配。企业必须尊重市场规则，接收市场价格信号，适应市场需求，才能生存和发展。区域政府也只有在遵循市场决定资源配置原则的前提下，更好地发挥政府调配区域资源的作用，才能使本区域在竞争中脱颖而出。正如第六章所述，区域经济的发展呈现梯度推移模式，区域政府只有在尊重市场规则的前提下，配套有效的产业政策以发展产业经济，作为第一投资人积极参与城市经济竞争，不断改善提升民生经济，才能超前引领本区域的经济和社会发展，使本区域居于区域间梯度发展模型的领先位置。

第四，区域政府和企业都以利益最大化为最初目标调配资源。企业的行为目标我们已经做过分析，区域政府行为的市场取向，必然导致其目标函数和约束条件带有明显的"准微观"特征。区域政府作为独立的竞争主体，其主要目标函数是区域政府收入的最大化，也就是预算规模的最大化，而预算规模一般取决于以下两个因素：一是与本区域经济发展水平相联系的财政收入规模；二是上一级政府与区域政府分配财政收入的比例。由于分配比例一般可以预先确定，而且一旦确定短时期内不会改变，所以分配比例确定之后，区域政府财政收入的持续增长将不再依赖上一级行政组织，而是与本区域经济总产出水平密切相关。因此，区域政府必然会成为具有自身经济利益目标的经济主体，追求自身利益的最大化。区域政府通过开展理念、制度、组织和技术创新，增加地区生产总值和税收收入。此时，区域政府的行为主要受市场经济条件下的区域资源、法律、制度和社会民众可接受程度等因素的约束。区域政府的收入函数和约束条件可表述如下。

$$\begin{cases} Y = a \cdot b \cdot GDP \\ GDP = C + I + G + NX \\ C = f_1(G, A_i) \\ I = f_2(G, B_i) \\ NX = f_3(G, D_i) \\ \text{s.t.} \quad G = f_4(R, Z, F, E) \end{cases}$$

Y：区域政府财政收入，即区域总财政收入扣除上级政府划走的收入

a：区域政府财政收入在区域总财政收入中的占比

b：区域总财政收入在地区生产总值中的占比

GDP：公式中指地区生产总值

C：消费　　I：投资　　G：区域政府支出　　NX：区域净出口

A_i：区域政府行为以外的其他影响消费的因素

B_i：区域政府行为以外的其他影响投资的因素

D_i：区域政府行为以外的其他影响出口的因素

R：区域资源；Z：制度约束；F：法律约束；E：民意约束

该模型中的 Y 代表了区域政府财政收入，a 为区域政府与上级政府分配财政收入的系数，一定时期内会保持不变，b 为分享系数，与税率相关，也比较固定；所以区域政府财政收入的扩大主要依赖于该区域地区生产总值的增长——因此如果经济繁荣，则区域政府在地区生产总值中分享到的政府收入也高，这时，区域政府收入最大化的主要出路就是做大做强本区域的地区生产总值。正如第七章所分析的，区域政府不再是消极被动地分享地区生产总值，而是主动、直接地发挥作用，通过一系列配套政策对企业投资、私人消费、进出口行为进行引导和调整，使区域的消费、投资、净出口等地区生产总值的构成要素直接成为区域政府的行为导向，进而促进地区生产总值增长，提高区域财政收入水平。当然，一切经济学问题都是"在约束条件下求极值"，所以，区域政府作用的发挥以及区域财政收入的状况最终还要受到市场经济条件下区域资源、制度、法律和民众意愿等多种因素的制约。

（二）市场竞争双重主体的关系

首先，企业竞争主要体现在产业经济领域，区域政府竞争主要体现在城市经济领域。

市场竞争的双重主体分别属于两个层面的竞争体系，即企业之间的竞争体系和区域政府之间的竞争体系。企业竞争体系和区域政府竞争体系是双环运作体系，二者既相互独立又相互联系，共同构成市场经济中的双重竞争系统。企业竞争体系只作用于微观经济中的企业之间，任何区域政府只能是市场竞争环境的营造者、协调者和监管者，从政策、制度和环境上确保企业开展公开、公平、公正的竞争，而不应和企业一样成为微观经济的主体，参与到企业竞争活动中去，政府也无权对企业的微观经济事务进行直接干预。而区域政府间的竞争也只是在区域政府之间展开，各区域政府是中观经济中平等竞争的市场主体，它们就区域资源的调配、区域经济效率及效益展开竞争。区域政府之间的竞争以尊重企业的市场竞争为前提，不将企业竞争纳入区域政府竞争的层面。

同时，区域政府竞争体系又以企业竞争体系为依托，并对企业竞争体系发挥引导、协调和监管作用。企业竞争是市场经济的根本属性，是市场经济焕发生机活力的重要因素，没有企业竞争的经济不是市场经济，企业层面的竞争是市场竞争的基础；而区域政府竞争是基于区域内的企业竞争，围绕着企业竞争的条件、环境、政策和效率等配套服务展开的。没有企业竞争等同于缺乏市场经济的基本属性，区域政府间的竞争就会演化为行政权纷争。因此，在现代市场经济体系中，既存在企业层面的竞争，而企业的竞争又带动了区域政府间的竞争，可以说，市场竞争双重主体的确立源于现代市场体系和机制的健全与完善。区域政府竞争主要体现在重大项目落地、产业链完善、进出口便利和人才、科技、资金、政策、环境、效率等配套上，它对企业竞争发挥着超前引领的作用。正如第七章所述，区域政府竞争是在企业竞争层面之上的一种竞争体系，如图 9-1 所示。

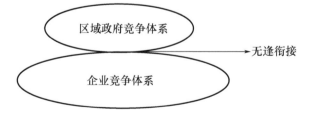

图 9-1　市场竞争双重主体关系示意图

图9-1表明了区域政府竞争体系与企业竞争体系之间既各自独立又相互衔接的关系。区域政府竞争与企业竞争互不交叉，但基于区域政府的超前引领作用，二者又形成了彼此支撑、互相影响的紧密连接，所以它们不是截然分开的，而是无缝衔接的两个独立竞争体系。区域政府竞争与企业竞争的"边界划分"，是我们处理好这两个竞争体系问题的关键。

其次，企业竞争的核心是在资源稀缺条件下的资源优化配置问题，区域政府竞争的核心是在资源生成基础上的资源优化配置问题。

正如第二章区域政府经济行为鸟瞰中所分析的，对企业的竞争行为及其后果的研究其实是在微观经济运行中对资源稀缺条件下资源优化配置问题的研究，研究的焦点是企业竞争中的主要经济变量即价格决定机制，研究的内容延伸形成了均衡价格理论、消费者选择理论、生产要素价格决定理论、完全竞争市场和不完全竞争市场理论、一般均衡论、博弈论和市场失灵理论等；而对区域政府竞争行为及其后果的研究其实是在中观经济运行中对资源生成基础上的资源优化配置问题的研究，研究的焦点是影响区域政府竞争的主要经济变量即区域财政收入与支出的决定机制，研究的内容延伸形成了资源生成理论、区域政府双重属性理论、区域政府竞争理论、竞争型经济增长理论、政府超前引领理论、经济发展新引擎理论、市场竞争双重主体理论和成熟市场经济的双强机制理论等；企业、区域政府与宏观经济学研究的主体——国家，共同构成了现代市场体系中市场竞争双重主体理论结构，如图9-2所示。

现代市场经济的驱动力，不仅来自微观经济领域的企业竞争，而且来自中观经济领域的区域政府竞争，它们是现代经济体系中的双重竞争主体，构成现代市场经济发展的双动力，推动着区域经济或一国经济的可持续发展。

最后，企业竞争与区域竞争的结果同样都呈现出符合二八定律的状态。

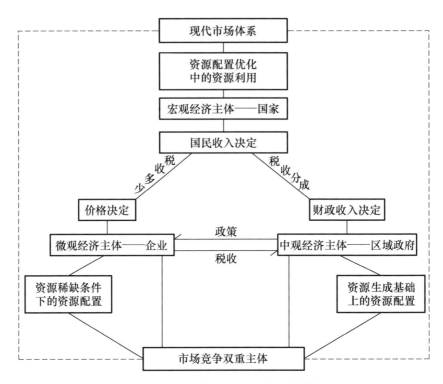

图 9-2　市场竞争双重主体理论结构

美国哈佛大学迈克尔·波特教授在《国家竞争优势》一书中描画出企业竞争发展的四阶段论，即要素驱动阶段、投资驱动阶段、创新驱动阶段和财富驱动阶段。本书第六章对竞争型经济增长的讨论，也详细阐明了区域政府竞争发展的四阶段论，即由产业经济竞争主导的增长阶段、由城市经济竞争主导的增长阶段、由创新经济竞争主导的增长阶段和由竞争与合作经济主导的增长阶段。无论从经济学理论上分析，还是从世界各国经济发展的实践进程看，企业竞争和区域政府竞争的结果都呈现出梯度推移状态，并最终按照二八定律分布，如图9-3所示。也就是说，在企业竞争或区域政府竞争中，能够超前引领，围绕企业或区域经济发展的目标函数，采取各种措施，进行理念、技术、组织和制度创新，有效推动企业或区域实现科学、可持续发展的主体，最终都能脱颖而出，成为行业或区域的领头羊；而那些无法超前引领、改革创新的企业或区域，则会处于落后状态。此时，在经济发展的梯度结构中，20％处于领先地位的龙头企业或先进区域，将占有80％的市场和80％的收益，而80％的落后企业或滞后区域，往往只占有20％的市场和20％的收益。

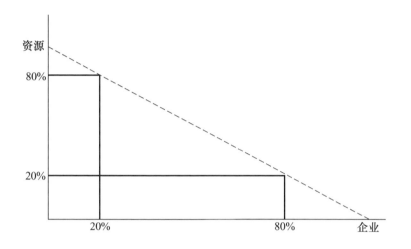

图 9-3　二八定律图

当然，在现实经济发展中，由于企业竞争和区域政府竞争的双轮驱动，客观上将产生世界各国共享的思想性、物质性、组织性和制度性公共物品，它们将给落后的企业或区域带来更多的发展机会，也让企业或区域经济增长的成果被更多人共享。也就是说，各企业或各区域的发展将从非均衡逐步走向均衡，但经济学的理论和实践都清晰表明，此时的均衡是经济发展梯度结构的均衡，而非经济发展平面结构的均衡。

（三）区域经济竞争的发展规律

规律是事物之间的内在的本质联系，决定着事物发展的趋向。规律具有必然性、普遍性、客观性和永恒性。

如前所述，企业和区域政府是现代市场经济的双重主体，企业竞争和区域政府竞争是产业经济、城市经济和民生经济发展的双轮驱动力。在世界各国的经济实践中,这两种竞争呈现出三大规律。

一是二八效应集聚律。此规律表现出三大特征。第一,企业竞争与区域政府竞争同生共长。也就是说,微观经济学研究的是资源稀缺条件下的资源优化配置问题,企业是资源调配的主体;中观经济学研究的是资源生成基础上的资源优化配置问题,区域政府是资源调配的主体(宏观经济学研究的是资源优化配置前提下的资源利用问题,国家是资源利用的主体),二者在市场经济体系下,在产业经济和城市经济发展过程中分别发挥不同的作用。可以说,企业竞争和区域政府竞争既相互独立,又互相联系、互为补充,在现代市场经济的竞争体系中同生共长。这已在本书第二章第一节做过详细阐述。第二,企业竞争与区域政府竞争的发展轨迹不同。企业竞争在经济发展的要素驱动阶段、投资驱动阶段、创新驱动阶段和财富驱动阶段的运行轨迹,主要呈现为完全竞争、垄断竞争、寡头垄断和完全垄断的演变与争夺过程,即在区域经济递进发展的过程中,企业竞争呈现出"由强渐弱"的迹象,而区域政府的"三类九要素"竞争,从由产业经济竞争主导的增长阶段,到由城市经济竞争主导的增长阶段,再到由创新经济竞争主导的增长阶段,最后到由竞争与合作经济主导的增长阶段,一直呈现出"由弱渐强"的发展轨迹。这已在本书第六章做过详细阐述。第三,在世界范围内,企业竞争与区域政府竞争的结果最终都符合二八定律。也就是说,在市场经济条件下,区域经济发展首先表现为竞争型的经济增长,且这种增长呈现出梯度发展趋势(详见本书第六章)。产业链集聚、城市群集聚、民生福利提升等发展成果,都主要集中在领先发展的区域中。因此,所谓二八效应集聚律,就是在企业竞争和区域政府竞争的双轮驱动下,世界各国区域经济的发展,正逐渐呈现出产业集聚、城市集聚和民生福利提升等成果在领先的发达国家或领先发展的区域越来越集中的现象,即世界经济发展的结果呈现出梯度格局。可以说,二八效应集聚律是二八定律在另一个层面的翻版。

二是梯度变格均衡律。此规律作用于三个阶段。第一阶段，区域的资源配置领域出现资源稀缺与资源生成相配对的状态。也就是说，资源稀缺是企业竞争的前提条件，资源生成是区域政府竞争的前提条件，当经济发展从企业竞争延伸到区域政府竞争、从微观经济延伸到中观经济、从产业资源延伸到城市资源甚至逐步涉及太空资源、深海资源、极地资源的时候，世界各国区域经济发展将向均衡的方向迈出实质性的步伐。第二阶段，区域的资源生成领域出现正向性资源（原生性资源和次生性资源）与负向性资源（逆生性资源）相掣肘的态势。也就是说，正向性资源的开发将成为企业竞争和区域政府竞争的新平台，助推区域经济发展，不断创造新的区域经济增长点；而负向性资源的产生却给区域经济增长或人类社会和谐带来诸多弊端；两者相互掣肘，促使区域经济均衡发展。第三阶段，区域的经济增长目标由单一转向多元。这一阶段也是经济发展从要素驱动阶段向投资驱动阶段、创新驱动阶段、财富驱动阶段逐级演进的过程。此时经济增长的目标不再仅追求投资、消费和出口的均衡，而更加追求产业、生态、民生事业、城市建设的均衡发展，即一国各区域都追求宜居、宜业、宜游的全面均衡，促进社会全面进步。区域政府追求多元化的经济增长目标并配套有效的政策措施，将促进区域经济均衡化发展。这种均衡性既表现为某一区域产业发展、城市建设和社会民生进步的均衡性趋势，又表现为区域间产业发展、城市建设和社会民生进步的均衡性趋势。后者在实践中呈现出梯度结构的均衡性，因此笔者将其命名为"梯度均衡"，这是一个值得经济学界认真研究、深入分析的课题。

三是竞争合作协同律。既然区域间（或国家间）经济发展的均衡性趋势呈现梯度结构的均衡状态，竞争合作协同律就必然主要集中在区域间经济发展的三大协同上。其一，政策协同性。企业竞争对产业资源起调节作用，区域政府竞争对城市资源和其他生成性资源起调节作用。正如本书第二章所阐述的，政府参与某一具体项目竞争的载体主要是国有企业、国有合资企业、国有股份制企业。因此，在企业竞争中运用好竞争中性原则、推出适度的产业政策，在区域政府竞争中为本区域做好系列政策的配套措施，以及在区域间（国家间）协同制定政策、推进新型工业化、新型城镇化、智能城市开发、科技项目投入、基础设施现代化和农业现代化等，就变得特别重要。应该说，企业竞争和区域政府竞争必然导向各竞争主体在政策上相互协同。其二，创新协同性。它表现在三个方面：一是重大科技项目存在资金投入多、周期长、失败可能性高和风险大等系列问题，需要各竞争主体的创新协同；二是新的科技成果的获得需要综合运用人类智慧，这有赖于各竞争主体的创新协同；三是跨区域、跨领域、跨国界的思想性、物质性、组织性和制度性公共物品的不断形成，需要各竞争主体的创新协同。在世界各国处于区域经济发展模式转换和社会转型的深化阶段时，区域间的创新协同也是大势所趋。其三，规则协同性。正如本书第八章所述，区域间的经济竞争规律——公平与效率，区域间的共同治理规则——合作与共赢，区域间的安全秩序规则——和平与稳定，等等，都将随着区域经济发展阶段的深化，客观地进入各竞争主体的议事日程。因此，所谓竞争合作协同律，实质就是在区域经济发展的不同阶段，各竞争主体为了共同的发展目标，依靠各种不同的产业、投资、创新等平台，汇聚人才、资本、信息、技术等要素，实现竞争政策的协同、创新驱动的协同和竞争规则的协同，从而突破竞争壁垒，有效合作，共同发展。竞争合作协同律的最终落脚点是各区域（国家）经济同生共长，合作共赢。这也已经成为一种客观的、必然的趋势。

为了从实践角度深入理解区域经济竞争的发展规律，我们引用 2019 年 3 月 18 日中国发展研究基金会发布的《中国城市群一体化报告》，来具体分析中国区域经济竞争的情况。

该报告运用了 ACEP 指数测量区域一体化情况，ACEP 指数包括以下四个基本要素：一是经济集聚度（A），用城市群区域生产总值占国内生产总值的比重与城市群区域经济密度①的乘积表示，A 值越高，表明各种产业和经济活动越集中在该城市群区域；二是区域连接性（C），用城市群区域的客运量和货运量来衡量区域连接效果，C 值越高表明区域内各城市的经济联系越密切；三是经济均等化（E），用 1 减去城市群区域的人均生产总值基尼系数②来表示，E 值越高，表明区域内各城市的经济发展差距越小；四是政策协同性（P），用 1 减去城市群区域的人均财政支出基尼系数来表示，P 值越高，表明协同区域内各城市政策所需的经济和行政成本越少，公共服务水平差距也越小。由以上四个指标加权构建的指数被称为 ACEP 指数，取值范围在 0 到 100 之间，ACEP 指数越高，表明区域一体化水平越高。

该报告以 2006—2015 年为考察期，共测量了京津冀、长三角、珠三角、成渝、武汉③、长株潭、辽中南、哈长、关中、中原、海西、山东半岛 12 个大型城市群的 ACEP 指数变化情况，合计 157 个地级以上城市。在这 12 个城市群中，珠三角城市群的 ACEP 指数在 2006—2015 年始终保持第一。2015 年，珠三角城市群的 ACEP 指数为 61.58，较位列第二的长三角城市群高 4.79。因此，我们下面以珠三角城市群为例，具体分析其 ACEP 指数。

首先，珠三角城市群的经济集聚度较高。2006—2015 年，珠三角城市群的 A 值对 ACEP 指数的年均贡献率约为 50%，在 12 个城市群中仅位列

---

① 区域经济密度＝区域生产总值/区域面积。
② 基尼系数是衡量一个国家或地区经济差距的常用指标。如区域内各城市的人均生产总值差距或人均财政支出差距越小，则人均生产总值基尼系数或人均财政支出基尼系数越小。
③ 是指以武汉为首的长江中游城市群。

第八，但在本区域 4 个基本要素的贡献率中位列第二。

一是 2015 年珠三角城市群区域生产总值占国内生产总值的比重较高，在 12 个城市群中排名第三，仅次于长三角、京津冀（图 9-4），而珠三角城市群区域面积在 12 个城市群中仅排名第十，这表明其区域经济密度较高。两种因素综合可知，珠三角城市群的经济集聚度较高。

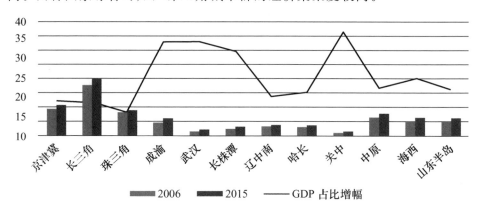

图 9-4　各城市群区域生产总值占国内生产总值的比重及其变动情况

二是 2006—2015 年，在 12 个城市群中，区域人口占全国总人口的比重，相对增幅最大的是珠三角城市群，增幅接近 20%，其次是京津冀和长三角，增幅均在 10% 以上（图 9-5）。计算各城市群人口份额变化对区域生产总值份额变化的弹性，珠三角（0.97）的弹性系数高于京津冀（0.68）和长三角（0.49），这表明珠三角城市群的人口增长对区域经济增长的拉动效果显著。

其次，珠三角城市群的区域连接性在上升。2006—2015 年，珠三角城市群的 C 值对 ACEP 指数的年均贡献率近 55%，贡献率在 12 个城市群中排名第二，在本区域 4 个基本要素的贡献率中位列第一。

在 12 个城市群中，珠三角城市群客运量排名从 2006 年的第四位上升至 2015 年的第二位，2015 年客运量较 2006 年增长 312.52%，成为客运量增速最快的城市群；2015 年货运量较 2006 年增长 159.20%。客运量和货运量的大幅增长反映出珠三角城市群的区域连接性上升，区域内

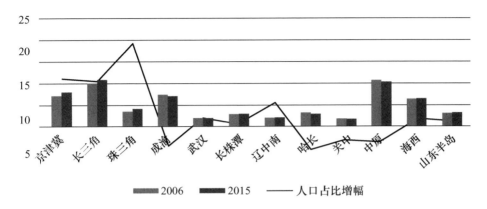

图 9-5 各城市群人口占全国总人口的比重及其变动情况

各城市的经济联系日益密切。从客货比来看，珠三角城市群的客货比从 2006 年的 1.39% 提高到 2015 年的 2.22%，表明珠三角城市群客运量增速高于货运量增速（表 9-1）。

表 9-1 2006—2015 年各城市群客运与货运变化

单位：万人，万吨，%

区域	客运量（2006）	客运量（2015）	客运增长率	货运量（2006）	货运量（2015）	货运增长率	客货比（2006）	客货比（2015）
京津冀	103175	316569	206.83	168095	354868	111.11	0.61	0.89
长三角	324932	662576	103.91	311917	709702	127.53	1.04	0.93
珠三角	143849	593403	312.52	103201	267496	159.20	1.39	2.22
成渝	217216	443732	104.28	115001	311423	170.80	1.89	1.42
武汉	38627	76846	98.94	37291	82474	121.16	1.04	0.93
长株潭	75132	154317	105.39	62301	160000	156.82	1.21	0.96
辽中南	47432	94748	99.76	85322	196879	130.75	0.56	0.48
哈长	37161	86652	133.18	46354	85340	84.10	0.80	1.02
关中	31397	98813	214.72	23793	97779	310.96	1.32	1.01
中原	153130	378629	147.26	143905	592732	311.89	1.06	0.64

再次，珠三角城市群内的区域经济均等化程度在加深。2006—2015年，珠三角城市群的E值对ACEP指数的年均贡献率与其他城市群相近，均低于5%，在本区域4个基本要素的贡献率中位列第三。

该报告测算了2006—2015年12个城市群的人均生产总值基尼系数。结果显示，在12个城市群中，除了山东半岛外，其他城市群的内部经济发展差距都在缩小。2015年，珠三角城市群的人均生产总值基尼系数较2006年下降16.24%，在12个城市群中降幅排名第四。相比之下，2015年，珠三角城市群的E值较2006年增长4.13%，虽然在12个城市群中增幅仅位居第七，但绝对值位居第三。这表明珠三角城市群内部的经济差距正稳步缩减，经济均等化程度加深(见表9-2)。

表9-2 2006—2015年各城市群经济差距变化

区域	2006年区域人均生产总值基尼系数	2015年区域人均生产总值基尼系数	区域人均生产总值基尼系数变化百分比/(%)	2006年区域经济均等化值	2015年区域经济均等化值	区域经济均等化值值变化百分比/(%)
京津冀	0.3227	0.2780	-13.86	0.6773	0.722	6.599734
长三角	0.2475	0.1955	-21.00	0.7525	0.8045	6.910299
珠三角	0.2027	0.1698	-16.24	0.7973	0.8302	4.126427
成渝	0.2190	0.1791	-18.22	0.781	0.8209	5.108835
武汉	0.3412	0.2887	-15.40	0.6588	0.7113	7.969035
长株潭	0.2676	0.2524	-5.68	0.7324	0.7476	2.075369
辽中南	0.1755	0.1309	-25.43	0.8245	0.8691	5.409339
哈长	0.2787	0.2749	-1.35	0.7213	0.7251	0.526827
关中	0.2211	0.2051	-7.24	0.7789	0.7949	2.054179
中原	0.2698	0.2292	-15.07	0.7302	0.7708	5.560121
海西	0.2602	0.2458	-5.54	0.7398	0.7542	1.946472
山东半岛	0.1522	0.1529	0.44	0.8478	0.8471	-0.08257

最后，珠三角城市群内部的政策协同性还显不足。2006—2015年，珠三角城市群的P值对ACEP指数的年均贡献率约为-5%，在12个城市群中排名第十一，在本区域4个基本要素的贡献率中位列第四。

2015年，人均财政支出基尼系数最大的三个城市群分别为京津冀、珠三角和长三角。其中，珠三角城市群的人均财政支出基尼系数为0.3040，较2006年增长4.77%，而其他城市群的人均财政支出基尼系数较2006年均有所下降。同时，2015年珠三角城市群的P值为0.696，较2006年下降1.94%，成为12个城市群中唯一一个财政支出差距有所扩大的城市群，见表9-3。

表9-3 2006—2015年各城市群内部人均财政支出差距变化

区域	2006年人均财政支出基尼系数	2015年人均财政支出基尼系数	人均财政支出基尼系数变化百分比/(%)	2006年政策协同性值	2015年政策协同性值	政策协同性值变化百分比/(%)
京津冀	0.4435	0.3558	-19.76	0.5565	0.6442	15.75921
长三角	0.3860	0.2255	-41.58	0.614	0.7745	26.14007
珠三角	0.2902	0.3040	4.77	0.7098	0.696	-1.94421
成渝	0.1923	0.1810	-5.84	0.8077	0.819	1.399034
武汉	0.3013	0.1707	-43.34	0.6987	0.8293	18.69186
长株潭	0.1904	0.1361	-28.51	0.8096	0.8639	6.707016
辽中南	0.1691	0.1285	-24.03	0.8309	0.8715	4.886268
哈长	0.1380	0.0955	-30.74	0.862	0.9045	4.930394
关中	0.1515	0.1305	-13.85	0.8485	0.8695	2.474956
中原	0.2063	0.1163	-43.61	0.7937	0.8837	11.3393
海西	0.2355	0.1699	-27.82	0.7645	0.8301	8.580772
山东半岛	0.1650	0.1463	-11.29	0.835	0.8537	2.239521

可见，根据 ACEP 指数测算结果，2015 年珠三角城市群的一体化程度已经稳步走在全国城市群的前列，但是珠三角城市群本身也存在一些局限，如腹地面积小、经济总量的提升空间小等。如果将港澳地区纳入考虑，将珠三角城市群发展拓展到粤港澳大湾区协同发展，ACEP 指数将有明显的上升。据测算，2015 年珠三角城市群的 ACEP 指数为 61.58，包含港澳地区后的 ACEP 指数则上升至 67.94，较排名第二的长三角城市群高 11.15。这表明，与港澳地区的联动发展将进一步提升珠三角城市群的一体化程度，这也体现了推进粤港澳大湾区建设的合理性与必要性。

四、关于竞争中性原则

在本书第二章的"区域政府经济行为平面图"中，笔者已经明确提出，区域政府调配可经营性资源、非经营性资源和准经营性资源参与区域竞争，其手段之一就是组建国有企业或国有参股企业。其后笔者也详细阐述了，市场竞争中存在双重主体，区域政府与企业都是资源调配的主体。因此，不仅存在区域政府自身参与区域政府间竞争的问题，而且出现了区域政府组建的国有企业参与产业经济和城市经济项目竞争的问题。于是，竞争中性（Competitive Neutrality）原则就不得不被摆在世界各国区域经济发展的台面上。

在讨论竞争中性原则之前，我们有必要先通过国际机构的营商环境评价机制，来了解一下世界发达经济体提升营商环境的主要做法。

目前，国际上比较有影响力的营商环境评估指标有世界经济论坛《全球竞争力报告》、美国国务院《投资环境报告》和世界银行《营商环境报告》。这些报告采用不同的定义方式，其评估数据为各国、各跨国企业所使用。《全球竞争力报告》从宏观层面对营商环境进行可操作化定义，在制度、基础设施、金融市场发展方面评估了与企业开办、设址、运输、金融支持等直接相关的指标;《投资环境报告》基于为美国企业提供指引、帮助美国企业选择适宜投资地、保护其在国外利益的目的,向企业提供其他国家针对投资的营商环境评估,报告涉及影响企业经营效率的纠纷解决、知识产权保护、信息公开等方面的内容;《营商环境报告》是三者中最具影响力的,被数个发展中国家借鉴形成本国的营商环境报告,如印度工业政策与促进局就以此为蓝本,形成《印度营商便利度报告》。

《营商环境报告》的主要做法有以下三种方式。

一是构建完善的指标体系。世界银行成立了营商环境小组来负责营商环境指标体系的构建。经过16年的探索,世界银行围绕企业生命周期设置了11项一级指标、43项二级指标①,以此衡量一个国家或地区营商环境的优劣(见表9-4)。

表9-4 世界银行营商环境评价指标

企业周期	一级指标	二级指标
创业阶段	开办企业	4项:办理程序(项)、办理时间(天)、费用(占人均收入百分比)、开办有限公司所需最低注册资本金(占人均收入百分比)
获得场地阶段	办理施工许可	4项:房屋建筑开工前所有手续办理程序(项)、办理时间(天)、办理费用(占人均收入百分比)、建筑质量控制指数
	获得电力	4项:办理接入电网手续所需程序(项)、时间(天)、费用(占人均收入百分比)、供电稳定性和收费透明度指数
	登记财产	4项:产权转移登记所需程序(项)、时间(天)、费用(占人均收入百分比)、用地管控系统质量
获得融资阶段	获得信贷	2项:动产抵押法律指数、信用信息系统指数
	保护少数投资者	6项:信息披露指数、董事责任指数、股东诉讼便利指数、股东权利保护指数、所有权和控制权保护指数、公司透明度指数

---

① 实际适用41项指标,劳动力市场监管的两项指标未被引入评价系统。

续表

企业周期	一级指标	二级指标
日常运营阶段	纳税	4项：公司纳税次数(次/年)、公司纳税所需时间(小时/年)、总税率(占利润百分比)、税后实务流程指数(包括增值税退税申报时间(小时)、退税到账时间(周)、企业所得税审计申报时间(小时)、企业所得税审计完成时间(周)
	跨境贸易	8项：出口报关单审查时间(小时)、出口通关时间(小时)、出口报关单审查费用(美元)、出口通关费用(美元)、进口报关单审查时间(小时)、进口通关时间(小时)、进口报关单审查费用(美元)、进口通关费用(美元)
出现问题阶段	执行合同	3项：解决商业纠纷的时间(天)、解决商业纠纷的成本(占索赔金额百分比)、司法程序质量指数
	解决破产	2项：回收率、破产法律框架保护指数

二是采用"前沿距离法"计算评价分值。"前沿距离"分数显示了每个经济体与"前沿水平"的差距，每个指标处于0～100的区间，100代表"前沿水平"，即该指标自进入营商环境指标体系起所达到的最高水平。各个指标的实际数值与"前沿水平"的差距，即为各指标的最终分值。另外，横向比较当期不同经济体间的各个指标值、纵向比较各个经济体某个指标的历史分值，都能反映出各经济体营商环境的情况。

三是多渠道、多手段搜集数据并进行验证。评价体系的数据来源于各经济体内部的营商监管信息，调查、获取数据的对象主要是律师、会计师、法官和政府官员等相关领域的专家，以及知名咨询公司或协会。

国际社会对营商环境的关注要求我们重视"竞争中性"问题。竞争中性也被称为"竞争中立"，它强调国有企业和民营企业享有平等的市场竞争地位，政府应维护公平的市场竞争机制，消除国企在资源配置上的扭曲状态，通过市场配置资源，增强所有市场参与者的竞争力。

20世纪90年代，澳大利亚曾引入竞争中性框架进行改革，终止针对国有企业的优惠政策。当时，澳大利亚联邦政府、州政府名下的公有制企业占据了大量生产资料,其垄断地位影响了经济运行效率。1991年,澳大利亚政府决定建立一套国家层面的竞争政策,并于次年对该政策进行了大规模重新审议。1993年,澳大利亚发布的《希尔默报告书》提到了"竞争中性"的概念。该报告包含国有企业和民间企业竞争的竞争中立性、企业的反竞争性行为、规章制度引发的不正当限制竞争等六项国家竞争政策改革目标。第二年,澳大利亚启动了全国性的竞争政策改革。1996年,澳大利亚政府发布《联邦竞争中性政策声明》,制定了更严格的竞争中性措施,包括国有企业公司化改革、税收中性、债务中性、盈利率要求、监管中性、价格反映全部成本、投诉机制七项内容,并将其纳入国家竞争政策。

澳大利亚模式的竞争中立的核心内容是将国有企业作为普通企业对待。国有企业可以正常参与竞争、追求利润、维持正常的商业回报率,但不得利用国有身份谋求资源倾斜或政策优惠等额外好处。

此后,OECD在2009年启动对竞争中性问题的研究,指出竞争中性包括企业经营形式、成本确认、商业回报率、公共服务义务、税收中性、监管中性、债务中性与补贴约束、政府采购八个方面标准。

当前,竞争中性的概念不仅限于一国之内的国有经济和民营经济之间,还广泛存在于国际贸易中,例如美国、欧盟均将竞争中性原则纳入双边贸易体制。2012年,美国发布的对外签署投资协定新范本,就加强了对国有企业的约束,力推竞争中性和可持续发展原则。2012年,欧盟与美国发布的《欧盟与美国就国际投资共同原则的声明》,也包含旨在推动竞争中性原则的"公平的竞争环境原则",并要求欧盟与美国支持经济合作与发展组织在竞争中性领域所做的工作。与此同时,发达国家和地区还在推行"业界共治+法定机构"治理模式、重视知识产权保护和建立健全纳税机制等方面作出努力,以营造公平的竞争环境。

在了解了竞争中性概念的发展过程后，我们可以总结出竞争中性原则的要义，即政府采取的所有行动，对国企与其他企业之间的市场竞争的影响都应该是中性的。也就是说，政府的行为不应该给任何实际的或潜在的市场参与者尤其是国企带来任何"不当的竞争优势"。竞争是市场制度的灵魂，公平有序的竞争环境永远是保持市场肌体健康的"基础设施"。竞争中性原则旨在保护市场的整个竞争过程，而不是为了保护某一个竞争者。

以竞争中性原则对待国有企业，实际上就是为市场向公平、公正方向发育成长创造环境，使市场主体各归其位、优胜劣汰，实现市场配置资源的决定性作用。践行竞争中性原则与当前世界各国国企改革的目标是一致的，都是为了使国有企业真正成为自主经营、自负盈亏、自担风险、自我约束、自我发展的独立市场主体。确立竞争中性原则的目的，就在于通过作为市场主体的公共企业与私人企业之间的平等竞争来确保市场的公平和公正，由此保证价格等一系列市场信号的准确、信息交流的畅通，最大限度地实现资源的合理配置，进而激活每一个市场因子，从而为经济转型提供"源头活水"。

为了深入理解竞争中性原则，我们以税收中性原则为例进行说明。在OECD为竞争中性原则确定的八个标准中，税收中性是一个重要的组成部分。所谓税收中性（Tax Neutrality），就是指政府课税不扭曲市场机制的正常运行，或者说，不影响私人部门原有的资源配置状况。简单地说，是指政府不应给纳税人增加或应尽量少增加其应纳税款之外的超额负担。这包含两种含义：一是政府征税使社会所付出的代价以税款为限，尽可能不给纳税人或社会带来其他的额外损失或负担；二是政府征税应避免对市场经济正常运行的干扰，特别是不能使税收超越市场机制成为资源配置的决定因素。经济合作与发展组织于2013年2月发布的《国际增值税/商品与服务税指引》就明确指出,税收中性原则的核心是:增值税是一种最终消费税,除最后环节的消费者外均可对进项税进行抵扣,确保税收中性。这就是说,如果政府课税改变了消费者以获取最大效用为目的的消费行为,或改变了生产者以获取最大利润为目的的市场行为,社会改变私人部门原(税前)资源配置状况,这种改变就被认为是税收非中性。

这里涉及税收超额负担(Excess Burden)问题。税收超额负担指政府通过征税将社会资源从纳税人处转入政府部门的过程中,给纳税人造成了应纳税款以外的负担。它主要表现在两方面:一方面政府征税既减少了纳税人的支出,同时又增加了政府部门的支出,若因征税导致的纳税人的经济损失大于因征税增加的社会经济效益,则产生资源配置方面的超额负担;另一方面征税改变了商品的相对价格,对纳税人的消费和生产行为具有不良影响,这产生了经济运行方面的超额负担。税收的超额负担如图9-6所示。

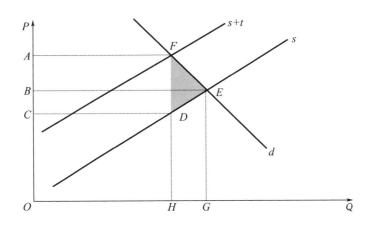

图 9-6 税收的超额负担

税收超额负担是哈伯格基于马歇尔的基数效用理论提出的概念,也被称为马歇尔-哈伯格超额负担理论。在图 9-6 中,d 代表某种商品的需求曲线,s 是商品的供给曲线,征税前的均衡点是 E,产量为 OG,价格为 OB。假定政府对这种商品课征 FD 的从量税,供给曲线 s 将向左上方移动

至 $s+t$，税后均衡点为 F，产量为 OH，价格上涨至 OA。这种税收收入是 CD（销售量）乘以 DF（税率），即 $ACDF$ 的面积。消费者因课税而损失的消费者剩余为 $ABEF$ 的面积，生产者因课税而损失的生产者剩余为 $BCDE$ 面积。这两种损失合计为 $ACDEF$ 的面积，显然大于政府的课税收入（$ACDF$ 的面积）。二者的差额 FDE 就是课税的超额负担。这说明，纳税人的负担不仅包括纳税额 $ACDF$，而且包括因政府课税导致价格上升、产量（消费量）减少所生出的超额负担。此税收超额负担理论以消费者剩余为根据，说明超额负担扭曲了消费者对课税商品与其他关联商品的消费选择，据此我们可以提出减少超额负担的三种方法：对需求弹性为零的商品征税、对所有商品等量（从价）征税和对所得征税。

在对竞争中性原则进行了理论探讨之后，我们面对的课题就是在实践中运用该原则，构建市场竞争双重主体营商环境的公平性。一方面，世界各国或国际机构的评价机制应承认国有企业在历史和当今的客观地位；另一方面，世界各国及相关国际机构应完善并运用竞争中性原则，为现代市场经济双重竞争主体构建公开、公平、公正的营商环境。

我们知道，国有企业的普遍出现始于第二次世界大战之后。随着一般垄断资本主义转变为国家垄断资本主义，西方国家开始对经济生活进行全面的干预和调节。同时，在新科技革命浪潮的推动下，企业生产规模日益扩大，纯粹靠自由竞争维系的市场经济造成了社会不稳定。1945 年开始，英国政府将一系列基础工业和英格兰银行收归国有；法国的能源部门、保险部门、金融部门和一些大公司改由国家接管；日本政府设立的国有企业从第二次世界大战结束后的 7 个迅速增加到 20 世纪 70 年代中期的 114 个；美国政府也创办了一些国有企业。这些国有企业主要集中于能源部门、基础设施部门和科技开发部门，其中提供公共物品的部门是重要组成部分。

与此同时，广大发展中国家为了振兴民族经济，推动本国工业化，也掀起了两次国有化高潮。第一次是在20世纪50年代后期到20世纪60年代中期，它紧随着民族解放运动的高涨而产生，主要矛头是对着当时的殖民企业和殖民地的经济管理企业，包括海关、银行、税务机构，以及原殖民者拥有的足以垄断或操纵国计民生的大企业。此次国有化高潮实际上是民族解放运动在经济领域的继续。第二次是在20世纪70年代，这是在中东产油国收回石油资源主权的斗争取得胜利的鼓舞下，发展中国家掀起的收回自然资源主权的潮流。在这一潮流中，一些发展中国家把实际操纵本国经济关键部门的外资企业收归国有，并使一些矿山资源和农渔业资源回到本国手中。

当前，在国有经济布局方面，全球范围内的国有企业日益集中于少数重要的战略性行业。在企业所有制构成方面，全球国有企业多以上市公司等混合所有制形式存在。在《福布斯》杂志每年评选出的占了全球经济总量一半以上的"全球最大2000家上市公司"榜单中，国有企业占有相当重要的地位。2010—2011财政年度，在2000家全球最大的上市公司中，有204家是国有企业。这些国有企业来自37个国家，其中，中国（排名第一，有70家）、印度（30家）、俄罗斯（9家）、阿拉伯联合酋长国（9家）、马来西亚（8家）、OECD国家共有41家。这204家国有企业分布在35个行业，其总的销售额达到3.6万亿美元，相当于全球最大2000家上市公司销售额的10%。①

数据表明，无论是发展中国家还是以OECD为代表的西方发达国家，都拥有一定数量的大型国有企业，国有企业在全球经济发展中占有重要地位。可以说，国有企业是区域政府参与市场竞争的重要载体，要研究区域政府竞争，或研究市场竞争的双重主体，就必须要搞清楚国有企业的特殊

---

① 参见贾涛：《全球范围内国企集中于少数重要战略性行业》，《中国经济时报》，2014年8月8日。

属性及其在市场运行中的竞争中性界定问题。

综上，笔者参照现有的国际惯例或经验，结合现代市场经济体系六大子系统理论，提出如下健全、完善竞争中性原则的思路。

第一，在市场要素体系中，应在要素获取、成本确认、经营运行、债务中性和补贴约束等方面健全和完善竞争中性原则。

第二，在市场组织体系中，应在准入许可、企业经营形式、公共服务义务和各类营商主体公平竞争等方面健全和完善竞争中性原则。

第三，在市场法制体系中，应在市场价值导向、交易行为、契约行为和产权行为，尤其是知识产权保护和税收中性等方面健全和完善竞争中性原则。

第四，在市场监管体系中，应在项目招商、招投标、政府采购和对机构、业务、市场、制度审查及监管中性等方面健全和完善竞争中性原则。

第五，市场环境体系主要包括实体经济基础、企业治理结构和社会信用体系三方面。目前至关重要的是，应在法律制度、信托关系、信用工具、信用中介规范，以及其他相关信用要素的规范上健全和完善竞争中性原则。

第六，市场基础设施主要包括市场服务网络、配套设备及技术、各类市场支付清算体系和科技信息系统等。针对不同竞争主体在区域市场、国家市场乃至国际市场上使用这些基础设施的标准，应健全和完善竞争中性原则。

目前，为区域间、国家间社会信用体系和市场基础设施的应用标准制定并完善相应的竞争中性原则，可谓刻不容缓，极为重要。

第十章

成熟市场经济"双强机制"论

前文已经论述了现代市场经济体系、成熟有为政府行为、市场竞争双重主体及相关的竞争中性原则。在本章,将进一步分析强式有为政府、半强式有为政府及弱式有为政府,强式有效市场、半强式有效市场及弱式有效市场,以及各类政府与市场的组合模式。在此基础上,将结合世界各国经济实践的发展,探讨什么是真正的成熟市场经济及其运行的条件。

一、有效市场划分与有为政府类型

(一)有效市场划分

有效市场的概念最初是由尤金·法玛在 1970 年提出的。法玛认为,当证券价格能够充分反映投资者可获得的信息时,证券市场就是有效市场,即在有效市场中,无论随机选择何种证券,投资者都只能期待与投资风险相当的正常收益率。

接着,法玛提出了有效市场的三层次理论,即根据投资者可以获得的信息种类,将有效市场分成三个层次:弱形式有效市场、半强形式有效市场和强形式有效市场。在弱形式有效市场中,以往价格的所有信息已经完全反映在当前的价格之中,所以利用移动平均线和 K 线图等手段分析历史价格信息的技术分析法是无效的。除了证券市场以往的价格信息之外,半强形式有效市场中包含的信息还包括发行证券企业的季度报告、年度报告等在新闻媒体中可以获得的所有公开信息，依靠企业的财务报表等公开信息进行的基础分析法也是无效的。强形式有效市场中的信息既包括所有的公开信息，也包括所有的内幕信息，如企业内部高级管理人员所掌握的内部信息。如果强形式有效市场假说成立，上述所有的信息都已经完全反映在当前的价格之中，那么，即便是掌握内幕信息的投资者也无法持续获取非正常收益。

于是，法玛提出了有效市场的前提假设，即市场有效性假设是以一个完美的市场为前提的。首先，整个市场没有摩擦，即不存在交易成本和税收；所有资产完全可分割、可交易；没有限制性规定。其次，整个市场是充分竞争的，所有市场参与者都是价格的接受者。再次，信息成本为零。最后，所有市场参与者同时接受信息，所有市场参与者都是理性的，并且追求效用最大化。

然而，在现实生活中，这些假设条件是很难成立的。市场摩擦的存在表明不可能存在一个完全有效的市场，投资者进行投资也都必须考虑交易成本、机会成本、税收和其他费用等。这些都使有效市场的前提难以达到，有效市场假设难以运用到实际中。

在此，暂且不去评论，法玛以价格所承载的交易信息量为标准来界定有效市场的强弱是否合理。笔者赞成的是他将现代市场分为"强式有效市场""半强式有效市场"与"弱式有效市场"的方法论。笔者认为可以将这种划分从证券市场移植到整个现代市场经济中，即针对世界各国市场体系发育和成熟程度的不同，按现代市场纵向体系六个子系统功能实现的状况来划分三个层次的有效市场。只存在市场要素体系和市场组织体系的市场，属于弱式有效市场，美国1776年建国至1890年之间的市场发展状况属于此例。在具备市场要素体系和市场组织体系的基础上，一国市场如果又逐步建立健全了市场法制体系和市场监管体系，则属于"半强式有效市场"，美国 1890 年至 1990 年期间的市场发展状况应该属此类型。在半强式有效市场的基础上，一国市场只有建立并完善了市场环境体系与市场基础设施时，才属于"强式有效市场"，美国 20 世纪 90 年代开始的市场发展和成长过程，正是按照这一趋势前进的。

按照现代市场纵向体系六个子系统的成熟与完善程度来划分"强式""半强式""弱式"有效市场，是对法玛划分有效市场的方法论的延伸和借鉴，它既能反映世界各国市场经济历史的本来面目与真实进程，又便于清晰界定不同市场类型，指导各国市场经济实践并对其效果进行科学评估。构建现代市场体系，完善市场功能，对促进经济发展、城市建设和社会民生具有重要作用，因此世界各国都在此领域积极探索，力求突破。

（二）有为政府类型

通过前面对现代市场经济的分析，可以总结出"市场"背后隐含的三个层次含义：一是市场的合理内核——市场规则，在产业经济或资源生成领域里，市场规则作为"一只看不见的手"，在商品、要素、项目的价格、供求、竞争等运行机制中广泛发挥作用；二是市场的空间平台——流通意义上的市场，包括各类有形的区域市场和无形的网络市场，以及在这有形与无形市场中流通交易的各类商品、要素、项目、人才、技术、资金（包括外汇等）等，它们的生产、流通、交易、消费在"看不见的手"的指引下不断循环；三是市场的运作条件——市场体系，即现代市场纵向体系的六个子系统是市场完整、有序运行的基础条件，它保障了市场规则的公开、公平、公正运行。当然，如果在某一领域或某一阶段，这六个子系统的功能、结构不健全，市场仍能运转，市场规则仍能发挥作用，但市场体系某一子系统的缺陷会带来市场的脆弱性，并导向市场失灵引发的经济危机甚至世界性经济大萧条，最终市场被破坏甚至被推倒重来。

根据现代市场纵向体系六个子系统的成熟与完善程度，我们把只存在市场要素体系和市场组织体系的市场经济，称为"弱式有效市场"；把在此基础上又逐步健全了市场法制体系和市场监管体系的市场经济，称为"半强式有效市场"；把进一步建立、完善了市场环境体系与市场基础设施的市场经济，称为"强式有效市场"。而我们在此章节需要阐明的，主要是与"有效市场三层次"理论相对应的"有为政府三类型"理论，即有为政府也存在"弱式有为政府""半强式有为政府"和"强式有为政府"三种类型。

在第三章中，谈到世界各国的现实经济运行中存在三类资源——可经营性资源、非经营性资源和准经营性资源。在第四章中，谈到可经营性资源对应现实中的产业经济，政府应采取"规划、引导；扶持、调节；监督、管理"的原则去配套政策；非经营性资源对应现实中的民生经济，政府应采取"基本托底、公平公正、有效提升"的原则去配套政策；准经营性资源对应现实中的城市经济（狭义范畴），政府应采取"参与市场竞争，维护市场秩序，遵循市场规则"的原则去配套政策。在第五章中，谈到政府存在广义范畴竞争和狭义范畴竞争：在广义范畴竞争中，政府通过配套政策推动可经营性资源竞争，可提高产业经济活力，使其协调发展，从而提升本区域产业经济发展水平；政府通过配套政策推动非经营性资源竞争，可促进民生经济增长，维护社会稳定，优化本区域的投资发展环境；政府通过配套政策推动准经营性资源竞争，可推进城市经济投资、开发、建设，促进本区域社会经济全面可持续发展。

与上述分析相对应，把有为政府也划分为三类。第一类，只关注非经营性资源（即与社会民生相关的社会公益资源）的调配及相关政策配套的政府，可称之为"弱式有为政府"。这类政府将自身职能只局限于基本的社会公益保障，而对可经营性资源的调配和配套政策问题认识不清，无所作为，对准经营性资源竞争的参与和配套政策问题界定不清，举措不明。第二类，只关注非经营性资源和可经营性资源的调配及相关政策配套的政府，可称之为"半强式有为政府"。这类政府除履行社会保障等基本公共职能外，对市场运行状态也予以关注。在市场运行失灵时，这类政府能运用政策措施，调动有效需求或有效供给，进行宏观调控和干预，防止经济陷入过度低迷，带来重大损失与破坏；同时，这类政府能够制定经济战略，规划、引导产业布局，扶持、调节生产经营，以公开、公平、公正原则监管市场竞争，调控物价，控制失业率，以促进总供给与总需求的动态平衡。但其对准经营性资源仍认识模糊，界定不清，政策不明，措施不力，效果不佳。第三类，不仅关注非经营性资源和可经营性资源的调配与政策配套，而且参与、推动准经营性资源的调配和政策配套的政府，可称之为"强式有为政府"。这类政府在经济发展中发挥着导向、调节、预警等作用，依靠市场机制，以规划、投资、消费、价格、税收、利率、汇率、法律等手段，开展理念、制度、组织和技术创新。其通过有效调配可经营性资源，提升经济发展环境；通过有效调配非经营性资源，提升经济发展活力与协调性；通过有效调配准经营性资源，形成领先优势，促进社会经济全面、科学、可持续发展。强式有为政府模式是各国参与全球市场体系竞争的制胜路径。

二、潜在经济增长率与现实经济增长率

前面笔者已经论述过，现代市场纵向体系包括市场要素体系、市场组织体系、市场法制体系、市场监管体系、市场环境体系和市场基础设施六大方面。各国经济资源分为可经营性资源、非经营性资源和准经营性资源三大类。二者的不同匹配方式将产生有为政府与有效市场在市场经济中的不同组合模式。

为了厘清这些不同的组合模式，先来分析潜在经济增长率与现实经济增长率两大指标。

潜在经济增长率，是指在现代市场体系中一国所生产的总的产品和劳务的最高增长率，或者说在各种资源得到最优配置的条件下，一国所能达到的最高经济增长率。这包括两方面的内涵：一方面市场有效，即现代市场体系中的市场基本功能（包括市场要素体系和市场组织体系）、市场基本秩序（包括市场法制体系和市场监管体系）与市场环境基础（包括市场环境体系和市场基础设施）是健全的；另一方面政府有为，即一国政府对可经营性资源、非经营性资源和准经营性资源能够有效调配、配套政策和制度。可见，潜在经济增长率是在现代市场体系健全的条件下，一国政府对三类资源最大限度地充分利用时所能实现的增长率，是"强式有为政府＋强式有效市场"模式下实现的增长率。

现实经济增长率也叫实际经济增长率，是指一国末期国民生产总值与基期国民生产总值的比较。以末期现行价格计算末期国民生产总值，属名义经济增长率；以基期价格（即不变价格）计算末期国民生产总值，属实际经济增长率。实际经济增长率即为实际经济增长速度，它是反映一个国家一定时期内经济发展水平变化程度的动态指标。

由于各国市场发展程度和政府能力状况不一，现今世界存在"弱式有为政府＋弱式有效市场"的模式，比如大多数中低收入水平的国家；也存在"半强式有为政府＋强式有效市场"的模式，比如现在的美国；还存在"强式有为政府＋半强式有效市场"的模式，比如目前仍然需要进一步完善市场竞争秩序、市场信用体系和市场基础设施的中国。所有这些国家的实际经济增长率与"强式有为政府＋强式有效市场"模式下的潜在经济增长率相比，都存在一定的差距。这一差距就是各国经济增长的潜力所在，针对这一差距采取的系列经济措施就是各国经济发展的活力所在，针对这一差距所配套的系列政策或制度就是各国经济发展的创新力所在。成熟的市场经济＝强式有为政府＋强式有效市场，它是政府与市场结合的最高级模式，是由各国在经济实践中不断探索总结出的最佳模式，也是实现各国潜在经济增长率的必由之路。

在现实经济中，经常出现社会总需求小于社会总供给，或者社会总需求大于社会总供给的状况。我们可以从"有为政府＋有效市场"的组合模式入手，从市场纵向体系的六个子系统和政府调配三类资源的状况中找到问题的根源，提出解决问题的方向与基本路径。

三、华盛顿共识与中等收入陷阱

20世纪80年代末，世界经济陷入衰退，各国经济增长率萎缩，经济增长动力不足，需求不振，人口增长率下降，经济全球化遇到波折，金融市场动荡，国际贸易和投资持续低迷。面对这些状况，1989年，美国国际经济研究所邀请国际货币基金组织、世界银行、美洲开发银行等在华盛顿召开研讨会，形成所谓"华盛顿共识"。该共识被概括为十条政策措施：第一，加强财政纪律，压缩财政赤字，降低通货膨胀率，稳定宏观经济形势；第二，把政府开支的重点转向经济效益高的领域和有利于改善收入分配的领域（如文教卫生和基础设施）；第三，开展税制改革，降低边际税率，扩大税基；第四，利率市场化；第五，采用一种具有竞争力的汇率制度；第六，贸易自由化，开放市场；第七，放松对外资的限制；第八，国有企业私有化；第九，放松政府的管制；第十，保护私人财产权。

华盛顿共识的核心是"主张政府的角色最小化、快速私有化和自由化"。在理论上，其主张实行完全的自由市场经济模式，最大限度减少政府的作用；认为只要市场能够自由配置资源，就能够实现经济增长。在政策上，其举措主要包括市场和内外贸易的快速自由化，国有企业的快速私有化，以及减少财政赤字、严格限制贷款和货币发行以实现宏观经济稳定化。

华盛顿共识的初衷是为陷入债务危机的拉美国家提供经济改革的方案和对策，并为东欧国家转轨提供政治经济上的理论依据。应该说，在特定阶段内，华盛顿共识的十项政策措施对刺激各国经济发展具有一定的有效性。但它既忽视了完善市场体系六个子系统建设的重要性，更忽视了各国政府调配三类经济资源的重要性，因此落入"弱式有为政府＋弱式有效市场"的模式——政府对经济基本没起到调控作用，市场发育也不健全，法制欠缺，秩序混乱，市场竞争机制也常被阻断。这种理论主张、政策措施和模式肯定是没有持久生命力的，必然会陷入困境。

2006年，世界银行提出"中等收入陷阱"概念：那些中等收入经济体即新兴市场国家在跻身高收入国家的进程中，突破人均国内生产总值1000美元的"贫困陷阱"后，很快会奔向1000美元至3000美元的"起飞阶段"；但人均国内生产总值达到3000美元左右时，快速发展中积聚的矛盾会集中爆发，这些经济体自身的体制与机制更新陷入瓶颈，难以克服矛盾，落入经济增长的回落或停滞期，即中等收入陷阱阶段。

在这一阶段，这些国家面临两方面的困境：一方面，资源、原材料、劳动力、资金和管理等成本居高不下；另一方面，它们又缺乏核心的尖端技术，难以创新，处于产业链条的中低端，缺乏竞争力。由此而来的经济增长的回落或停滞进一步导致就业困难、社会公共服务短缺、金融体系脆弱、贫富分化、腐败多发、信仰缺失、社会动荡等。于是这些国家长期在中等收入阶段徘徊，迟迟不能进入高收入国家行列。

遵循华盛顿共识推进经济改革的拉美国家也成了陷入中等收入陷阱的典型代表。阿根廷1964年的人均国内生产总值就已超过1000美元，在20

世纪 90 年代末上升到了 8000 多美元，但 2002 年又下降到了 2000 多美元，2014 年又回升到了 12000 多美元。墨西哥 1973 年人均国内生产总值已达到 1000 美元，而 2016 年人均国内生产总值仍然只有 8000 多美元，40 多年后还属于中等偏上国家。拉美地区许多国家都与之类似，虽然经过几十年的努力，几经反复，但一直没能跨过 15000 美元的发达国家门槛。

我们可以以阿根廷这个典型案例来剖析拉美国家发展停滞的"病灶"。首先，现实经济增长率起伏大。阿根廷在 1963 年至 2008 年的 45 年间，其人均国内生产总值年均增长率仅为 1.4%，有 16 年人均国内生产总值负增长。1963 年，阿根廷人均国内生产总值为 842 美元，已达到当时的中高收入国家水平，但到 45 年后的 2008 年，其人均国内生产总值仅增长到 8236 美元，仍为中高收入国家水平。其次，科技引擎薄弱。从研发费用支出占国内生产总值比重来看，2003 年阿根廷为 0.41%，在世界排名 40 位以后；从研发人才来看，2006 年阿根廷每千人中的研发人员只有 1.1 人；从劳动力素质看，2007 年阿根廷劳动力中具有大学以上教育程度的比重为 29.5%，优势不明显。再次，贫富分化严重，社会矛盾突出。从基尼系数上看，阿根廷在 20 世纪 80 年代中期为 0.45 左右，到 20 世纪 90 年代末接近 0.5，2007 年达到 0.51。分配不公问题不仅体现在财产性收入中，而且也体现在工资档次上，再加上城市基础设施和公共服务滞后，阿根廷治安不断恶化，社会矛盾突出。最后，政府管理不得法。阿根廷宏观经济长期不稳定，汇率大起大落，通货膨胀居高不下，财政逆差司空见惯，供给侧问题成堆。但政府在宏观管理的法律手段、经济手段上都很软弱，"头痛医头、脚痛医脚"，因此造成普遍的经济失调、社会失衡。

可以说，华盛顿共识及其提倡的"休克疗法"都失败了，其原因有以下几种。首先，有效市场是市场充分竞争、法制监管有序、社会信用健全的市场。华盛顿共识只侧重市场基本功能即市场要素体系和市场组织体系的竞争与提升，却忽略了市场基本秩序即市场法制体系和市场监管体系的健全，以及市场环境基础（包括市场环境体系和市场基础设施）的发展与完善。因此，华盛顿共识中的市场经济是自由市场经济而非体系健全的现代市场经济。其次，有为政府是遵守市场规则、维护市场秩序、参与市场竞争的政府。华盛顿共识只承认各国政府对非经营性资源即社会公共物品的保障，而完全忽视了各国政府对可经营性资源即产业资源领域的竞争除了有"调节、监督、管理"的责任，还有"规划、引导、扶持"的必要，更忽视了各国政府对准经营性资源即城市资源除了有推动建设的责任，也有参与竞争的必要。只有为三类资源的调配配套有效政策的政府，才是成熟市场经济中的强式有为政府。因此华盛顿共识中的"放松政府管制"实质上是无政府主义的，它与"现代成熟市场经济＝强式有为政府＋强式有效市场"理论比较，具有明显缺陷。最后，各国的现实经济增长率要接近或达到潜在经济增长率，除了要完善现代市场体系外，当前重中之重的是要加强政府能力建设，包括制度安排与制度建设、发展模式转换等。这在华盛顿共识中是空白的。要加强能力建设，各国政府既需要遵循市场经济规则，又需要驾驭市场经济发展，参与市场经济竞争。这需要建设良好的制度环境，转换发展模式。所谓制度环境建设，既包括健全市场经济相关的立法、执法、司法体系，做好相关法制教育，又包括按照市场经济要求，构建监管的主体、内容和方式，对机构、业务、政策法规执行情况等实施有效监管，还包括建立有利于政府组织改革、发展的社会和制度规范等。所谓发展模式转换，是说应当从亚当·斯密的"市场（看不见的手）＋侧重供给（商品、价格、供给调节）"模式，或者凯恩斯的"政府干预＋侧重需求（投资、消费、出口三驾马车拉动）"模式，转换到"政府引领（干预）＋侧重供给（供给侧结构性新引擎）"的现代成熟市场经济发展模式上来，即转换到"强式有为政府＋强式有效市场"的发展模式上来。政府超前引领应作用于市场经济活动的全方位和全过程。

四、"有为政府＋有效市场"模式组合及评价

政府与市场的关系一直以来都是经济学争论的核心问题之一，其焦点便是政府在市场经济资源配置中的作用及其对经济增长、城市建设、社会民生的影响。

简单回顾一下前文论述过的各经济流派观点。首先，资本主义早期的重商主义主张国家干预经济生活，禁止金银输出，增加金银输入。其主要理念是一国国力的增长基于贸易顺差，即出口额大于进口额时就能获取财富。因此它主张最好由政府来管制农业、商业和制造业，发展对外贸易垄断，通过高关税率及其他贸易限制来保护本国市场，并利用殖民地为母国的制造业提供原料和市场。此理论为早期资本主义的快速发展注入了动力。其次，古典经济学兴起后，用市场来配置资源成为主流观点。亚当·斯密的经济自由主义和李嘉图的比较成本理论，都将政府限定在一个极小的职能范围内，其职能目标也完全是为了保障市场的有效运行。再次，20世纪30年代兴起的凯恩斯主义主张，国家应采用扩张性经济政策，通过增加需求促进经济增长，政府不仅仅要保障市场运行，还要通过货币政策和财政政策来干预经济，以保障经济体系中的供需平衡。最后，20世纪七八十年代，弗里德曼和拉弗等经济学家又提出政府不直接参与经济活动等办法，以改善供给来解决经济危机。

现在，当我们回到现代市场纵向体系的六大功能结构中，面对当代世界各国的共同问题即三种资源的有效配置时，我们会发现，政府与市场的关系不是简单的矛盾双方的关系。弱式有效市场、半强式有效市场和强式有效市场的划分，既是可量化的，更是历史的真实进程；弱式有为政府、

半强式有为政府和强式有为政府的界定，既反映了世界各国在市场经济中的真实表现，又可破解当前的政府与市场关系难题。二者的组合在理论上至少存在九种模式如图10-1所示。

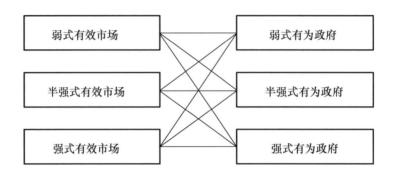

图10-1　有效市场＋有为政府的九种组合模式

模式一是"弱式有为政府＋弱式有效市场"，即政府对经济基本没能发挥调控作用，市场发育也不完善，市场竞争机制常被阻断，法制欠缺，秩序混乱，这种模式常见于中低收入国家。

模式二是"弱式有为政府＋半强式有效市场"，该模式在现实经济中难以存在，因为半强式有效市场必定存在市场法制体系和市场监管体系，弱式有为政府不可能建立这些体系。

模式三是"弱式有为政府＋强式有效市场"，这纯属一种理论假定，现实世界中没有实际案例支撑。

模式四是"半强式有为政府＋弱式有效市场"，该模式下，政府在非经营性资源调配上可以较好地履行职责，提供基本的公共物品，同时，政府也开始具备对可经营性资源的调配和扶持能力，但对市场发展趋势把握不好，对市场运行中出现的问题不能自主解决。这种情形类似中国改革开放后的1978年至1984年的情形，属于市场经济初期的运行或调控模式。

模式五是"半强式有为政府＋半强式有效市场"，属于半成熟市场经济模式，该模式下，一方面政府能够规划、引导产业布局，扶持、调节生产经营，另一方面政府能够不断改善市场监管机制、法律保障机制、环境支撑机制等。此模式常见于处在市场经济中期发展阶段的国家，中国在加入世界贸易组织之前的情况与此非常类似。

模式六是"半强式有为政府＋强式有效市场"，这很符合美国当前的状况。美国经济发展中，市场在配置资源方面具有决定性作用，同时政府也在非经营性资源的调配中发挥着重要作用，但碍于制度或理念的限制，美国在可经营性资源的调配、准经营性资源的界定与开发上存在模糊或言行不一的问题，所以在这两方面美国难有突破，其整体经济增长和城市的提升缺少规划性、系统性和前瞻性。

模式七是"强式有为政府＋弱式有效市场"，这在现实中难以存在。因为强式有为政府的功能作用起码是与半强式有效市场相对应的。计划经济国家不属于此模式。

模式八是"强式有为政府＋半强式有效市场"，这非常类似现阶段的中国。中国经济模式通常被认为是政府主导的逐渐成熟的市场经济，中国取得了世界瞩目的经济成就，但也面临着进一步完善市场竞争、市场秩序、市场信用以及市场基础设施的挑战。

模式九是"强式有为政府＋强式有效市场"，这是政府与市场组合的最高级或最佳模式，是世界各国实践探索和理论突破的目标，也是达到真正成熟的市场经济的必由之路。

五、强式有为政府＋强式有效市场＝成熟市场经济

如前所述，强式有为政府包括如下含义：一是能对非经营性资源有效调配并配套政策，促使社会和谐稳定，提升和优化经济发展环境；二是能对可经营性资源有效调配并配套政策，维护市场的公开、公平、公正，有

效提高社会的整体生产效率；三是能对准经营性资源有效调配并参与竞争，推动城市建设和社会经济全面、可持续发展。强式有为政府的有为体现在对三类资源的调配、政策配套、目标实现三者合一之中。强式有为政府的标准有三：一是尊重市场规律；二是维护经济秩序，稳定经济发展；三是有效调配资源，参与区域竞争。

强式有效市场包括如下含义：一是市场基本功能的健全（包括市场要素体系和市场组织体系）；二是市场基本秩序的健全（包括市场法制体系和市场监管体系）；三是市场环境基础的健全（包括市场环境体系和市场基础设施）。强式有效市场的有效，是现代市场纵向体系六个子系统整体发挥作用，体现在生产充分竞争、市场公平、营商有序三者合一之中。强式有效市场标准有三：一是市场充分竞争；二是法制监管有序；三是社会信用体系健全。

正如第七章中阐述的那样，现实经济发展中，强式有为政府至少需要具备三个条件。一是与时俱进，主要指政府急需"跑赢"新科技。日新月异的科技发展衍生出新资源、新工具、新产业、新业态，将对原有的政府管理系统产生冲击。新科技带来生产生活的新需求和高效率，同时也带来政府治理应接不暇的新问题。因此，政府要在产业发展、城市建设、社会民生三大职能中，或者说在非经营性资源、可经营性资源、准经营性资源的调配中有所作为，其理念、政策、措施均应与时俱进。二是全方位竞争，即强式有为政府需要超前引领，运用理念、组织、制度和技术创新等方式，在社会民生事业（优化公共物品配置、有效提升经济发展环境），产业发展（引领、扶持、调节、监管市场主体，有效提升生产效率）和城市建设发展（遵循市场规则、参与项目建设）中，全方位、系统性地参与全过程、全要素竞争。所谓全方位竞争，是以企业竞争为基础，但不仅局限于传统概念上的商品生产竞争，而是涵盖了实现一国社会经济全面、可持续发展的目标规划、政策措施和最终成果的全过程。三是政务公开,包括决策、执行、管理、服务、结果和重点事项(领域)信息公开等。政务公开透明能够保障社会各方的知情权、参与权、表达权和监督权,在产业发展、城市建设、社会民生等重要领域提升资源的调配效果。透明、法治、创新、服务和廉洁型的强式有为政府,将有利于激发市场活力和社会创造力,造福于各国,造福于人类。

可以说,政府和市场的关系,堪称经济学上的"哥德巴赫猜想"。而有为政府和有效市场的有机结合所造就的产业发展、城市建设、社会民生方面的巨大成效,已被海内外成功案例所证实。当然,这其中也存在理论滞后、理论与实践相矛盾的情况,需要经济学家们进一步深入探索,作出理论创新。下面举三个案例具体分析。

第一例是推动社会全面进步的"新加坡共识"。新加坡是一个面积仅有724.4平方公里、常住人口约570万的城市国家。1960年,新加坡的人均国内生产总值为427美元,到1980年为4927美元,而到2019年为6.6万美元。在这期间,新加坡成功实现了五次经济转型——20世纪60年代建立劳动密集型产业,20世纪70年代打造资源密集型产业,20世纪80年代转向资本密集型产业,20世纪90年代致力于科技密集型产业,21世纪主攻知识密集型产业,其背后推手主要都是政府。

一方面,新加坡的成功凸显了政府在引商、育商领域的职责及主导作用。新加坡政府形成了以行业为导向的企业服务机制,强势推动经济发展。例如新加坡经济发展局(Economic Development Board,EDB)作为招商引资部门,每隔三年对重点引入产业进行细致入微的战略讨论。一旦确立产业重点,EDB即设立以行业为导向的专业架构,同时建立"服务专员制度",为重点客户选派服务专员,并授予其灵活掌握政策的权力,为客户提供全程服务。专业的产业筛选以及贴身服务使新加坡的电子信息、生物科技、医疗等重点行业取得高速增长。另一方面，新加坡的强政府在主导经济发展的同时，也促进了社会进步，实现了有效治理。例如新加坡建屋发展局就以较好地解决了民众的住房问题而闻名于世。该局一方面享受政府的优惠政策，来改善民众住房条件，加速推动住房建设；另一方面则引入市场机制，确保了较充足的资金支持。可以说，在新加坡，政府与市场的结合、经济发展政策与社会发展政策的结合，有效地达成了效率与公平、发展与稳定的统一，促进了产业发展、城市提升和社会全面进步。为世人称道的"新加坡共识"正是"有为政府＋有效市场"战略的成果，引领着国家全面、可持续地发展。

第二例是作为"中国梦"缩影的珠三角的腾飞和粤港澳大湾区世界级城市群的崛起。正如俄罗斯记者佩佩·埃斯科巴尔报道的那样，1979年的深圳，只是香港北面一个贫瘠的小渔村。20世纪90年代初，珠三角才起步并向中国最大的劳动密集型制造业中心发展。而如今，以广州、深圳、佛山、东莞为轴心的珠三角，在加速向价值链高端产业发展、打造一流的国家制造业创新中心和国家科技产业创新中心的同时，更在城市化策略中构建一流的国际大都市簇群。珠三角对创新的着迷和对城市化的推动，正催生和引领中国走向一个新的社会经济模式。中国的珠三角用短短20年的时间完成了西方花费200年做到的事情，而改写珠三角产业发展、城市建设、社会民生事业格局的推手正是"市场＋政府"——一个创新型市场经济思路的价值重构。珠三角不断探索政府与市场的协同之道，不断取得产业发展、城市建设、社会民生事业的新突破。

如今，珠三角经济区的九个城市，包括广州、深圳、珠海、东莞、惠州、中山、佛山、肇庆和江门，正与香港和澳门两个特别行政区一起构建粤港澳大湾区。说到大湾区，人们自然想起东京湾区、旧金山湾区和纽约湾区。这三个连接海岸线的湾区，都是各自国家的经济、文化核心城市群区域。东京湾区聚集了丰田、索尼、三菱等世界 500 强企业的总部；旧金山湾区聚集了苹果、谷歌、脸书等互联网巨头；纽约湾区则聚集了一大批金融机构，成为全球金融的心脏地带。粤港澳大湾区城市群建设将对标东京和纽约城市群，并超越东京、纽约城市群。2016 年，粤港澳大湾区经济总量约 1.38 万亿美元，与世界经济体排名第 11 的韩国相当；港口集装箱吞吐量达 6520 万标箱，超过东京、纽约、旧金山三大湾区之和；机场旅客吞吐量达 1.86 亿人次，居各湾区之首。2016 年，粤港澳大湾区对外进出口总值达 17966.7 亿美元；获外商直接投资总额 1029.1 亿美元，占全球外商直接投资流入量的 5.9%。

2017 年，中国《政府工作报告》强调推进粤港澳大湾区建设，使其朝国际一流湾区和世界级城市群迈进。具体举措有：第一，推进基础设施互联互通，建设世界级城市群，既加快湾区港口、机场、快速交通网络协同发展，又积极实施进出口岸基础设施建设；第二，加快物流航运发展，建立世界级航运群，这包括加快建设自由贸易港、大力发展联运物流体系、提升湾区航运服务功能等；第三，促进科技创新、资源共享，打造国际科技创新中心。除了加强湾区科技基础设施建设、建立科技转移转化机制、鼓励青年创新创业、推动科技金融发展之外，还要大力发展科技服务外包、开展知识产权保护协作；第四，推动制造业一体化发展，建设"中国制造 2025"示范区，它将推动制造业产业链协同发展、加强工业信息化建设、促进国际产能合作、鼓励装备制造业走向国际市场；第五，提升金融业创新发展，建立国际枢纽，这包括培育壮大航运金融、积极创新科技金融、推动产融结合、加快金融平台建设、促进离岸金融与在岸金融对接；第六，强化湾区一体化水平，打造宜居、宜业、宜游的优质生活圈……粤港澳大湾区的成功崛起，打造了一种新的发展格局，成为区域经济新引擎，而这一切都归功于"有为政府＋有效市场"的双重作用，因为这样的战略规划，粤港澳大湾区才能取得实质性的发展成效。

第三例是有待破解的美国政府经济行为。美国是目前世界上最强大的经济大国。在经济学理论上，美国不断力推经济自由主义，而在国内、国际经济实践进程的关键时段，美国政府又屡屡出手干预经济并屡屡成功，从而塑造了美国经济在过去、现在和可能的未来的面貌。下面以几个事例具体说明。

第一例是亚历山大·汉密尔顿对美国经济金融体系的构建。早在美国建国之初，作为第一任财政部长的汉密尔顿就在华盛顿总统的支持下着力构建美国的经济金融体系。汉密尔顿在任职期间力推重建国家信用，健全金融体系，建立完备的财政管理制度，创造有利条件促进工商业发展，从而构建了美国经济金融体系的五大支柱——统一的国债市场、中央银行主导的银行体系、统一的铸币体系（金银复本位制）、以关税和消费税为主体的税收体系及鼓励制造业发展的经济金融贸易政策，给美国的现代经济金融体系打下了扎实的基础，使之最终成长为主导全球经济的金融体系。后人也把汉密尔顿视为美国历史上最伟大的财政部长。对此，我们需要思考的是：为什么在200多年前汉密尔顿已经形成这样的经济思维，高度强调"整体国家信用"的重要性？为什么他认为美国要成为一个繁荣富强的国家，就必须建立坚固的诸州联盟和强有力的中央政府。

第二例是1933年开始的罗斯福新政。其主旨是通过大力兴建基础设施项目，增加就业，刺激消费和生产。其主要举措包括以下方面。第一，民间资源保护队计划，该计划侧重吸纳年龄在18岁至25岁、身强力壮、失业率偏高的青年人，从事植树护林、防治水患、水土保持、道路建筑、开辟森林防火线和设置森林瞭望塔等工程建设项目。到美国参与第二次世界大战之前，先后有200多万青年在这个项目中工作过，他们开辟了740多万英亩国有林区和大量国有公园。第二，设立了着眼长期目标的工程为主的公共工程署和民用工程署。民用工程方面，全国兴建了 18 万个小型工程项目，包括校舍、桥梁、堤坝、下水道系统、邮局和行政机关等公共建筑，先后吸引了 400 万人工作。后来又继续建立了几个新的工赈机构。其中最著名的是国会拨款 50 亿美元兴办的工程兴办署和专门针对青年人的全国青年总署，二者总计雇佣人员达 2300 万，占全国劳动力的一半以上。第三，到第二次世界大战前夕，美国联邦政府支出约 180 亿美元，修建了近 1000 座飞机场、12000 多个运动场、800 多座校舍与医院，为美国人民创造了大量就业机会。罗斯福新政期间建设的金门大桥和胡佛水电站，现在都是美国的标志性建筑。

第三例是布雷顿森林会议构建的国际金融体系。1944 年 7 月，布雷顿森林会议在美国新罕布什尔州召开。时任英国代表团团长的凯恩斯在会前提出了世界经济金融体系的"三个一"方案，即一个"世界货币"，一个"世界央行"，一个"世界清算体系"联盟。而以美国财政部首席经济学家怀特为会议主席的美国方面，则按照政治力量优先于经济的逻辑，在会议的关键时刻采取政治与外交手段，最终促成了围绕其政治目标设立的三个工作委员会，分别讨论国际稳定基金、国际复兴开发银行和其他国际金融合作事宜。日后正式成立的"国际货币基金组织""世界银行"（国际复兴银行）和"国际清算银行"等奠定战后国际经济金融秩序的组织均发端于此。这里值得我们思考的是：为什么布雷顿森林会议中 44 国角力的结果左右了国际经济和金融体系七十余年，至今影响犹在？

第四例是马歇尔计划构建的美元国际化体系。该计划由美国主导，1948 年 4 月启动，1951 年终止。此间，欧洲国家成立了"经济合作与发展组织"与马歇尔计划对接，并成立了"对应基金"解决货币转换问题。美国对欧盟的援助包括资金、技术、人员等方面，其中资金援助的流向是：美国援助美元给欧洲国家，欧洲各国将美元作为外汇，购买美国的物资；除德国外，欧洲国家基本上不偿还援助资金；除德国将援助资金用于私有企业再投资，欧洲各国多数将其用于填补财政亏空。在这个体系中，美元滞留欧洲，形成"欧洲美元"。于是世界货币体系逐渐由"金银复本位制"发展到"金本位制""黄金·美元·他国货币"双挂钩（实施固定汇率：35 美元＝1 盎司黄金）、"美元与他国货币固定汇率制"（1971 年 8 月 15 日黄金与美元脱钩）、"美元与他国货币浮动汇率制"（由 1976 年的《牙买加协定》所确立），最终，美国运用"石油交易捆绑美元结算"等手段，在国际经济金融体系中形成了美元一家独大的格局，使美元成为国际经济中的强势货币。

第五例是美国 2008 年应对金融危机。美联储、财政部、联邦存款保险公司（Federal Deposit Insurance Corporation，FDIC）、证券交易委员会（Securities and Exchange Commission，SEC）、美国国会，以及联邦政府的相关职能部门，例如，住房与城市发展部、联邦政府的代理机构等，均全力以赴化解金融危机。主要举措有：第一，美联储作为独立于联邦政府和政党纷争的美国货币政策的执行者，采取传统的激进货币政策和非常规、非传统的货币政策并行的策略，在以市场化手段应对金融危机、稳定金融市场方面起到了核心作用；第二，在美联储货币政策无法应对涉及广泛且日趋严重的金融危机之际，小布什政府及时进行政府干预，以财政部为主导，出台"不良资产救助计划"（Troubled Asset Relief Program，TARP），以政府直接投资的方式，援助主要金融机构及部分大型企业；第三，奥巴马就职后，除了继续执行小布什政府的援助计划外，还采取了一系列措施稳定金融、加强监管，推行大幅快速减税、扩大赤字化开支的财政政策，刺激经济增长。金融危机虽然横跨小布什和奥巴马两届政府，但奥巴马政府的举措基本保持了政府政策的延续性；第四，美国国会参众两院及时立法，为处置金融危机、促进金融稳定、振兴经济提供了完善的法律环境。如小布什政府和奥巴马政府协调美国国会签署通过了《2008年紧急经济稳定法案》《2008年经济振兴法案》《2009年经济振兴法案》《2009年美国复苏与再投资法案》，以及1929年大萧条之后最重要的金融监管改革法案之一——《多德-弗兰克华尔街改革与消费者保护法案》等多部法案。也就是说，针对2008年的金融危机，美国采用货币政策、财政政策、监管政策、经济振兴计划及法制保障等多项措施，全力处置并取得实质效果，维护了美国金融市场的稳定和发展。

第六例是美国2019年的2万亿美元巨额基础设施建设计划。该计划由特朗普政府发起，目标是创造经济增长的新动力。主要举措是重建高速、桥梁、隧道、机场、学校、医院等基础设施，并让数百万民众参与到这项工作中来，通过大规模的基础设施建设，以打造和维持世界上最好的高速公路和航空系统等。

综上所述，美国经济学界的主流一直是自由放任理论，甚至当初为帮助南美国家振兴经济开出的药方——"华盛顿共识"，也是在这一基调的前提下确定政策措施的。然而在实际经济运行中，美国政府不但在国内屡屡出手，干预民生经济和城市经济，在处置经济危机的关键时刻，强势、有力地颁布支撑产业经济发展的产业政策，而且在国际经济运行的关键时刻也屡屡出手，在国际经济体系中采取更加有力的措施，并不断取得成功。

虽然说理论落后于实践，但理论毕竟源于实践。成熟市场经济是强式有为政府与强式有效市场相融合的经济，已成功的实践和待破解的难题都需要我们不断深化探研，找到通往成熟市场经济的有效路径。

第十一章

政府经济行为的几点共识

政府与市场的关系确为经济学中的"哥德巴赫猜想",它是一个世界性问题——不仅成为世界经济理论研究的焦点,而且也是各国经济实践发展中的难点。通过前面各章的论述,笔者从分析世界各国区域政府在产业发展、城市建设、社会民生活动中的经济行为定律入手,阐释了资源生成理论、政府双重属性理论、区域政府竞争理论、竞争型经济增长理论、政府超前引领理论、市场竞争双重主体理论、成熟市场经济"双强机制"理论以及经济增长新引擎理论,并由此形成了中观经济学体系,对"哥德巴赫猜想"即世界共同面对的政府与市场关系的经济学难题作出了回答。

微观经济领域有微观经济学的研究对象、活动主体及其运行轨迹,宏观经济领域有宏观经济学的研究对象、活动主体及其运行轨迹,而对中观经济领域的研究则揭示出中观经济学的研究对象、活动主体及其运行轨迹。中观经济学的系列理论填补了政府与市场关系研究的空白,在理论上构建了新型经济学体系,厘清了经济运行的实际脉络,能够指引世界各国政府改革创新执政的理念、政策和行为。下面我们就系统回顾一下中观经济学的系列理论及其与中国和世界的关系。

一、中观经济学系列理论回顾

第一,资源生成理论。资源生成与资源稀缺相对应,它不是计划设定的产物，而是原已存在或随着时代进程的客观需要而出现的事物，它由静态进入动态，直至具备生成性或生产性。资源生成领域至少包括三个层面的资源。一是原生性资源，如太空资源、深海资源、极地资源和地球深探资源等。如果不去开发这类资源，它们就属于静态的自然资源；如果投资开发这类资源，它们就成为具有动态性、生成性和经济性的原生性资源。二是次生性资源。如城市软硬件基础设施等，在历史发展进程中，它们逐渐成为社会和经济进步的客观需要，这时准经营性资源就转化为可经营性资源，这属于城市经济中具有经济性的次生性资源。三是逆生性资源。如碳排放以及由此形成的碳排放权交易资源，它原本并不存在，但各国区域经济发展中产生的外部溢出效应逆向生成了这类独特的资源。此类资源如果不被开发利用，经济的负外部效应将肆虐社会；如果被开发利用，则负外部效应的作用范围与程度将受到调节或遏制。这类资源也属于具有经济开发价值的生成性资源。

总体而言，生成性资源具有四大特征：动态性、经济性、生产性和高风险性。正是由于它的高风险性特征，上述三类生成性资源的第一投资人就必须由政府充当，同时政府也应当承担起确定投资开发规制、确定初级市场价格的主体职责。由此引申来说，资源生成领域的开拓，使政府间竞争具有了外在的可能性。

第二，政府双重属性理论。政府双重属性是指：区域政府一方面扮演着准宏观的角色，运用被授予的公共性和强制力，履行其在本区域的政治职能、经济职能、城市职能和社会职能等；另一方面区域政府扮演着准微观的角色，成为本区域经济中微观利益主体的集中代理，运用理念、制度、组织和技术创新等方式，以区域经济利益最大化为目的有效调配资源，即此时区域政府的管辖权转为了经营权。区域政府的准宏观属性强调的是协调，准微观属性强调的是利益，其具体表现为，区域政府在产业经济中实施"规划、引导,扶持、调节,监督、管理"政策;在城市经济中实施"规划布局、参与建设、有序管理"政策;在民生经济中实施"基本托底、公平公正、有效提升"政策。支撑区域政府双重职能并成为其目标函数的是财政收入决定机制,财政收入则取决于区域的经济发展水平、经济政策措施和经济管理效率。因此,区域政府双重属性要求其追求财政收入最大化,进而要求其改善提升政策环境,采取有效的经济措施,这表明区域政府参与竞争具有内在的必然性。

第三,区域政府竞争理论,即"羊角竞争理论"。区域经济发展水平受制于区域经济项目的多少、产业链条配套的程度和进出口贸易量的大小;区域经济政策措施体现在区域对城市基础设施投入量的大小,人才、科技创新能力的高低和财政、金融工具支撑的状况;区域经济管理效率则表现为区域政策体系配套、环境体系配套和管理体系配套的完善程度;它们共同构成了区域政府的"三类九要素"竞争。(见图 11-1)

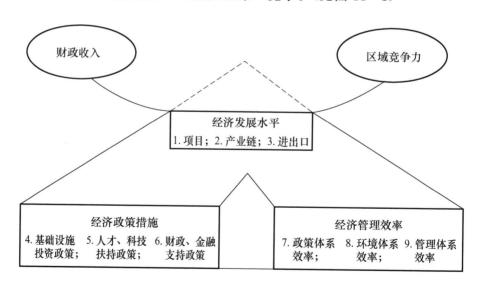

图 11-1 区域政府的"三类九要素"竞争

广义区域政府竞争是指区域政府对可经营性资源(产业经济)、非经营性资源(民生经济)和准经营性资源(城市经济)的政策配套措施的竞争,也就是"三类九要素"竞争,其实质是区域政府就产业发展、城市建设、社会民生中的目标函数——财政收入决定机制展开的竞争;狭义区域政府竞争主要是指区域政府对准经营性资源即城市基础设施投资、开发、建设等的政策配套措施的竞争,其实质是区域财政投资性支出决定机制的竞争。区域政府竞争与企业竞争之间存在九个方面的主要区别,即竞争的目标函数不同、建立目标函数的方式不同、实现目标函数的路径不同、投融资机制不同、价格决定机制不同、竞争导向不同、竞争领域不同、竞争角色不同和管理模式不同。区域政府竞争力可以用投入端(财政支出结构)和产出端(区域绩效评估)的 DRP 模型及其评估体系来量化测定。区域政府的"三类九要素"竞争会产生城市经济(广义)的规模效应、集聚效应和邻里效应,区域经济会呈现符合"二八定律"的分布,最终促使投资者"用脚投票"选择区域政府,即投资者通过人、财、物的流动,选择能够提供更优越的公共环境和服务以促进商业发展的区域。

第四,竞争型经济增长理论。通过对由产业经济竞争主导的增长阶段、由城市经济竞争主导的增长阶段、由创新经济竞争主导的增长阶段和由竞争与合作经济竞争主导的增长阶段的分析,该理论揭示出,世界各国的经济发展均由企业竞争和区域政府竞争双动力驱动,世界各国经济增长都首先表现为竞争型经济增长。在这一历史进程中,区域政府竞争表现出产业效应、城市扩展、创新驱动和协同发展等趋向,并最终呈现区域经济梯度推移态势。一方面,区域政府竞争最早是由率先推动产业经济、城市经济和创新经济发展的发达区域启动,另一方面,随着时间的推移和各个区域经济内在要素和外在条件的变化,区域政府竞争从以发达区域为主逐渐向欠发达区域推移。发达区域在政府竞争中具有领先优势和导向优势,处于梯度发展格局中的高位,其他区域政府因竞争力度及政策措施的差异，处于梯度发展格局中的中低位。在历史发展的客观进程中，出现了越来越多区域间或国家间的思想性、物质性、组织性和制度性公共物品，由此，区域间经济发展将趋向均衡，当然，这种均衡将是梯度均衡。

第五，政府超前引领理论。政府超前引领，即让企业做企业该做的事，让政府做企业做不了和做不好的事。二者都不能空位、虚位。政府超前引领的前提是依靠市场规则和市场机制。政府超前引领的条件包括：与时俱进、全方位竞争、政务公开。政府超前引领的原则包括：在市场决定资源配置的前提下，政府对产业经济发挥导向、调节、预警作用；对城市经济发挥调配、参与、维序作用；对民生经济发挥保障、托底、提升作用。政府超前引领的手段主要是运用规划、投资、消费、价格、税收、利率、汇率、法律等政策，开展理念、制度、组织、技术创新。政府超前引领的目的是推动供给侧或需求侧结构性改革，形成经济增长领先优势，促进科学、可持续发展。

政府超前引领包括理念、组织、技术与制度、全面超前引领四个阶段。在理论上，理念超前引领是区域经济发展处于要素驱动阶段时的重要竞争力，组织超前引领是区域经济发展处于投资驱动阶段时竞争的关键，技术与制度超前引领是区域经济发展处于创新驱动阶段时的竞争制胜点，全面超前引领是区域经济发展处于财富驱动阶段时竞争的必然选择。在实践中，区域政府竞争政策的制定和实施具有关键性作用。区域政府竞争政策体系包括竞争政策的主体、内容、目标、手段、效应和时滞。其中，竞争政策手段(工具)存在财政手段、金融手段、环境手段、效率手段和法制手段的溢出效应，它们的共同作用形成了区域供给侧和需求侧效应的外部性、区域经济存量和增量效应的外部性、区域从非均衡到均衡效应的外部性，从而使区域间经济增长呈现符合二八定律的格局。政府超前引领能使区域在区域政府竞争和区域经济发展竞争中脱颖而出，成为二八定律中的关键少数。

第六，市场竞争双重主体理论。现代市场横向体系包括产业经济、城市经济、国际经济（如太空经济、深海经济、极地经济、地球深探经济）等。现代市场纵向体系包括市场要素体系、市场组织体系、市场法制体系、市场监管体系、市场环境体系和市场基础设施。在现代市场体系中，不仅企业是产业经济的市场主体，而且区域政府是城市经济的市场主体，且在资源生成领域的投资、开发、建设中，是第一投资主体。企业竞争是在资源稀缺条件下围绕资源优化配置而展开，区域政府竞争是在资源生成基础上围绕资源优化配置而进行；它们共同构成现代市场经济发展的双驱动力。在世界各国的经济实践中，这两种竞争呈现出三大规律，即二八效应集聚律、梯度变格均衡律和竞争合作协同律。同时，因为区域政府及其组建的国有企业参与竞争，所以我们还必须关注竞争中性问题，区域政府应参照现代市场纵向体系的六个子系统，构建并完善竞争中性原则，维护市场竞争双重主体所处营商环境的公平性。当前，为区域间、国家间市场信用体系和市场基础设施的应用标准制定并完善相应的竞争中性原则，极为重要。

第七，成熟市场经济"双强机制"理论。有效市场分为弱式有效市场、半强式有效市场和强式有效市场三类，有为政府分为弱式有为政府、半强式有为政府和强式有为政府三类，二者的组合在理论上至少存在九种模式。成熟市场经济，一定是强式有为政府与强式有效市场相融合的模式，它既是经济学界积极探索、寻求突破的目标，又是世界各国经济迈向可持续发展的必由之路。强式有为政府标准有三：一是尊重市场规律；二是维护经济秩序、稳定经济发展；三是有效调配资源、参与区域竞争。强式有效市场标准有三：一是市场充分竞争；二是法制监管有序；三是社会信用体系健全。成熟市场经济双强机制将解答经济学的"哥德巴赫猜想"——政府与市场关系，有效推动世界各国的产业发展、城市建设和社会民生的提升。

第八，经济增长新引擎理论。生成性资源分为原生性资源、次生性资源和逆生性资源三类。资源生成具有动态性、经济性、生产性和高风险性，这要求世界各国的区域政府成为该类资源的第一投资人。在城市化主导的经济增长时代来临之际，世界各国应构建投资新引擎（推进供给侧结构性改革、加大基础设施投资建设、加大科技项目投入、提升财政金融配套能力），创新新引擎（推进思想性公共物品即理念的创新、推进物质性公共物品即技术的创新、推进组织性公共物品即管理的创新、推进制度性公共物品即规则的创新）和规则新引擎（维护国际安全秩序规则即"和平、稳定"，国际经济竞争规则即"公平、效率"和国际共同治理规则即"合作、共赢"）。这类经济新引擎是供给侧结构性新引擎，而非需求侧的贸易引擎。要在新世纪实现新增长，世界各国都需要新的经济引擎。

二、中观经济学与中国

通过之前的讨论，我们已经明确：微观经济学的运行主体是企业，研究对象是资源稀缺条件下的资源配置问题，经济运行的目标函数是价格决定机制，由此产生了一系列微观经济理论；宏观经济学的运行主体是国家，研究对象是资源优化配置中的资源利用问题，经济运行的目标函数是国民收入决定机制，由此产生了一系列宏观经济理论；而中观经济学的运行主体是区域政府，研究对象是资源生成基础上的资源配置问题，经济运行的目标函数是财政收入决定机制，由此产生了前述的资源生成理论、政府双重属性理论、区域政府竞争理论、竞争性经济增长理论、政府超前引领理论、经济增长新引擎理论、市场竞争双重主体理论和成熟市场经济

"双强机制"理论等。其中，区域政府竞争理论、市场竞争双重主体理论、成熟市场经济"双强机制"理论和政府超前引领理论，属于市场经济理论乃至经济学体系中的颠覆性创新，它们基于中国经验，并影响着世界。

美国经济学家米尔顿·弗里德曼曾经说过："谁能正确解释中国改革和发展，谁就能获得诺贝尔经济学奖。"中国经济的发展成为世界经济中的重要现象，对中国经济发展的理论研究和实证分析，必然成为世界性经济理论的重要成果之一。目前，对于中国改革开放的独特历程，世界各国不同的经济学流派提出了各自不同的解释。[①]

第一，新制度经济学的解释。一是科斯提出的产权理论。根据科斯第二定理，在交易费用大于零的情况下，初始产权的界定非常重要，不同的产权界定将导致不同的经济效率，因此产权制度的初始设置是优化资源配置的基础。而从中国改革的实践可以看到，农村中农民承包土地期限的延长、农民承包地经营权的流转，城市中国有企业产权改革、"抓大放小"等，无不有着产权理论的深深印记，中国的改革正是向着明晰产权、保护产权的方向推进的。周其仁认为，通过重新界定产权，制度成本显著下降，经济活动的绩效明显提高。二是威廉姆斯等提出的交易费用理论。交易费用是新制度经济学的核心概念。交易的效率就是经济运行的效率，交易费用越低则经济活动的效率就越高，因此，交易费用最小的制度就是最有效的制度。中国的一系列改革又有着降低交易费用的目的。微观层面，企业内部逐步建立和完善法人治理机制，就是为了降低内部组织成本和外部监督成本等。宏观层面，政府对经济社会管理的改革，包括"放管服"、商事制度改革、推出负面清单等，也都以节约交易成本为目的。三是诺思等提出的制度变迁理论。诺思根据主体不同将制度变迁划分为两种类型：

---

① 本部分引自黄剑辉：《主要经济学流派如何阐释中国改革开放》，《中国经济时报》，2018年6月14日。

诱致性制度变迁和强制性制度变迁。前者是一种自下而上引发的变革，后者则是一种自上而下的变革。科斯认为，中国改革之所以能取得举世瞩目的成功，原因就在于存在着两种不同路径的改革：自上而下由政府推动的改革（顶层设计）和自下而上诱发的边缘革命（底层创新），两者之间相辅相成。在具体的改革实践中，先试点后推广，先局部后全国，先农村后城市，先沿海后内地，从而形成了一种诱致性制度变迁和强制性制度变迁相结合的渐进式改革模式。四是张五常等提出的县际竞争理论。张五常认为，县际竞争是 20 世纪 90 年代中国在经济困境中出现奇迹的主要原因，是 21 世纪初中国经济发展取得重大成就的一个重要因素。他认为，各个县好像是一个个企业，县际之间的竞争就像公司间的激烈竞争，县际竞争使得工业类聚的集中发展非常显著，国有企业的私有化受到压力要加速，同时也协助减少了贪污，正是这样的竞争造就了中国的经济奇迹。实际上，县际竞争也可扩展到各级地方政府之间的经济竞争。刘鹤指出，中国每个成功的省，甚至各个成功的地区都有自己独特的发展模式，其独特之处在于激励经济发展的不同变量作出了极不相同的贡献，但在本质上又有相似之处。五是刘鹤等主张的文化因素论。刘鹤认为，经济增长表面的决定因素是资本、劳动力、技术和地理优势，但是最终起作用的是文化和习惯的遗传，按照循序渐进的传统和中庸文化特点摸索改革路径。朱天也认为，高储蓄率和较高的公民教育水平的确是推动中国经济高速增长的原动力，而这主要来自重视储蓄和教育的中国文化。

第二，发展经济学的解释。一是钱纳里提出的对外开放理论。根据钱纳里的两缺口模型，对外开放、引进外资对于后发国家实现经济起飞有重要作用。从我国改革开放进程来看，开放的作用丝毫不亚于改革。刘鹤指出，开放使中国及时利用了人类社会发展经济最好的实践成果，享受到全球分工的巨大利益，对外开放也对旧的计划体制起到冲击、震撼和瓦解的重要作用。通过采取外向型经济政策、设立经济特区、人民币大幅贬值、加入世贸组织等一系列日益深化的改革措施，中国得以建立起与国际经济的紧密联系，并充分享受到全球化红利，进而将整个经济体系嵌入到全球分工链条，依托低劳动成本等综合比较优势，以最快的速度提升自己的技术水平并改进经济流程，催生了庞大的工业化浪潮。二是格申克龙等提出的后发优势论。从这一理论来看，中国在1978年之后的迅速发展得益于后发优势。发展中国家既可以发明新产业、新技术，也可以从高收入国家借鉴比自己现在用的技术好的成熟技术，进入比自己现在的产业附加值高的成熟产业。这种技术和产业借鉴大大降低了技术创新和产业升级的成本与风险，从而可以获得更快发展。不过，杨小凯认为，还应关注后发劣势，后发国家模仿技术比较容易，但模仿制度比较困难，因为改革制度会触犯既得利益。其结果是，后发国家虽然可以在短期内取得快速发展，但是会给长期的发展留下许多隐患，甚至可能导致失败。三是刘易斯提出的"二元经济"发展模型。中国改革开放过程中的特殊之处，就是充分利用了人口红利。一方面，改革期间劳动密集型产业扩张迅速，得以大规模吸纳就业，农村劳动力实现了前所未有的转移，从而把人口年龄结构优势转化为中国经济的比较优势；另一方面，经济活动人口比例高且就业率较高，使得社会储蓄总量大，经济活动中的剩余总量也大。这帮助中国在这一期间达到了很高的储蓄率。人口优势蕴含的高储蓄率的实现，还有赖于市场化改革为储蓄和投资创造的逐渐改善的环境和机制。四是波特和施瓦布提出的经济发展三阶段论。根据波特和施瓦布的《全球竞争力报告》，经济发展可分为三个阶段，即要素驱动阶段（人均国内生产总值小于2000美元）、效率驱动阶段（人均国内生产总值在3000—9000美元）和创新驱动阶段（人均国内生产总值大于17000美元）。改革开放之初，通过改革，内外部劳动力、资本和土地等要素充分流动起来，推动了经济的快速发展，中国顺利由要素驱动阶段过渡到效率驱动阶段。不过，由于市场在资源配置中的基础性作用没有得到充分发挥，"重政府轻市场"的现象仍然突出，效率驱动仍有上升空间。一些大城市和富裕省份目前已经进入到创新驱动阶段，企业成熟度和技术水平接近发达国家水平，这也是未来中国经济的发展方向。

第三，转轨/过渡经济学的解释。在中国由计划经济向市场经济转轨的过程中，存在着樊纲等提出的"改革成本"问题。相对激进改革，渐进改革实施成本偏大，但摩擦成本较小，因此总成本相对更小，在权衡改革收益和改革成本之后，中国选择了渐进改革的路径，这使得改革进程中始终贯穿着利益诱导、利益补偿、利益替代的主线。一是由易到难推进。先选择阻力最小和风险最低的领域作为改革的起步环节，积累改革经验，取得改革成就。中国改革首先从成本最低、阻力最小、容易形成激励机制的农村部门启动，在农村见效之后，再启动城市改革。这也是科斯所言的"边缘革命"。二是通过利益补偿化解改革阻力。中国改革之初选择的是一条"帕累托改进"的路线，即在放开非计划系统束缚的同时，对计划系统给予适当的"利益补偿"。例如，对农产品提价，相应给城市居民增加副食品补贴，允许与农产品相关的工业品相应提价等。后来又采取了"利益替代"策略，在旧体制外围培育效率较高的新体制（非国有经济），从而有效缓解了旧体制内部的利益冲突。三是通过"价格双轨制"来演绎市场关系。价格双轨制是中国经济改革的最大特色之一。通过双轨制，在体制之外创造出市场关系，为市场替代计划打下了坚实基础。除了价格双轨制之外，还包括汇率双轨制、工资双轨制、房价双轨制以及社会保险制度改革等。四是通过分权来转移改革成本。改革之前，中央权力高度集中，地方政府自主权有限。为有效推进改革，中央政府采取给地方政府适当分权的办法，承认地方利益，调动地方积极性，并在地方政府之间形成了一种竞争关系，使地方政府成为改革的有力推动者。五是由局部制度创新带动全局制度创新。与渐进式改革模式相适应，改革一开始就采取了先推试点、以点带面的做法。最典型的就是经济特区的设立。这种做法有利于积累经验，降低改革风险，同时，局部制度创新的示范效应又可带动制度创新扩张，从而大大降低了改革的实施成本。

第四，新古典经济学的解释。许小年根据新古典经济学的分析框架，认为改革开放实际上走了两条道路：第一条道路是通过提高资源利用效率来驱动经济增长，可称为"斯密模式"；第二条道路是通过增加资源投入来驱动经济增长，可称为"凯恩斯模式"。许小年认为，在改革开放前半段长约二十年的时间里，中国经济的高速增长靠的不是政策性的投资拉动，而是市场机制和民间活力，不靠资源投入数量的增加，而靠资源配置效率和使用效率的提高。从 20 世纪 90 年代中期开始，中国又转向了政府干预经济的"凯恩斯模式"。凯恩斯主义政策刺激了短期的需求，但长期内无法实现可持续的增长，而且养成了对刺激的依赖。由于政府资源投入能力是有限的，不可能无止境地借债，也不可能无限度地发钞票，加之"资本边际收益递减规律"发生作用，因此依靠政策性投入推动经济增长不可持续。在克鲁格曼等新古典经济学家看来，中国改革开放的成功主要在于政府有针对性地选择了新古典的"药方"，并采取了渐进的实施方式。以汇率制度为例，计划经济时代，人民币被严重高估，成为中国"外汇饥渴症"的主要原因。改革开放之后，政府开始采取双轨制汇率：官方汇率仍然高估人民币，主要用于控制进口、节省进口资本品的费用；市场汇率基本随行就市，用于鼓励出口。这是典型的重商主义政策，是对新古典经济学原理的灵活应用。1994 年之后，两种汇率实现并轨，人民币对美元的价格被固定在 8.25 元上。2005 年之后，人民币进入一个有管理的浮动汇率时代，但仍然以保持汇率的稳定为基本目标。固定汇率制度极大地推动了中国的出口，加速了中国的工业化进程，代价是牺牲了工人工资的上涨。其他例子包括价格双轨制、国企改制、产业政策等。这种选择性地应用新古典经济学的"药方"并非中国所独有，而是东亚成功经济体的共性。

第五，政治经济学的解释。政治经济学从政府和经济之间的关系出发，认为改革开放的过程中，政府在三个方面发挥了极其重要的作用。一是姚洋等提出的中性中央政府论。中性中央政府可制定有利于长期发展的制度和政策。改革启动之初，中央政府摈弃了"阶级斗争为纲"的错误思想，转而实施"以经济建设为中心"，并通过一系列中央会议和五年计划，制定了有利于经济增长的制度和政策。刘鹤指出，政府重视发挥国家发展战略的导向作用和维护宏观经济的稳定，重视发挥中国政治制度集中力量办大事的优势，是改革开放成功的最大经验之一。二是张维迎等提出的分权理论。给予地方政府收入权是中国财政分权的重要特征，也是中国财政分权取得成功的原因之一。张维迎认为，地方分权调动了地方官员发展经济的积极性，地区间竞争推动了整个经济的市场化转变，成为推动中国改革与发展的最重要力量之一。李稻葵认为，通过行政分权以及市场经济的推进，地方政府与新兴企业家阶层的积极性如雨后春笋般涌现出来，形成了星星之火可以燎原的趋势，整体上推进了中国经济社会发展。三是巴里·诺顿等提出的官员选拔体制。诺顿指出："领导们竞相将自己的拥护者提拔到关键的位子上，以便在重要的时候获得关键一票。一个领导提拔手下的能力，以及阻碍对手提拔手下的能力，对于建立和巩固他自己的权力至关重要。"这种双向负责制度引发了激烈的升迁竞争，官员特别是地方政府官员展开了包括国内生产总值在内的一系列竞赛，从而极大地激发了增长潜能。

回到我们对中观经济学的研究，多维度的中观经济理论源于中国改革开放的伟大实践，同时它也逐一破解着中国实际经济进程中的难题。可以说，中观经济学理论的确立和中国经验有着不可分割的联系。第一，从理论的内涵来说，中观经济学的核心理论至少有六个方面源自中国改革开放的最前沿实践。一是资源生成理论和区域三类资源的界定，既来源于佛山市政府对产业发展、城市建设、社会民生三类经济职能的划分和界定，又早在2004年就被应用于佛山区域经济发展的实践中。二是政府超前引领理论的确立，既来源于佛山市顺德区改革开放取得的伟大成就，又早在2005年就推动了顺德区域经济的可持续发展。三是政府双重属性理论，既来自对深圳市政府经济行为的剖析，又在深圳改革开放不断深化的历史进程中获得完善。四是区域政府竞争理论即"三类九要素"理论的形成，来源于珠三角各个城市在改革开放过程中相互竞争情况的比较分析。五是市场竞争双重主体论、成熟市场经济"双强机制"论，既来源于对中国改革开放四十年的理性思考，又为改革开放的巨大成效所证明。六是经济增长新引擎理论，既被中国的改革开放和可持续发展所验证，又为世界经济的可持续增长探索出诸如投资新引擎、创新新引擎和规则新引擎的可行路径。第二，从研究主体来分析，中国区域政府竞争至少存在于两个层面：一是"三类九要素"竞争，这实实在在地展现出区域政府间在经济发展、政策措施和管理效率方面的实质较量；二是政府设立的国有企业作为项目、产业链配套和进出口竞争的载体，与区域其他企业展开竞争。这两个层面的区域政府竞争在实践中是互相联系、互动发展的，并由此延伸出"竞争中性"的课题。第三，从时间跨度来分析，中国的改革开放已经实现了从要素驱动阶段到投资驱动阶段再到创新驱动阶段的三次飞跃。中国经济的可持续增长具有多种动因，但在这三次飞跃的历史进程中，它首先表现为竞争型经济增长。企业竞争和区域政府竞争是推动这一增长的双驱动力。第四，从空间范围来分析，中国的改革开放已经从沿海走向内地、从特区走向全国，随着市场竞争双重主体的形成和政府超前引领作用的发挥，中国特色社会主义市场经济正在向强式有为政府与强式有效市场相融合的成熟市场经济迈出实质性步伐。中国作为一个强大的经济体已经走到世界中心，中国方案已经摆在世人面前，中国特色社会主义经济学，即有为政府与有效市场相融合的市场经济理论，也必将在世界经济学体系中产生颠覆性的影响。

面对中国改革开放的实践，学界争论了四十多年至今仍无定论的三大经济学问题：其一，在国家政策层面，政府与市场如何共处？其二，在市场体系中，私企与国企如何共处？其三，在私企范围内，寡头与小微企业如何共处？如前所述，海内外经济学家对此各抒己见。而由中国的经济实践总结、升华而来的中观经济学已回答了上述问题。虽然"中观经济学"概念的提出源于20世纪70年代中叶德国的国民经济学教授汉斯·鲁道夫·彼得斯博士，尔后20世纪80年代中期，中国学者王慎之出版了《中观经济学》一书，阐述了彼得斯的中观经济理念，把中观经济的研究对象概括为部门经济、地区经济和集体经济。但这些著述并没有实质性地解决中国的相关经济问题。2011年，笔者出版了专著《超前引领——对中国区域经济发展的实践与思考》（英文版2013年由德国施普林格出版集团出版）；2013年，笔者与邱建伟合著的《论政府超前引领——对世界区域经济发展的理论与探索》（英文版2017年由英国劳特利奇出版社出版）出版；2015年，笔者与顾文静合著的《中观经济学——对经济学理论体系的创新与发展》（英文版2018年由美国学术出版社出版）出版；2017年，笔者与顾文静合著的《区域政府竞争》（英文版2019年由英国劳特利奇出版社出版）出版；2019年，笔者出版了专著《经济新引擎——兼论有为政府与有效市场》。这些著作系统地阐述了区域政府超前引领理论、区域政府双重角色理论、市场竞争双重主体理论、成熟市场经济是"强式有为政府＋强式有效市场"双强机制理论，确立了中观经济学的理论体系，阐述了它的发展前景。中观经济学理论体系中的合理内核，破解了中国经济发展中的相关难题，同时也为构建全球经济治理新体系探索了路径、指明了方向。

三、中观经济学与世界

世界经济的理论难题和实践冲突，仍然主要集中在"政府与市场"这一核心议题上。正在摸索中的中国政府超前引领经济的行为，有待破解的美国政府在国内外的经济行为，已全面推进有为政府与有效市场融合发展的新加坡政府的经济行为，不断加强政府经济职能的德国、日本、印度等国的经济行为，以及在世贸组织中多次交锋的中美经济行为等，都集中反映出上述议题亟待研究。具体而言，这个议题要求我们解决：在一个以国家为单位的现代市场经济体系中，政府、市场、社会应该三分天下、各自为政？还是政府与企业已成为互相联系、互相影响的现代市场经济的双轮驱动力？

以区域政府为研究主体、以资源生成基础上的资源优化配置为研究对象的中观经济学，至少在七个方面回答了上述问题。

第一，世界各国均存在生成性资源，包括原生性资源、次生性资源和逆生性资源。由于对这类资源的投资、开发、运营具有高风险性，现实中，包括美国在内的各国政府，都是其第一投资者。

第二，在一国国内，资源生成领域主要包括城市基础设施软硬件乃至智能城市的投资、开发、建设；在国际上，则主要包括太空资源、深海资源、极地资源、地球深探资源等的投资、开发。现实中，包括美国在内的各国政府，均面临着国内外项目投资、开发、建设的竞争。

第三，在世界各国，都现实地存在着以企业为主体的产业经济竞争和以政府为主体的城市经济、国际经济竞争，因此，世界各国的经济增长方式必然首先体现为竞争型经济增长。

第四，面对竞争，世界各国政府都制定了提升本国产业发展、城市建设、社会民生的政策措施，其政策工具包括财政、金融、环境、效率和法制手段等。如何参照现代市场体系的六个子系统，即要素、组织、法制、监督、环境、基础设施体系，并遵循竞争中性原则，来确定政府的政策措施，是各国面临的重要课题。

第五，全球经济增长的新引擎不仅包括资源生成领域的投资新引擎，而且包括以理念、技术、组织和制度创新为主体的创新新引擎，还包括以国际社会不断涌现的思想性、物质性、组织性和制度性公共物品为主体的规则新引擎。对这一现实，世界各国政府都无法熟视无睹，必须正视、适应并利用这些经济新引擎。

第六，根据二八定律，世界经济发展的最终格局应该是一种梯度均衡，世界经济应该走向竞争与合作共存，并逐步趋向合作共赢的共享经济。基于这一判断，世界各国政府应遵循市场经济规律，做企业做不了、做不好的事，发挥政府对产业经济的导向、调节、预警作用，对城市经济的调配、参与、维序作用，以及对民生经济的保障、托底、提升作用，运用政策工具，开展协同创新，推动一国经济的可持续增长。也就是说，政府超前引领将成为世界各国政府行为的一种客观要求与必然趋势。

第七，在现代市场经济体系中，客观存在着弱式有为政府、半强式有为政府和强式有为政府三类政府模式，根据各国市场发育进程的不同（基于要素、组织、法制、监管、环境和基础设施体系的完善程度），又客观存在着弱式有效市场、半强式有效市场和强式有效市场三类市场模式。不同政府模式与市场模式的结合塑造了当今世界各国经济发展的差异性。成熟的市场经济一定是强式有为政府与强式有效市场相融合的经济,它既是资源生成、探寻、开拓过程中的客观要求,又是世界各国经济迈向科学、可持续增长的必由之路。

中观经济学的合理内核,将有效破解世界经济增长的难题,实质性地推动世界各国经济的可持续发展。

参 考 文 献

W. 阿瑟·刘易斯，1994. 经济增长理论[M]. 梁小民，译. 上海：上海三联书店，上海人民出版社.

保罗·萨缪尔森，威廉·诺德豪斯，2014. 经济学[M].19版. 萧琛，译. 北京：商务印书馆.

庇古，2017. 福利经济学[M]. 金镝，译. 北京：华夏出版社.

查尔斯·沃尔夫，1994. 市场或政府：权衡两种不完善的选择/兰德公司的一项研究[M]. 谢旭，译. 北京：中国发展出版社.

陈共，2017. 财政学[M].9版. 北京：中国人民大学出版社.

陈云贤，顾文静，2017. 区域政府竞争[M]. 北京：北京大学出版社.

陈云贤，顾文静，2015. 中观经济学：对经济学理论体系的创新与发展[M]. 北京：北京大学出版社.

陈云贤，邱建伟，2013. 论政府超前引领：对世界区域经济发展的理论与探索[M]. 北京：北京大学出版社.

陈云贤，2011. 超前引领：对中国区域经济发展的实践与思考[M]. 北京：北京大学出版社.

陈云贤，2018. 国家金融学[M]. 北京：北京大学出版社.

达霖·格里姆赛，莫文·刘易斯，2016.PPP革命：公共服务中的政府和社会资本合作[M]. 济邦咨询公司，译. 北京：中国人民大学出版社.

丹尼尔·H. 伯纳姆，爱德华·H. 本尼特，2017. 芝加哥规划[M]. 王红扬，译. 北京：译林出版社.

高鸿业，2018. 西方经济学[M].7版. 北京：中国人民大学出版社.

哈尔·R. 范里安，2015. 微观经济分析[M]. 3版. 王文举，译. 北京：中国人民大学出版社.

哈维·罗森，泰德·盖尔，2015. 财政学[M]. 10版. 北京：清华大学出版社.

凯恩斯，2008. 就业、利息和货币通论[M]. 房树人，黄海明，译. 北京：北京出版社.

鲁迪格·多恩布什，斯坦利·费希尔，理查德·斯塔兹，2017. 宏观经济学[M]. 12版. 姜广东，译. 北京：中国人民大学出版社.

迈克尔·波特，2002. 国家竞争优势[M]. 李明轩，邱如美，译. 北京：华夏出版社.

潘明星，韩丽华，2015. 政府经济学[M]. 4版. 北京：中国人民大学出版社.

孙久文，2016. 城市经济学[M]. 北京：中国人民大学出版社.

肖兴志，2016. 产业经济学[M]. 2版. 北京：中国人民大学出版社.

亚当·斯密，2008. 道德情操论[M]. 谢宗林，译. 北京：中央编译出版社.

亚当·斯密，1972. 国富论[M]. 郭大力，王亚南，译. 商务印书馆.

约瑟夫·E. 斯蒂格利茨，1998. 政府为什么干预经济：政府在市场经济中的角色[M]. 北京：中国物资出版社.

张思锋，2015. 公共经济学[M]. 北京：中国人民大学出版社.

张五常，2009. 中国的经济制度[M]. 北京：中信出版社.

ACEMOGLU D，GOLOSOV M，TSYVINSKI A，2008. Markets Versus Governments[J]. Journal of Monetary Economics，55（1）：159-189.

FAMA E F，1970. Efficient Capital Markets：A Review of Theory and Empirical Work[J]. The Journal of Finance，25（2）：383-417.

KRUGMAN P，1983. New Theories of Trade Among Industrial Countries[J]. The American Economic Review，73（2）：343-347.

后　　记

2019年开始，我在北京大学经济学院、复旦大学经济学院和中山大学岭南学院等学府开设了"中观经济学"课程，面向本科生和研究生，用"中观经济学"这套新的理论体系来解答微观经济学和宏观经济学无法有效概括和解释的问题。这一时期正是本书初稿基本成型之时，在这本书中，我尝试将自己在学界、商界、政界的实践进行理论总结，聚焦区域政府层面的经济行为及其意义，并由此引申出经济学研究长期忽视的中观经济理论，来解释中国改革开放四十余年的经济实践，进而尝试为世界经济发展找到新的引擎。

我开设的"中观经济学"课程，也正是以本书的内容为蓝本（后附我在北京大学所授"中观经济学"的课程介绍）。而在国内高等学府讲授该课，与经济学领域深具潜力的年轻学人探讨这一理论体系，教学相长，无疑对我进一步完善这本书起到了很大的作用。衷心感谢北京大学经济学院、复旦大学经济学院和中山大学岭南学院等学府为我提供授课平台，也衷心感谢北京大学出版社多年来的鼎力支持，感谢中山大学赵慧敏教授对本书的数理模型分析做出的贡献，感谢北京大学出版社李虎主任、王显超编辑和赵雅茹女士为本书的出版付出的辛劳。

本书尝试在观点、讨论范畴乃至理论体系上有所创新，笔者也期待社会和历史对它的检验！

陈云贤

2019年6月25日

于羊城

附　　录

北大经院暑期学堂

2019年"名家专题讲座"系列课程：中观经济学

一、课程介绍

经济学的研究长期关注微观和宏观领域，但在微观和宏观经济领域之间还存在着一个微观难以企及而宏观又难以细触的层面——中观经济，区域政府涉猎的经济领域恰恰就是这样一个承上启下的层面。本课程把区域经济上升到中观经济理论层面，研究当前区域政府的理论和现实，用"中观经济学"这套新的理论体系来解答微观经济学和宏观经济学的分工无法有效概括和解读的问题。

● 课程大纲

第一讲　中观经济学导论
第二讲　资源生成与三类资源界定
第三讲　政府双重属性
第四讲　区域政府竞争
第五讲　政府超前引领
第六讲　经济增长新引擎
第七讲　市场竞争"双重主体"论
第八讲　成熟市场经济"双强机制"论
第九讲　中观经济学体系及发展前景

二、任课教师简介

陈云贤，1955年10月出生，福建上杭人，北京大学经济学博士，高级经济师，享受国务院特殊津贴专家，美国哈佛大学、香港理工大学、北京大学、中山大学等客座教授、研究员，广东省金融专家顾问委员会主任委员，中山大学国际金融学院名誉院长和高级金融研究院名誉院长。

1988年师从著名经济学家萧灼基，在北京大学经济学院攻读博士学位。1991年，创立广发证券公司，成为中国知名券商广发证券创始人。2003年，由商转政，先后任广东省佛山市委常委、常务副市长，顺德区委书记，佛山市政府市长、市委书记、市人大常委会主任，广东省政府副省长。曾先后赴美国麻省大学波士顿分校、哈佛大学商学院、哈佛大学肯尼迪政府学院、耶鲁大学和加拿大多伦多大学罗特曼管理学院进修学习。

● 主要学术著作

《证券投资论》（北京大学出版社，1992年）

《投资银行论》（北京大学出版社，1995年）

《风险收益对应论》（北京大学出版社，1998年）

《财政金融理论与实践探索》（中国金融出版社，1999年）

《美国金融体系考察研究》（中国金融出版社，与张孟友合著，2001年）

《超前引领——对中国区域经济发展的实践与思考》（北京大学出版社，2011 年）

《论政府超前引领——对世界区域经济发展的理论与探索》（北京大学出版社，与邱建伟合著，2013 年）

《美国金融危机处置与监管演变》（中国金融出版社，2013 年）

《中观经济学——对经济学理论体系的创新与发展》（北京大学出版社，与顾文静合著，2015 年）

《中国金融改革发展探索》（中国金融出版社，2017 年）

《区域政府竞争》（北京大学出版社，与顾文静合著，2017 年）

《中国金融八论》（中国金融出版社，2018 年）

《国家金融学》（北京大学出版社，2018 年）

《中观经济学（第二版）》（北京大学出版社，与顾文静合著，2019 年）

Chen Yunxian. *Foresighted Leading：Theoretical Innovations Based on the Economic Development*，Springer Berlin Heidelberg，2014.

Chen Yunxian and Qiu Jianwei. *Government Foresighted Leading：Theory and Practice of the World's Regional Economic Development*，Routledge，2017.

Chen Yunxian and Gu Wenjing. *Mezzo Economics*，American Academic Press，2018.

Chen Yunxian and Gu Wenjing. *Regional Government Competition*，Routledge，2019.

三、课程安排

时间：2019 年 7 月 1—5 日、8—10 日，上午 9：00—11：00

地点：经济学院

考核方式：论文形式考核

选课方式：本课程是经济学院主打精品系列课程，面向经济学院全体本科生、研究生开放。采取先上课、后记学分的方式，有意选课的同学可以直接参加课程，暑期完成课程的全部学习任务和考核后，秋季学期选课期间自行网上进行《名家专题讲座》课程（1 学分）的选课，学院根据暑期课程考勤和论文提交情况录入成绩，按"合格""不合格"计。

特别说明：研究生选课，学分不计在应修总学分之内，但会在成绩单上体现课程信息及成绩。

四、助教招募

根据课程内容及安排，希望招募一位对该课程有浓厚兴趣的研究生任助教，可以在"教"与"学"中相互促进。

有意申请该课程助教的同学，请于 5 月 13 日前将报名申请及个人简历发送至：shasha@pku.edu.cn

联系方式：经济学院研究生教务办公室，010-62757178。

五、选课报名

预计选课的同学，请于 5 月 31 日前将报名信息（包括：学号、姓名、手机号码、邮箱地址等）发送至：fushuyu@pku.edu.cn。

联系方式：010-62751466。